U0941966

数字经济译丛　　　　丛书主编 刘世锦

DIGITAL RENAISSANCE
What Data and Economics Tell Us about the Future of Popular Culture

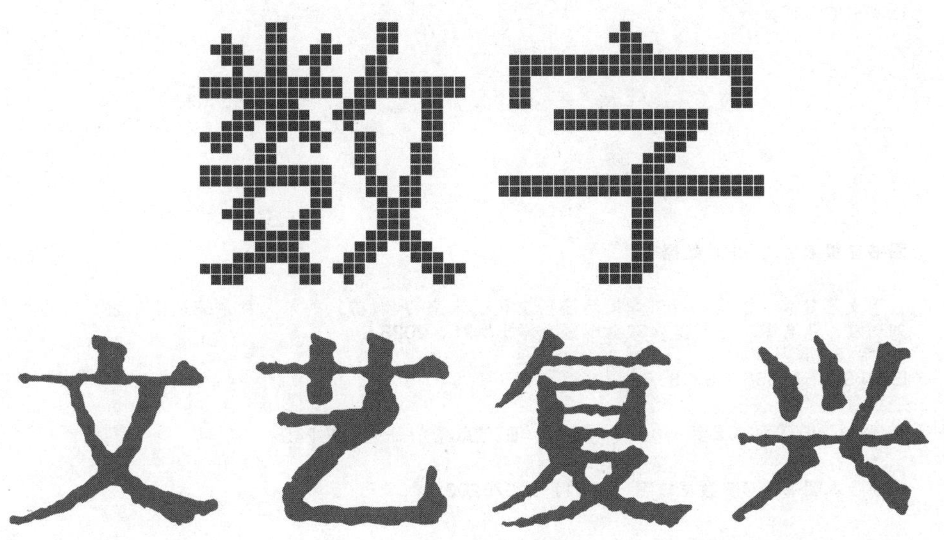

数字文艺复兴

数据和经济学揭示流行文化的未来

Joel Waldfogel　　[美] 乔尔·瓦尔德福格尔 ◎ 著

罗立彬 刘一姣 汪浩 ◎ 译

东北财经大学出版社 Dongbei University of Finance & Economics Press　大连

辽宁省版权局著作权合约登记号：图字06-2019-166号

图书在版编目（CIP）数据

数字文艺复兴：数据和经济学揭示流行文化的未来 / （美）乔尔·瓦尔德福格尔著；罗立彬，刘一姣，汪浩译. —大连：东北财经大学出版社，2023.5
（数字经济译丛）
ISBN 978-7-5654-3918-6

Ⅰ.数… Ⅱ.①乔… ②罗… ③刘… ④汪… Ⅲ.信息经济-研究 Ⅳ.F49

中国版本图书馆CIP数据核字（2021）第276203号

东北财经大学出版社出版发行
大连市黑石礁尖山街217号 邮政编码 116025
网 址：http：//www. dufep. cn
读者信箱：dufep @ dufe. edu. cn
大连图腾彩色印刷有限公司印刷

幅面尺寸：170mm×250mm 字数：279千字 印张：20.75
2023年5月第1版 2023年5月第1次印刷
责任编辑：李 季 刘慧美 责任校对：吉 扬
封面设计：原 皓 版式设计：钟福建
定价：69.00元

教学支持 售后服务 联系电话：（0411）84710309

如有印装质量问题，请联系营销部：（0411）84710711

这本书献给我的父母，Melvin和Gertrude Waldfogel。尽管“无人知晓”，但我想他们可能会喜欢它。

致　谢

这本书是十多年来我与不同合作者合作的成果，他们包括Luis Aguiar、Mary Benner、Fernando Ferreira、Imke Reimers、Ben Shiller和Rahul Telang。我很感谢他们与我分享了不同的探索旅程。

美国国家经济研究局的数字化项目，尤其是Shane Greenstein的项目，为我提供了宝贵的支持，因为该项目召集了一批对本书主题感兴趣的学者，在与他们的互动反馈中，我学到了很多。

我非常感谢欧洲委员会未来技术研究所，特别是Bertin Martens，让我参与了一场关于欧洲版权的对话，赞助了我无数次塞维利亚的研究之旅，让我有机会接触到数据。

我要感谢我的兄弟姐妹们，他们在数字化方面的经验给了我很多帮助，无论是通过直接的还是潜移默化的方式。我的弟弟Asher是互联网通信技术的早期开发者，我的妹妹Sabra通过自助出版开启了小说家的成功事业。

我从Steven Rigolosi的建议中获益匪浅，他一直是我的参谋和编辑。

最后，我要感谢我的直系亲属，感谢他们对本书早期草稿的支持和建议。我的妻子Mary Benner既是支持我的伴侣，也是上面列出的研究合作者之一。我的两个孩子，Hannah和Sarah，现在都是年轻人了，他们向我介绍了新技术和许多新的歌曲、电影和电视节目，这些都是数字文艺复兴的成果。

目 录

第一部分　主要文化产业巡礼——音乐、电影、电视节目、图书和摄影

第1章　创意产业：高风险，高成本，却值得保存

1.1　引言

想想电视剧《绝命毒师》（Breaking Bad）和《女子监狱》（Orange is the New Black），想想John Grisham、Scott Turow、Mary Higgins Clark和Jane Smiley的小说，还有Taylor Swift、Radiohead（电台司令）和Mumford & Sons（蒙福之子）的歌，以及《谍影重重》和《星球大战》系列的最新电影——你很多的快乐时光可能都沉浸在它们的世界里。

在这个星球上的大部分地区，人们醒着的时间大约有1/3是在观看影视作品、听音乐或者阅读文字。美国人平均每天用6.15个小时来消费文化产品，包括电影、电视节目、书籍、音乐，等等。巴西人花6个小时，波兰人花5.7个小时，德国人花5.25个小时，法国人花5.05个小时来消费文化产品。[1]美国人花在电视和阅读上的时间接近4个小时，仅次于每天用于睡眠的8个小时，排第二位。如果算上没有工作的人，全部美国人平均每天工作的时长也只有3.61个小时。[2]

文化产业不仅为我们带来了大量的娱乐产品和卓越的艺术家，如Lee Child、Stieg Larsson、Justin Timberlake和Bob Dylan，以及《泰坦尼克号》

(Titanic)、《阿凡达》(Avatar)、《教父》(Godfather) 和《辛德勒的名单》(Schindler's List)，还产生了巨大的经济效益。

电影、音乐、书籍和电视产业产生的收入总和约占世界总收入的1/20。[3]文化产业不仅创造了大量的收入和利润，也创造了很多工作机会——全世界约5%的工作者在文化产业工作，在美国这一人数就有500万。[4]

好消息是，创意产业——电视、书籍、音乐和电影——是美国经济的瑰宝；而令人沮丧的坏消息是，包括盗版在内的数字创新、在线流媒体和自助出版使这些产业天翻地覆，商业和艺术受到不同形式的威胁。第一，新技术剥夺了创意产业的收入，因而潜在性地削弱了创意产业对于新电影、新音乐和新书的投资能力；第二，与第一点有点矛盾的是，新的低成本技术使许多创作者可以制作和发行自己的作品，而不再需要唱片公司、出版社或电影制片厂这种传统的“看门人”来进行管理、许可、培养或投资。因此，我们面对的是双重威胁，一是产品没有新投资，二是大量新产品在没有“成人监督”的情况下交付。所有这一切都向我们提出了一个问题：我们到底是像某些批评者说的那样，正处于文化的“黑暗时代”，还是经历着数字化文艺复兴？

本书的目的就是运用实证证据来系统地回答这个问题。

1.2 高风险、高成本

只有了解文化产业的传统运作方式，才可以明确新技术的威胁。创意产业是如何产生商业价值，有时还能产生艺术价值的？这里并没有什么灵丹妙药——文化产业既面临高成本又面临高风险。无论是音乐艺术家，还是唱片公司，抑或是电影制片厂和图书出版商，他们都会毫不犹豫地说，创意产业是投资密集型产业。根据国际唱片业联合会（IFPI）的数据，最大的音乐家投资者是大型唱片公司，它们从世界各地发现、培养和推广音乐人才。何为高成本？新艺人的一张专辑投放到市场的成本约为100万美元，全球唱片行业每年在全球的投资为45亿美元。[5]何为高风险？大多数有创意的产品在商业上并不成功。[6]

电影业的成本更高。好莱坞的大型制片方制作一部准备在影院上映的电影的平均成本超过1亿美元。大预算电影还要贵得多：《独行侠》（2013）的制作成本为2.75亿美元；《加勒比海盗：世界末日》（2007）和《007：幽灵党》（2015）的制作成本为3亿美元；《星球大战7：原力觉醒》（2015）的制作成本达3.06亿美元；2009年上映的《阿凡达》耗资4.25亿美元。[7]

尽管成本这么高，但好莱坞却没有办法做出任何保证，也很难预测哪些电影会成为有利可图的产品或系列。《阿凡达》全球票房为28亿美元，《星球大战：原力觉醒》的票房收入为21亿美元，它们的票房都远超其制作成本。但是《独行侠》的全球票房收入只有2.6亿美元，低于其制作成本，成为该制片公司的一个大赔钱产品。

1.3 高盛定律："无人知晓"

编剧William Goldman（其作品有《虎豹小霸王》《总统班底》《公主新娘》）在评论哪部电影会受观众欢迎时曾经写下那句著名的话："没有人会知道任何事。"[8]投资者无法预测哪些产品会成功，这种情况不仅限于电影，而是所有文化产业的普遍特征。大多数音乐专辑都失败了，大多数新书和新的电视节目也失败了。创意产业要持续发展，就必须能赚得足够的收入来弥补成功作品和失败作品的总成本。

为了将创意作品推向市场，艺术的商业赞助者——唱片公司、电影制片厂、图书出版商和电视广播公司——从事两项基本活动：首先，对潜在项目进行筛选，并对其中一小部分项目制定投资决策；其次，投入巨资来培养艺术家和他们的作品。以音乐产业为例，由于大多数专辑和艺术家的商业前景并不明朗，所以成功往往需要耐心和长远的眼光。大多数专辑都很难在财务上实现收支平衡，就算能实现也需要时间。但是艺术家和唱片公司之间的关系不仅仅是财务方面的，唱片公司还要培养艺术家，“让他们发展自己的声音、手艺和事业”。[9]

在商业机构培养创意方面，有些案例颇具传奇色彩。例如，F.Scott Fitzgerald和Ernest Hemingway是由著名的斯克里布纳出版社的编辑Maxwell Perkins发现的。据说，Perkins在编辑生涯中遇到的最令他头疼的作者是Thomas Wolfe，因为Thomas不仅对于作品的页面输出要求很特别，对自己的文字也非常依依不舍，Perkins费了好大的劲才让Thomas将《天使，望故乡》（Look Homeward，Angel）一书削减了近10万字。[10]Bruce Springsteen的老板——国会唱片公司的Clive Davis——支撑他挺过了两张不成功的专辑，还为他支付了14个月的录音棚费用，才等到Springsteen 1975年发行的里程碑式的专辑《为跑而生》（Born to Run）。到2000年5月，这张专辑在美国已经售出了600万张。[11]

肯辛顿出版公司的总裁Steven Zacharius称，出版商可以“充当一个参谋，在必要时给作者打气，如果作者做得太过火就把他拉下来”。此外，当书已准备就绪，“出版商会对书进行营销和宣传，并付钱为其设计最好的封面”。[12]

这个过程成本高昂，但一直以来出版社、唱片公司、电影制片厂和电视台对艺术家的培养都为创造商业成功的产品和伟大艺术提供了重要的帮助，我将在本书中把这个角色称为“成人监督”。

1.4 数字化及其对收入的威胁

在过去几十年中，技术变革使文化产业经历了过山车式的发展，其中包括令人恐惧的下滑和令人困惑的循环。

在20世纪的末尾，我们见证了唱片业的蓬勃发展。唱片排行榜被几位受欢迎的艺人所占领。超级男孩、小甜甜布兰妮和后街男孩的唱片都卖出了惊人的销量。后街男孩在1997年和1999年发行的两张专辑到2001年已经卖出了1 400万张和1 300万张。小甜甜布兰妮1999年发行的《宝贝再来一次》（Baby One More Time）最终售出1 400万张。超级男孩1998年发行的同名专辑销量为1 000万张，2000年发行的另一张专辑《展翅高飞》（No Strings Attached）的销量为1 100万张。这些千禧年末期的流行乐坛的作品也使这些歌手加入了音乐精英的行列。披头士（The Beatles）——美国历史上最受欢迎的乐队之一——也只有三张原创专辑的销量超过他们，这三张专辑分别是：1967年发行的《佩珀中士的孤独之心俱乐部乐队》（Sgt.Pepper's Lonely Hearts Club Band），在美国卖出1 100万张；1968年发行的《披头士》（The Beatles），卖出了1 900万张；1969年发行的《艾比路》（Abbey Road），最终售出了1 200万张。[13]

但就在世纪之交，音乐产业的收入开始下降。2000年之前，唱片行业的收入几乎每年都在增长，但是2000年美国唱片销售额首次下降了3%，2001年则再次下降了6%，到2002年美国唱片销量再次下滑时，人们就发现很明显是有什么东西不对劲儿了。

那个所谓的“东西”名叫Napster。1999年，美国东北大学的一位名叫Shawn Fanning的学生开发了Napster软件，允许用户在网络上点对点共享音乐文件。实际上，Napster允许用户免费获得数字音乐文件。[14]歌迷们无须再去唱片店买CD或黑胶唱片了，他们只需要选一首歌，按几个键，就会将这首歌传到电脑上。Napster迅速走红，在2001年的发展顶峰时用户达到8 000万，其窃取了大量的音乐产品。[15]

对许多人来说，从大型唱片公司（如索尼、华纳或环球）那里偷东西，并不是令人内疚的事。20世纪90年代末，音乐CD的零售价已升至近20美元一张，许多乐迷认为，CD把10首糟糕的歌曲绑在一起卖，其中只有2首好听。与其说花钱买1张很可能令人失望的CD，还不如偷窃显得合理。既然可以免费听到音乐，很多人当然就不再付费了。

在唱片行业的起诉之下，Napster被下了禁令，并于2002年被关闭。但这并没有阻止唱片销量的暴跌。到2005年，美国的音乐销售额比1999年的峰值水平低了25%。到2012年，美国音乐实际销售额较1999年的峰值下降了一半以上。国际音乐市场的销售也出现了类似的下降趋势。研究者仍在认真思考销量下降的原因，但是无论如何，稍微冷静一点的分析都会认为文件共享是原因之一。

随着2003年iTunes音乐商店的推出，音乐销售额开始复苏，或者至少下滑速度开始放缓，因为音乐爱好者开始从购买实体专辑转向购买数字单曲。数字单曲的销售额开始迅速增长，按2016年可比美元价计算，2005年数字单曲销售额达到11亿美元，到2012年则达到33亿美元。同年，数字唱片销量的增长大致抵消了CD销量的下滑。那时，唱片收入只要不下降，就值得庆祝了。于是业内人士开始盼望，数字销售的转型能使音乐行业的收入恢复到Napster出现前的峰值水平。然而就在此时，音乐销售额的“过山车”却又准备急转直下了，这一次的原因是新型流媒体服务。

从2010年开始，粉丝们只要看一则广告，就可以在YouTube上收听任何歌曲。2011年7月，Spotify在美国推出了一项服务，使人们可以免费收听他们想听的任何歌曲，至少在有广告支持的服务版本上是这样的。随着流媒体业务迅速增长，音乐销售额又开始迅速下滑。2012—2017年，美国数字音乐下载收入从33亿美元降至13亿美元（按2016年美元价值计算)。

与通过Napster进行点对点文件“共享”不同，Spotify流媒体并不涉及盗窃。YouTube、Pandora和Spotify向艺术家和唱片公司支付流媒体音乐版权费。但许多艺术家认为，这笔钱太少，不足以支持音乐创作。2013年，Camper Van Beethoven的创始人、Cracker的联合创始人David Lowery在博客中写道，他的歌曲《Low》在Pandora上播放了100万次，而他“只拿到16.89美元”，还不如卖一件T恤衫赚得多。同一年，Radiohead乐队的Thom Yorke还把Spotify比作“垂死之人最后一个绝望的屁”。[16]

或许这些艺术家有些偏执，但并不意味他们就是错的：过去20年对于唱片行业来说是灾难性的。[17]科技不断对音乐产业乃至新音乐的创作构成生存威胁。所有新技术的净效应对音乐产业收入的影响是可怕的。即便考虑了数字下载和流媒体等新技术的潜在亮点，2000—2016年间，按实际价值计算，录制音乐的收入也下降了一半以上。

1.5 数字化对“成人监督”的威胁

技术变革带来的也不全是坏消息，一个好消息是成本下降。数字技术降低了音乐、电影、电视节目和书籍的制作成本。例如，价格低廉的数码相机使得视频制作成本大大下降。计算机和随处可见的软件降低了录制音乐的成本。作家现在只需要一台电脑就能写电子书。此外，数字分销大大降低了分销成本——人们可以不再通过商店或剧院，而是直接通过互联网传递音频、视频和文本文件。新的信息共享渠道还大大降低了营销和推广成本。

这些成本削减有两个潜在后果：首先，它们允许创意产业中的传统从业单位（唱片公司、图书出版商、电影制片厂、电视台）采取新战略，抵消收入减少带来的影响，提高利润；其次，它们允许未来的艺术家们在创作新作品并提供给消费者时，不再需要传统的精英“看门人”提供的先期培育投资。换句话说，数字化允许“平民化”，在这种情况下，有创造力的业余爱好者，甚至“野蛮人”，都可以“冲进大门”。

在没有“成人监督”的情况下创作过多的书籍、音乐和电影，带来的更多的可能是恐惧，而不是兴奋。2007年，科技企业家Andrew Keen的一部著作《门外汉的崇拜》（The Cult of the Amateur）引发热议。与他的其他作品一样，《门外汉的崇拜》提出了一种担心，他觉得被评论家认为是“精英主义”的“传统媒体”正在“被数字技术所摧毁”：

报纸的销量在直线下滑。iPod正在破坏价值数十亿美元的音乐产业。与此同时，由硅谷硬件支持、由Larry Lessig等硅谷知识产权共产主义者为其正名的数字盗版行为，正在侵蚀老牌艺术家、电影制片厂、报纸、唱片公司和音乐作者的收入。[18]

最终的结果可能是灾难性的。正如Keen所言，“我们发展媒体和文化产业的目的——除了满足赚钱和娱乐等明显需要之外——是发现、培养和奖励精英人才”。失去了传统的机制，我们将陷入一片平庸。Keen认为，如果将媒体“平民化”，最终将导致天才“平民化”，“所有这些人口降级，会产生文化‘扁平化’的意外后果”，“不会再出现Hitchcock（希区柯克）、Bono和Sebald了，相反，我们所拥有的是自媒体的巨大诱惑、标准化的内容、在线社区，当然还有数以百万计的博客”。简而言之，Keen认为“平民化”就是让精神病院由病人来看守。

他的观点表面上是可信的。好莱坞各大电影公司将一部电影推向市场的平均花费超过1亿美元，唱片业每年投资45亿美元。2010年，全球电影业投资220亿美元，仅美国的电影业就投资了92亿美元。[19]新技术使得几乎任何人都能有效地创作书籍、电影或音乐，让艺术创作更加平民化了。但是这种“平民化”也极大地削弱了业内的既有从业者，对国内生产总值和就业岗位构成了威胁，对卓越水准的艺术创作也构成了威胁。

“平民化”新趋势对文化产品的创作是好是坏？一种可能的结果是出

现文化的“石器时代”，即没有足够的收入来支付生产成本，电影、音乐、图书和电视行业可能陷入停滞，停止发布新产品。作家和音乐家可能会回到学校，学习如何编写代码，而不是进行艺术创作。消费者可能不得不将就着收听电台和电视台重播的老歌。

但是数字化事实上并没有导致“文化石器时代”的出现。尽管唱片业务收入持续低迷，但消费者的噩梦并没有成真。2000—2010年，音乐人每年发布的新歌数量从3万首左右增加到10万首左右。每年制作的新电影从几百部增加到几千部。新电视节目的数量也以类似的速度增长。多亏了像Kindle Direct Publishing（亚马逊旗下）和NookPress（巴诺旗下）这样的数字出版平台，新书的数量简直数不胜数。2013年，自主出版的新书近50万册。[20]

1.6 无处不在的新产品

现在新产品无处不在。每年都有成千上万的新书和歌曲问世，还有成千上万的新电影面向观众，人们只要点击几下鼠标就可以观赏。但是传统的精英“看门人”可能会警告我们，这些“产品大丰收”未必会给消费者带来多少好处。随机挑选一首新歌，它不太可能吸引大多数人。更准确地说，它可能对所有人都没什么吸引力。2011年，一首在美国发行的歌曲的全球永久下载量（如iTunes的销量）中位数为12，而排在后面95%的歌曲仅获得其中3.5%的下载量。[21]这些新歌通常只有乐队成员的母亲和几个朋友才会购买。

同样，通常情况下，自助出版的图书都只会提供一页又一页的浮夸散文，销量却很少。人们对电影的关注度也同样是不平衡的。在互联网电影数据库（IMDb）上列出的3 169部2012年的经典长片中，只有2 040部拥有5个以上的用户评分，这是可以使电影得到互联网电影数据库公开评价得分的最低标准。拥有100或100个以上用户评价的只有783部电影。相比之下，今年获得用户评分数第五名的电影《冰河世纪：大陆漂移》（Ice Age：Continental Drift）获得了超过11.1万的用户评分数。[22]也许Andrew Keen是对的，创意产品的爆炸式增长带来的只不过是业余的垃圾。

如果“审核把关”是一门精确的科学，那么所有的新东西可能确实只是业余的垃圾。如果所有值得投资的项目在业余爱好者获得“平民化技术”之前就已经得到审核批准并都做完了，那么现在这些大量出现的新书、电影和光盘可能真的像“圣人先知”预测的那样不会成功。但是如果“审核把关”本身并非精确的科学呢？那爆炸式增长的新作品当中很可能也会有发光的金子。

1.7 淘金

过多新产品的涌现将如何显著提高新产品的整体质量？没有“成人监督”，新产品有可能有好的质量吗？即使有一些新歌、新电影和新书很好，但是在没有“成人监督”的情况下，消费者能在各种营销和促销活动的轰炸之下去伪存真吗？这些问题都很重要，但是没有明确的答案。

尽管“看门人”也无法预测成功和失败（请记住之前所说的“无人知晓”）可能会使交付优质产品的前景黯淡，但同样的无能为力却自相矛盾地解释了为什么技术变革能够提高新创意产品的质量。为了理解其中的原因，我们姑且假设文化“看门人”能够100%地准确预测哪些新的创意作品会在消费者中获得成功（这与我们实际知道的现实相反）。

在这样的一个假设的世界里，潜在创作者会提交他们的提案、草稿和磁带小样。然后，“看门人”将根据预期收入对它们进行精确排序。预期收入超过成本的项目，“看门人”会全部签署，允许它们进入市场。而且，由于“看门人”无所不知，所有获批项目的收入都将超过成本门槛。

在所有获批项目中，最不被看好的就是那些勉强收回成本的项目。如果成本下降，预期收入略低于旧阈值的项目将获得批准，盈利的新项目数量将增加。更多的产品将会出现，利润和消费者满意度都会提高。

但是，通过降低成本而变得可行的新产品会取得重大成功吗？答案是不会。这些新产品都是比较勉强的产品，几乎属于不值得生产的产品。它们对市场的吸引力不如任何在降低成本之前就已经出现的产品。而且，成本下降得越多，就会有越多吸引力极为有限的新产品。如果无须任何成本就能将新产品推向市场，那即使是没有任何粉丝的创意工作者，也可以有自己的产品。换言之，我们会看到大量平庸（甚至糟糕透顶）的新产品。

但是，如果我们在这个场景中加入一点现实的不可预测性，那么成本降低对新产品质量产生的影响将非常不同，且更加明显。创意产品的基本特征之一是其被投资时商业吸引力的不可预测性。高盛的“无人知晓”定律是有系统证据支持的。正如Harold Vogel在《娱乐产业经济学》（Entertainment Industry Economics）一书中所指出的，“或许只有10%的新产品”有利可图，并弥补“大多数产品的亏损”。[23]另一位创意产业观察家Richard Cave称，新文化产品的回报“高度不确定”，他指出，“大约80%的专辑和85%的单曲订单无法收回成本”。[24]

电影是典型的创意产品，它的不可预测性可以用一种生动的方式表现出来，即电影制作成本与票房收入之间的关系。如果制片人认为额外投资能带来额外回报，他们通常愿意对一部电影增加投资。通常这个逻辑是合理的。以2012年在美国影院上映的票房收入处于最后25%的电影为例，它们的平均制作成本为730万美元，平均票房收入为2 500万美元；[25]而票房收入处于后50%～25%的电影的平均制作成本为2 450万美元，平均票房收入为4 000万美元；处于前50%～25%的电影，其预算和收入分别为5 350万美元和6 300万美元；而票房排名前25%的电影的预算和收入分别为1.354亿美元和1.6亿美元。

虽然整体来看，预算和收入之间的关系是存在的，但是个体情况与总体之间的偏差还是很大的。2012年，包括《战舰》（Battleship）在内的一些大制作影片票房惨淡，而一些低成本影片——如《饥饿游戏》（Hunger Games）和《泰迪熊》（Ted）——的票房却高得惊人。这些偏离总体格局的情况每年都会发生，而不仅仅发生在2012年。例如，1999年的电影《女巫布莱尔》（the Blair Witch Project）的制作成本仅为6万美元，可是在美国却取得了1.4亿美元票房。[26]同样，2007年的电影《灵动：鬼影实录》（Paranormal Activity）耗资1.5万美元，美国票房为1.08亿美元。[27]另一个极端是2012年上映的《约翰·卡尔特》（John Carter），耗资2.64亿美元，但在美国的票房只有7 300万美元。[28]2002年Eddie Murphy主演的电影《布鲁托·纳什历险记》（The Adventures of Pluto Nash）耗资1亿美元，其美国票房只有400万美元。

从整个创意产业来看，能够收回成本的新创意产品大概只占1/10，这种收益的不可预测性意味着推出一种文化产品就像是在买一张价格不菲的彩票，而且通常都中不了奖，中奖只是偶然。如果新音乐、新书或新电影推向市场的成本大幅降低，就意味着社会可购买的彩票数量在大幅增加。当然，中不了奖的人数也在增加。但对卖家（就收入而言）和消费者（就满意度或体验而言）来说，重要的是中奖者会不会也能多一点儿。如果降低成本提高了行业能够发行的"彩票"数量——也就是说增加了推向市场和提供给消费者的产品的数量——那么创意工作者也可能会多提供一些其他情况下无法被提供的"中奖"产品。

然而，这里有一个重要的"并发症"。传统的"看门人"会筛选出值得投资的项目，其作用之一就是把消费者的注意力集中在值得看的节目、电影及值得听的音乐上。至少从理论上讲，"看门人"省去了消费者评估大量产品，以及从文化淤泥中筛选出好产品的麻烦，那些通过电影制片厂、唱片公司和出版社考核并得到发行的产品被认为是好产品。但是，还是由于"无人知晓"定律，精英过滤系统在现实中从未真正发挥作用。大多数经过仔细评估——有人可能称之为"策划"——的产品都不成功。尽管如此，旧的“看门人”方法还是有一个不可否认的优势——即使很多产品并不好，但毕竟产品数量少，消费者在选择看什么、读什么和听什么方面面临的挑战也就更小。

现在，有了这么多新的数字化产品，消费者就面临一项艰巨的任务：找到应该尝试并有可能喜欢的东西。如果没有一个“看门人”，优秀的新作品会被消费者发现吗？答案并不明朗，但在一个“无人知晓”的世界里，降低成本、增加在废墟中“淘金”的次数，确实有可能带来一种“数字文艺复兴”。那么，究竟是什么构成了数字文艺复兴呢？如果新数字技术带来的成本降低使大量新作品得以出现，而其中又包括大量能给用户带来满足感的好作品，且这些作品在非数字时代是无法被受众看到的，我们大概就可以说我们正经历一场数字文艺复兴。

根据我们目前已研究过的信息，数字文艺复兴只是一种可能性。也就是说，数字化有可能带来数字文艺复兴。但是它是否真的会带来数字文艺复兴，取决于数字化之后的实际情况。要得出我们正经历数字文艺复兴的结论，必须满足如下3个条件：首先，我们需要看到产品数量的增加——更多的电影，更多的音乐，更多的书籍，更多的电视节目；其次，“局外人”产品——原本会被“看门人”拒之门外，但是现在变得被接受的产品——在成功产品中所占的份额越来越大；最后，我们要有证据证明，这些新的书籍、音乐、电影和电视作品能够吸引当代消费者和评论家，而且和之前的作品相比更受欢迎。

本书收集了广泛且大量的信息——包括音乐销量、电视节目播出时间表、电台播送、评论家的最佳榜单、票房收入统计和在线音乐流媒体服务的数据——以回答一个在社会层面和经济层面上都非常重要的问题：技术变革，在让更多创意者接触到受众且令创意产业“平民化”的同时，是令社会更加贬值了，还是更加丰富了？在这个充斥着假新闻和另类事实的时代，我希望我们仔细研究收集的经验数据，也能为行业专家和政策制定者之间的讨论提供信息。我们是生活在了创造力的黄金时代，还是被淹没在了文化淤泥之中？除了涉及其自身利益之外，这个答案对包括版权法在内的公共政策也有影响。

1.8 文化产品及版权

理解新技术对文化产业的影响，这本身就很重要。毕竟，知道我们是否必须屈从于一个充斥着糟糕音乐、糟糕电影、糟糕书籍和糟糕电视节目的未来，是有用的。但要理解正在发生的事情，还有其他好的理由。创造性活动是在法律和公共政策框架内进行的。公共政策的各个方面，包括版权法及其执行的严格程度，可能会决定消费者能否持续不断地得到新的创意产品。随着数字化的兴起及其对持续文化生产的威胁，版权所有者的代表——创作者和中间商——已经开始向政府寻求保护、救济和纠正。他们的目标很简单：保护自己的知识产权和收入。

文化产品与其他消费品有本质差异，它们不是苹果，也不是洗洁精。因为技术的发展，复制文化产品变得如此容易，消费者无须付费就可以享受这类产品，如书、歌曲、电影或电视节目。当消费者不再付款，创意工作者就没有收入。没错，Piggly Wiggly超市里的苹果也能被偷。但是相对而言，入店行窃的盗窃形式更外在化，也更明显，而盗版行为则不易被发现，也方便得多。在Napster的鼎盛时期，歌迷可以在自己的卧室或宿舍里舒舒服服地下载未经授权的流行音乐。

非法复制并不是新出现的问题。Charles Dickens曾痛斥那些未经许可也未支付任何报酬就转载了他作品的美国出版商，说他们是“美国强盗”。这些盗版出版商把他的作品卖给美国读者，却连“用一美元给他的坟墓买一个花环以表感激”都不愿意。[29]盗版问题直到1891年美国国会通过《国际版权法》（International Copyright Act）才得以解决，这部法律给外国作品提供保护，不过（作为对工会的让步）仅限于在美国国内印刷的作品。

Dickens痛斥的是大规模的商业盗版（即未经出版商授权而进行印刷），而不是用户复制，但其实这两者从对他的版税影响来看是相似的。

由于将产品推向市场需要巨额投资，所以需要对这些投资提供一些法律保护。新杂志、新书或新电影如果有了读者或观众，就必须对艺术家和投资者的直接成本及其承担的风险提供补偿。要做到这一点，产品所带来的享受就必须转化为收入。毕竟，投资者需要从相对较少的赢家（即最终成功的项目）那里获得回报，以支付将所有不成功作品推向市场的成本。这就引出了知识产权及其保护的必要性。

1.9 知识产权保护：一种必要之恶

美国宪法授权国会“通过保证作家和发明家对其著作及发明在有限时间内的专有权，来促进科学和实用艺术的进步”。换句话说，国会可以授予专利和版权，这些都是独家销售权。专利涉及发明，如灯泡或蒸汽引擎；而版权涉及书籍、音乐和软件等创意作品。如果你做出了有用的发明，你就可以申请大概20年的独家销售权；而对于写作、作曲或录制一些作品，你可以申请在更长的时间内成为该作品的唯一卖家，从而形成一个“垄断”。自1998年《美国版权期限延长法案》（U.S.Copyright Term Extension Act）——也被称为《桑尼·波诺版权期限延长法案》（Sonny Bono Copyright Term Extension Act）——颁布以来，美国的版权期限延长至作者离世后50年。如果创意者是一家公司，如华特-迪士尼公司，版权保护期为75年。[30]

长期以来，在一些重要的公共问题方面，如政府支出问题，经济学家们的观点一直存在分歧。[31]但是经济学家们一致认为，在其他条件相同的情况下，垄断是不好的。当一件商品或服务只有一个卖家时，价格将高于存在很多卖家时的价格。此时，该产品的应用范围将会缩小。那么，当宪法的制定者们赋予新产品或新流程创造者们垄断权时，是出于什么考虑呢？[32]

授予版权垄断权的理由是，创造性活动需要投资。如果没有独家销售权，创作者的作品被竞争对手复制和出售，却不会分享到收益，创作者将无法收回投资，也就不会创作新产品，也不会把新产品推向市场。

有些产品需要巨额投资。制药行业报告称，像立普妥（Lipitor，用于治疗高胆固醇）或修美乐（Humira，用于治疗关节炎）这样的新药，推向市场的成本超过10亿美元。[33]如果没有“垄断”的保证，制药公司就无法承担发明新疗法所需的投资。正如我们在前面看到的，在图书、电影和音乐版权领域，许多投资也很重要。

简而言之，虽然所有垄断在某种意义上都是有害的，但它们也可以发挥重要作用，那就是提供足够的经济回报，为新的图书、音乐和电影等新产品的投资提供回报。[34]

1.10　知识产权保护的困境

知识产权保护形成的垄断会导致产品的价格提高，进而使一部分高效率的消费成为不可能。但是效率又是什么意思呢？

如果你被任命为哲学国王或者哲学王后，你的职责之一就是决定给哪些产品开绿灯。如果你奉行“效率至上”，那任何单个产品，只要收益——每个潜在买家愿意支付的金额——大于上市成本，都会被推向市场。对于图书这样的文化产品，成本包括你需要支付给作者写书的费用，以及制作和发行作品的成本。

但是现实并非如此。卖家通常必须向所有买家收取统一价格，目前精装书的平均价格约为30美元，新音乐专辑的价格约为15美元。考虑到对所有买家收取单一价格，通常不太可能将所有潜在消费者的支付意愿转化为收入。因此，并不是所有“值得出现”的产品都能出现。相反，市场上出现的是预期收入超过成本的产品。收入超过成本，产品就有利可图。

这种现实就要求我们要更密切地关注成本。将新作品推向市场，通常涉及两种成本。第一种成本是创造第一本书时所涉及的巨大的潜在固定成本。例如，一部新小说的固定成本包括写作、编辑、排版和宣传方面所花费的时间和金钱。对于新人乐队的首张专辑，固定成本包括培养乐队、录制音乐、制作唱片母版和推广专辑所需的所有投资。第二种成本是生产和分销产品的单位成本或边际成本。对于有形产品，其单位成本或边际成本包括印刷出版、分发和销售的成本。

作为哲学国王，你下一个决定就是要选择一个价格。假设第一本书的制作成本是5 000美元，但是由于数字化，额外发行和销售每本图书不需要任何成本。那么，您要定什么价格呢？免费赠送（价格为零）也并非毫无道理，因为产品已经存在，免费可以使买卖双方从书中获得的净收益总量最大化。

只要价格大于零，就会抑制产品使用，并对收益产生负面影响。为了理解这一点，假设你选择了一个非零定价，如5美元。此时，只有支付意愿大于或等于5美元的人才会得到这本书，而存在支付意愿但低于5美元的人则得不到这本书。原本，经济活动是可以用一种很“温和”的方式来实现“让世界更美好”的“崇高”目标的，但是这样的5美元定价却阻碍了这一目标的实现。因为无论何时，只要买方的支付意愿高于卖方交付额外一单位产品的成本，就有机会实现某种程度的经济意义上的“完美涅槃”。其原因如下：你额外制作一个拷贝的成本是零，而我愿意付4美元。如果我们一致同意2美元的价格，那么你（卖方）的利润就增加了2美元，而我也得到了奖励：我以2美元的低价得到了我认为值4美元的东西。我心中为这一产品的估价是4美元，和我实际支付的2美元之间相差2美元，这2美元的差额被称为消费者剩余。但如果你定价5美元，而我只愿意支付4美元，这种互惠交换就不会发生。

尽管以零美元的边际成本定价似乎很有效率，但其也有一个明显的问题：无法产生收入来帮助弥补创作人和投资者的第一笔复制成本，而要补偿它们就要让定价高于零边际成本，这样每卖出一单位产品获得的收入就会超过边际成本，以补偿5 000美元的初始成本。而且，这种超额收入可能会带来一些利润。的确，如果没有能力支付成本并赚取利润，人们就有理由担心生产者不再创作新作品。

这就是进退两难之处。假设5美元的价格会给卖家带来最多的收入，并足够收回初始成本，支付意愿等于或超过5美元就可以买到这本书，心中估值超过5美元的人获得消费者剩余，卖家也弥补了成本并获得利润，所以这两类人是快乐的。但是在这种情况下，另一组人没有得到有效率的服务：支付意愿在零美元边际成本和5美元价格之间的人，他们愿意支付超过零边际成本的价格，但是也得不到书。

认为价格高于边际成本会抑制有价值的消费机会的观点，不仅成为支持文化产业国有化的“财产即盗窃”（property is theft）的老套理论，而且单纯从资本主义者的角度来看，也绝对是非常可惜的，因为拷贝额外一单位的成本为零，而你却拒绝了一位愿意支付4美元的买家，从而错过了一个增加利润的机会。

这里有一个解决办法，但需要卖家鬼鬼祟祟地交易：“嘿，你想4美元买一本书吗？行，但别告诉别人……”假设每个愿意以5美元价格买这本书的人已经买了这本书，从而使书的收入超过了成本，现在就要想想怎么和一个愿意支付4美元的人互动。如果你能以4美元的价格把这本书卖给那个人，你就能额外赚得4美元的利润。但是，如何保证那些已经支付了5美元的人不生气，这也是一个挑战。

除非卖方可以向不同的人收取不同的价格，即实施“价格歧视”策略（第8章将对价格歧视进行更多的讨论），否则卖家就不可能获得所有的额外利润，也没办法把产品卖给所有的潜在买家。相反，卖家将不得不制定一个单一价格，如5美元，但是这样又拒绝了那些愿意为这本书支付大于零但是低于此单一价格的消费者。这也正是垄断的危害和由此带来的困境。但是，因为我们这个社会喜欢持续地创造，正如宪法的制定者所做的那样，我们选择生活在垄断的世界里，用垄断来给予创造者足够的补偿，让他们不断地创造。我们接受了这样一件坏事—— 一些低效的准入拒绝，以换取一件好事——让收入足够超过成本，以维持对创新的激励。

1.11 技术和有效的知识产权保护

在现实生活中，书籍、电影、电视节目和音乐都受到法律和技术的两方面保护。简而言之，一件作品的创作与销售越困难，创作者得到的保护就越多。

以书为例。自从15世纪中叶印刷机发明以来，书籍复制就已经成为可能。随着1959年复印机的发明，任何人都能从书上复印书页。但即使有复印机和其他早期技术，复制一整本书也是相当麻烦且昂贵的，它需要人们在一台炽热的机器前站立数小时，每页成本为5~10美分。如果一本书的售价为500美元，那复印的烦琐及高成本可能还值得，但考虑到普通新书的价格（在20世纪60年代只有几美元，直到今天许多平装书的价格也高不到哪里去），很少有读者会觉得一页一页地复印一整本书是值得的。因此，面对版权法对未经授权的复制行为的惩罚，以及烦琐的复制技术，消费者更愿意花钱去买书。

音乐在几年前也同样难以复制。在20世纪70年代以前，很少有人拥有磁带录音技术。随着盒式磁带的普及，许多人获得了复制的能力，但是拷贝的声音质量很差，用磁带拷贝制作的第二代拷贝的音质更是糟糕透顶。一张专辑的价格，在20世纪70年代只有4美元左右，所以当时相对于用盒式录音机制作的复制品，正品更具吸引力。

数字化的到来改变了复印的成本和吸引力。文本、音频和视频现在都可以存储在计算机文件中。一旦互联网的速度变得足够快，这些文件就可以在网络上免费匿名共享。更重要的是，拷贝的质量一般都很好。因此，尽管法律没变，但随着数字化的兴起，被有效保护的知识产权的数量急剧下降。为了弥补技术对版权保护的削弱，许多观察人士开始呼吁对知识产权法及其实施进行改革。

1.12 版权所有者想要什么?

主要传媒业代表就新科技对传媒业产生的持续影响提出了4点意见：（1）盗版猖獗；（2）盗版剥夺了该行业的收入；（3）盗版造成的营收损失所威胁的不仅仅是那些光鲜亮丽的高收入群体，也包括普通人的收入和就业；（4）营收的减少对持续创新构成威胁。他们认为，所有这些观点都支持政府采取行动加强版权保护。然而，值得注意的是，讨论中没有提及新技术如何通过降低成本来帮助媒体公司和创作者。

多年来，媒体公司在法庭上寻求救济，起诉那些进行盗版的人，以及提供盗版材料的网站的所有者。这些措施的效果好坏参半，没有完全消除盗版，却把一些消费者挤跑了。最近，媒体公司提出一些立法建议，使网站更难通过盗版来做生意，包括禁止搜索引擎提供指向盗版网站的链接，禁止信用卡公司向被认定为提供盗版内容的网站付款。这些想法或许不错，但许多观察人士担心，拟议中的《制止网络盗版法》（Stop Online Piracy Act）和2011年的《防止网络盗版法》（Prevent Internet Piracy Act）会对互联网自由构成威胁。公众对这些法案的反对之声出人意料地强烈，维基百科关闭了一天以示抗议，所以这两个法案都没有成为法律。[35]

内容行业的代表向政策制定者施压，要求他们采取措施消除新技术对其收入的负面影响，这在很大程度上是围绕就业和持续创新展开的。例如，2016年，美国电影协会（MPAA）主席、前参议员Christopher Dodd

向影院业主发表了演讲。首先，他描述了该行业在2015年的优异表现，包括当年383亿美元的全球票房——比前一年增加了20亿美元。然而几句话后，他话锋一转，不再谈票房成绩，转而呼吁实施政策来防止盗版对行业收入的侵蚀："为了让市场继续增长，我们不应该忽视内容保护的巨大重要性。" Dodd说："如果没有网络盗版，票房收入将增加14%或15%。"[36]

美国电影协会的代表们很了解政府的关注点，所以也重点指出了盗版对就业的威胁。Dodd指出，消除盗版将"使美国票房收入增加15亿美元，这15亿美元将用于电影院、制片厂，更重要的是，用于日常工作依赖于这个产业的190万美国人。"[37]在众议院司法委员会就《制止网络盗版法案》举行的听证会上，美国电影协会的Michael O'Leary说："从根本上说，这事关就业。电影和电视产业为美国50个州提供了200多万个就业机会。"他接着讲述了好莱坞"幕后辛勤工作的人们……男人、女人及他们的家庭，（对他们来说）网络内容盗窃意味着收入下降、健康水平下降和退休福利减少，以及失业"。[38]

作家协会主席Scott Turow提出了类似的观点。他在参议院司法委员会（Senate Judiciary Committee）发表讲话时指出，"300年来，版权一直是历史上最伟大的公共政策成就之一，但是现在它即将失效"。Turow认为，"盗版几乎已经摧毁了我们的唱片业"，他对美国作家协会说，他担心版权保护的削弱会损害作家的收入。[39]"有效的版权保护是职业作者得以存在的关键，"特罗说，"它使作家能够以写作为生。"[40]

有的政府官员也表达了同样的担忧。在众议院司法委员会举行的《制止网络盗版法案》的听证会上，国会图书馆馆长Maria A.Pallante认为："这种行为越是不受约束，互联网对合法的内容创作者及投资者的吸引力就越小。换句话说，网络盗版不仅侵犯了作品的版权价值链，而且威胁着21世纪的版权法。"[41]

有趣的是，美国唱片工业协会（RIAA）提出了一个比美国电影协会或作家协会更微妙的论点，并将焦点放在消费者上。2012年，美国唱片工业协会主席Cary Sherman在众议院通信和技术小组委员会上就“音频的未来”作证时，首先强调了盗版造成的收入损失：“几乎所有学术研究和经济学家都会得出结论，非法下载对我们造成了严重伤害。”[42]

Sherman继续说：

> 是什么样的伤害呢？当然包括大规模裁员。但是此外其也减少了对艺术家的投资。这意味着艺术家数量会减少，以音乐谋生的人的数量会减少，我们民族文化中的歌曲数量也会更少，这不利于我们民族身份的培育。事实上，根据美国劳工统计局（Bureau of Labor Statistics）的数据，自认为是“音乐家”的人数在过去一段时间里呈下降趋势，明显反映出音乐行业的衰落。[43]

简而言之，Sherman认为，新技术将导致就业率下降。他接着强调了生产者和消费者在这个问题上的利害关系：“盗版不仅仅是一个狭隘的公司层面的问题。这个问题会影响许多行业，影响我们的经济、文化，以及成千上万的创意人才。更重要的是，享受我们创作的音乐的消费者，也会受到影响。”

1.13 正确的问题

在国会听证会上发言的利益相关方正是感受到技术变革之痛的人与机构。无论是唱片、电影、电视行业还是图书行业的代表，他们都可以用翔实的数据来指出他们所处行业的收入正在受到威胁，甚至是实实在在地下降。这些数据证实了他们所在行业的财务困境，当然这一困境可能涉及更大的问题，需要更多的法律补救。而收入受到威胁或下降，本身并不能告诉我们版权体系是否运转良好。

媒体公司和市场经济中的所有私有公司一样，关心的重要问题就是：

"我的收入和利润发生了什么变化?"但对于消费者和整个社会来说,与版权相关的重要问题却与之不同:"新文化产品的数量和质量会发生什么变化?"如果我们考虑版权法的目的,我们关注的就不是收入本身;之所以关心收入,是因为我们需要收入来为新文化产品的生产提供必需的资金。

那么,我们如何评估知识产权法的有效性呢?最好的衡量方法当然不是创意者或中间人的收入或利润,尽管这种方法确实与之有关。相反,评估知识产权制度的最佳方式是看它所产生的创造性活动。知识产权政策赋予的垄断权是否提供了足够的回报,足以支付创作者承担有价值项目的成本——这一点经常在有关知识产权问题的政策讨论中被忽略。

理想主义者和像我这样的"天真教授们"认为,分歧最终源于对事实的不同理解。如果我们能把事实弄清楚,我们就能解决分歧。Cary Sherman指出,这里"最重要的"是音乐能否继续被创造出来,并推向市场,让消费者能够享受音乐。同理,在电影行业,问题的关键是消费者能否持续观看到大量好的新电影,而不是电影公司是否会不断给大量的演员、餐饮服务人员、制片助理、灯光师和照明师支付工资。

因此,如果我们能确定过去几年的技术变革是刺激还是抑制了消费者可享受的新产品的流动,或许我们就能解决任何分歧。需要明确的是——就算是重复强调也必须要强调一下——问题不是消费者是否因为可以免费享受而喜欢这些东西,而是音乐家、作家和电影制作人是否还在继续创作艺术作品并将其推向市场,以便消费者能够获得有价值的、令人满意的新产品。

如果说工作岗位的减少可以反映由于偷窃而导致的新产品创作的萎缩,那么失业就是衡量创造性产出的一个有用指标。但技术变革往往通过用机器代替工人来降低成本。虽然相关的失业对那些失业的工人来说无疑是个坏消息,但降低成本的技术变革对其他所有人来说通常都是好消息。再想想音乐产业,现在人们不用再把文件压在塑料质地的CD上,再套上糟糕的塑料套,就可以发行音乐。随着数字音乐取代了CD,对卡车司机、唱片商店职员的需求就会减少。虽然这些工作都没有了，但向消费者提供1首歌或12首歌的成本从5美元或10美元降到了几美分。丢了工作的卡车司机和店员无疑是受损了，但假设他们可以从事其他工作（如出租车司机或食品超市的收银员），那整个社会就会更好。虽然失业与否对于工作持有者来说至关重要，但是在判断某个行业是否运转良好方面，工作岗位是一个高度不完美的指标，至少从消费者的角度来看是这样的。1820年，美国有72%的工作者受雇于农业，现在这个数字是2%。[44]可是现在大部分食物仍然是美国自己种植生产的，很显然美国人也没有被饿死。所以，在评估各个产业的时候，社会关心的问题并不是它们创造了多少工作岗位，而是它们是否在持续稳定地供给好的新型消费品。那它们做到了吗？

1.14　本书的内容和架构

本书的其余部分旨在回答前文所述之问题。第一部分由第2~6章组成，分别描述了音乐、电影、电视、书籍和摄影等行业的创意型产出的演变。从详细的经验证据来看，我们是在经历一个数字文艺复兴吗？在每一章中，我都会首先解释这个行业在数字革命之前是如何运作的。然后，我会用数据来说明该行业正在生产的新产品的数量和质量。第7章对证据进行了盘点，提出了“我们正处在数字复兴还是文化淤泥之中”的问题，并讨论数字化的好处有多大。

第二部分讨论了创意产业的新内容及未来的发展方向，创意产业包括在数字技术变革背景下成为可能的新的商业实践。第8章解释了数字化是如何通过创建一个类似于“小型联盟”的系统来解决“无人知晓”的问题的。这种系统允许投资者根据“农场团队”（独立的、自主出版的、自主制作的）绩效评价记录来做出重大投资决策。第8章还讨论了Spotify、Netflix和其他“大型综合”服务提供商所使用的“捆绑”策略，即以每月固定收费的方式来向用户提供音乐或视频节目观看服务。第9章比较了好莱坞和宝莱坞的经验，并对于盗版问题提出见解。第10章探讨了数字化对世界文化产品贸易的影响：数字化是有利于小国的文化贸易，还是有利于巩固以英语为母语的"巨无霸"？第11章讨论了新技术通过培养新的"看门人"来抑制创造力的可能性。第12章是本书的总结，这一章针对消费者、政策制定者和文化评论家应该如何应对数字技术变革的成果提出了一些建议。

20世纪60年代，蝙蝠侠和罗宾在电视剧《蝙蝠侠第六季》(Batman television）中突然想到要干掉一个卑鄙的恶棍，于是他们立即行动起来，说："上蝙蝠车!"接着，他们就迅速离开蝙蝠洞，开始追捕穿着制服的恶棍及其追随者。虽然经济学并不总是像蝙蝠侠的探险那样令人兴奋，但我认为，通过数据挖掘来回答问题本身就是一种探险。所以快和我一起坐上"蝙蝠车"吧!

第一部分

主要文化产业巡礼——音乐、电影、电视节目、图书和摄影

第2章　音乐的数字化：摇滚吗？

唱片行业尤其擅长制造娱乐，有时也能创造出艺术作品，以英语为母语的国家在这方面有杰出贡献。国际知名的唱片艺术家有许多，有些人已经成为时代的标签，如披头士乐队、Elvis Presley、Bruce Springsteen、Olivia Newton-John、Neil Young等。飞越大洋，收拾行囊，坐上驶向遥远首都的出租车，你收音机里的大部分音乐很可能都是来自英国或美国歌手的英文歌。

美国的数据证实了这些猜想。如果我们把唱片和现场音乐表演的收入都计算在内，每年美国唱片行业能创造200亿美元的收入，雇用数百万人员。[1]这个由唱片公司主导的行业现在已经合并成媒体集团，且数量越来越少。例如，华纳音乐娱乐资讯有限公司拥有Asylum（乐队）、Atlantic（乐队）和华纳唱片公司；环球音乐集团拥有Capitol、Def Ja和Island唱片公司，索尼拥有Columbia、Epic和RCA唱片公司。近年来，这三家“大”品牌集团的唱片总销量占美国唱片销量的近90%。[2]该行业并不只在美国取得了成功，就在世界经济中所占份额来说，英国甚至更为成功。

但是，将新音乐推向一个“无人知晓”的世界，既具有挑战性，又会付出巨大的成本。一直以来，唱片业是如何成功运作的呢？

2.1　唱片行业的传统运作方式：我们过去的样子

虽然并不是世界上所有人都想成为摇滚明星，但很多人抱有这种梦想。许多有抱负的音乐家都渴望与唱片公司达成协议，得到成为明星的机会。但最终，大多数人都会在商业和/或艺术上以失败告终，只有小部分人能够取得成功。这很大程度上是因为测试一个乐队——制作专辑、发行专辑并取得消费者的关注——在传统上是非常昂贵的。因此，唱片公司扮演了人才发现者和“看门人”的角色。

音乐“看门人”的工作从音乐人提交唱片，以及星探们探访俱乐部去发掘优秀的音乐人开始。音乐人和唱片公司相互寻找的过程很艰难。即使是最成功的音乐人也可能有一个艰难的开端。从20世纪60年代末开始，Bruce Springsteen加入过许多乐队，包括地球三人组（Earth）、钢厂乐队（Steel Mill）、疾驰博士和音爆乐队（Dr.Zoom & the Sonic Boom）、圣丹斯布鲁斯乐队（Sundance Blues Band），最终成为布鲁斯·斯普林斯汀乐队（Bruce Springsteen Band）的一员。1972年，传奇制作人Clive Davis才将他签约到哥伦比亚唱片公司。

作为有史以来商业上最成功、最广受好评的乐队之一，披头士乐队在最初成立的5年一直无人问津。1957年，采石工人乐队（the Quarrymen）的领队John Lennon结识了Paul McCartney，并邀请他加入乐队。1958年，McCartney和George Harrison也加入了乐队。乐队曾有过各种各样的名字——约翰尼和月亮狗乐队、银甲虫乐队、甲壳虫乐队、银甲壳虫乐队，最终确定为甲壳虫乐队。1960—1961年，他们在汉堡的啤酒大厅驻场。1961年年中，他们开始与利物浦乐队比赛，到那年秋天成功吸引了大批观众。1961年年末，唱片店经理Brian Epstein成为乐队经纪人，并努力为他们争取到一份唱片合同。在1962年5月，制作人乔George Martin将他们签到百代唱片（EMI）旗下的Parlophone唱片公司。在这之前，“几乎所有的欧洲唱片公司”都拒绝了他们。这看似简单，但说服唱片公司“发现”披头士乐队的音乐才华却很难。[3]

签约只是开始，下一步的任务是将专辑成功推向市场。要做到这一点，该品牌必须投资四项活动：培育、生产、分销和推广。首先，艺术家往往需要一些指导，并做出调整，使他们的小样变成有价值的音乐。其次，音乐需要录制和制作。再次，消费者需要良好的渠道去购买音乐。以前的黑胶唱片和后来的光盘必须运到零售商店，消费者可以在那里浏览和购买。最后，唱片公司必须用一些方法让消费者了解这个唱片。由于大量的专辑被推向市场，唱片公司需要创作出观众可能喜欢的歌曲并使其获得知名度，这是非常重要的。广播历来是宣传新音乐的主要渠道。所有这些步骤传统上都是成本高昂的，接下来我们将详细地研究它们。

2.1.1 培养

长期以来，唱片公司签下一位艺人标志着双方关系的开始，这需要唱片公司的耐心和投资。创造性的培养可能意味着给音乐人足够的时间去创作十多首歌曲，而这些歌曲需要出色到能够出现在一张专辑中。另外，当这位音乐人发行了一两张专辑，却没有立即获得商业成功时，公司也需要有耐心。Bruce Springsteen的前两张专辑《来自阿斯贝里公园的祝福》（Greetings from Asbury Park）和《野蛮、无知和东大街的混乱》（The Wild，The Innocent and The E.Street Shuffle）都是在1973年发行的，都获得了巨大的成功——但不是商业上的成功。

2.1.2 制作

传统上，录制过程需要投入大量的时间和人力，使得这个过程变得成本高昂。据报道，威豹乐队（Def Leppard）1987年的专辑《歇斯底里》（Hysteria）耗资450万美元，[4]Michael Jackson 2001年的《无敌天下》（Invincible）耗资3 000万美元。[5]1983年，为了支持Jackson的同名专辑，John Landis执导了歌曲《颤栗》（Thriller）的MV，耗资50万美元。[6]

制作专辑所花费的时间和金钱可能意味着一首好歌或一段伟大的音乐，也可能意味着商业上的成功或失败。据报道，在发行了前两张专辑后，Springsteen花了14个月的时间录制了《为跑而生》这张专辑，其中6个月的时间都用在了单曲《为跑而生》上。这张专辑于1975年8月下旬发行，在两个月内销量达到50万张，到2000年共售出600万张。[7]这张专辑也带动Springsteen的前两张专辑取得商业上的成功。截至1978年年底，《来自阿斯贝里公园的祝福》和《野蛮、无知和东大街的混乱》都获得了金奖，销量均为50万张。

即使不考虑这些经典的例子，一张专辑的平均生产成本也很高。根据国际唱片业协会的数据，流行唱片的制作成本“一般至少为20万美元，如果在录音室花费的时间很长，成本可以飙升到35万美元以上”。[8]

2.1.3 分销

与制作一样，唱片的分销成本也很高。即使在今天，唱片公司仍然经常将刻录好的光盘运送到商店。由于货架空间有限，商店不得不找地方储存它们。由于大多数专辑的发行并不成功，唱片公司还需要承担将无法销售的唱片运入或运出仓库的费用。而且，由于大多数成功的专辑只在短时间内有需求，零售商需要在人们可能需要的几周内有充足的存货。[9]发行费用大大减少了可售专辑的数量。在数字化以前，一个标准的唱片店大概有4万张唱片，而最大的唱片店，像Tower Records，有近20万张唱片。[10]唱片店的库存通常包括新发售作品和旧作品。因此，只有有限数量的新专辑会被制作并发行到商店中。

2.1.4 促销

传统上，广播是流行音乐的主要宣传渠道。长期以来，电台播放列表上的歌曲数量是很有限的，且新发行歌曲的数量远远超过电台播放的歌曲数量。流行音乐电台“每周最多能够在它们的列表上增加4首新歌”，所以“播放竞争”是激烈的。[11]从传统意义上讲，在广播中播放一首歌可以提高其销量，因此唱片公司愿意付钱给广播电台来播放它们的音乐。[12]因此，唱片公司开始行贿，电台和音乐节目主持人开始受贿。这导致了臭名昭著的“贿赂”丑闻。1960年，纽约音乐节目主持人Alan Freed和美国舞台节目的主持人Dick Clark都被传召到美国众议院立法监督小组委员会作证。[13]Clark成功地迷惑住了小组委员会，并且能够继续他漫长而成功的职业生涯，但是Freed的职业生涯结束了。

有消息说，由于电台在收钱后播放行贿公司的音乐是被禁止的，行贿的方式变得更为隐蔽。即使行贿行为是违法的，向电台付费以增加节目时长的行为依然存在。在2001年，Eric Boehlert报道说，唱片公司会为了将一首新歌添加到一个主要电台的播放列表中，向被称作“独立唱片促进者”的中间人支付1 000美元。这些中间人的一些行为触犯了法律。[14]

撇开法律上的细微之处不谈，很明显，让电台来宣传一首歌是困难且昂贵的。在美国有一千多家大型广播电台，每个电台每周大约只增加3首歌。在数字化以前，整个广播行业每周播放歌曲的成本至少为300万美元。[15]在20世纪80年代，推广热门单曲的成本约为15万美元。[16]

将所有这些培育、制作、发行和推广音乐的成本汇总在一起，2012年，国际唱片业协会认为20万～30万美元是新签约艺人的平均录音成本。[17]国际唱片业协会列举的其他费用包括20万美元的前期费用、5万～30万美元的“两到三个音乐录像带”、10万美元的巡演支持和20万～50万美元的营销和推广费用。将一位新出道的音乐人的作品推向市场的总成本在75万~140万美元之间。2016年，国际唱片业协会指出，“在美国和英国等主要市场，签约艺人的平均成本”在50万～200万美元之间。[18]

所有专辑的成本都会急剧增加，因为没有人清楚地知道这四个环节涉及的所有事情，大多数发行都是失败的。唱片公司对新专辑的投资，可与典型的投资密集型行业，如制药行业的研发投入相提并论。[19]由于所涉及的开支巨大，音乐已由“拥有足够资金的大型公司发行，因为这些公司能在短时间内储存和运送成千上万张唱片到唱片店”。[20]因此，该行业集中在少数大型集团所拥有的唱片公司手中。

尽管该行业存在许多固有的不利因素，但是美国唱片行业已经取得了巨大的商业成功，从Garth Brooks、Bob Dylan、Michael Jackson到Madonna都是成功的典范。表2-1列出了美国唱片业协会认证的40位美国最成功的商业艺术家。名列榜首的是Garth Brooks，在美国售出1.48亿张专辑，这一数字令人震惊。排名第40的R.Kelly也已经卖出了3 200万张专辑。

表2-1　美国最成功的40位商业艺术家

艺术家	已售专辑数量（百万）	在《滚石》杂志中“100位最伟大的艺术家”的排名
1.Garth Brooks	148	
2.Elvis Presley	136	3
3.The Eagles（乐队）	101	75
4.Billy Joel	82.5	
5.Michael Jackson	81	35
6.George Strait	69	
7.Barbra Streisand	68.5	
8.Aerosmith	66.5	59
9.Bruce Springsteen	65.5	23
10.Madonna	64.5	36
11.Mariah Carey	64	
12.Metallica	63	61
13.Whitney Houston	57	
14.Van Halen	56.5	
15.Neil Diamond	49.5	
16.Journey	48	
17.Kenny G	48	
18.Shania Twain	48	

续表

艺术家	已售专辑数量（百万）	在《滚石》杂志中“100位最伟大的艺术家”的排名
19.Kenny Rogers	47.5	
20.Alabama	46.5	
21.Bob Seger & the Silver Bullet Band	44.5	
22.Eminem	44.5	82
23.Guns N'Roses	44.5	92
24.Alan Jackson	43.5	
25.Santana	43.5	90
26.Reba McEntire	41	
27.Chicago	38.5	
28.Simon & Garfunkel	38.5	40
29.Foreigner	37.5	
30.Tim McGraw	37.5	
31.Backstreet Boys	37	
32.2Pac	36.5	86
33.Bob Dylan	36	2
34.Bon Jovi	34.5	
35.Britney Spears	34	
36.Dave Matthews Band	33.5	
37.John Denver	33.5	
38.James Taylor	33	84
39.The Doors	33	41
40.R.Kelly	32	

资料来源：Author′s calculations based on Recording Industry Association of America（RIAA）（2017a）and Rolling Stone （2010）.

该行业还创造了广受好评的艺术作品。《滚石》杂志（Rolling Stone）邀请了55位顶级音乐家、作家和行业精英共同评选了“摇滚时代100位最伟大的艺术家”。该榜单是了解该行业的艺术成就的一种途径。[21]在这100位音乐人中，几乎3/4都来自美国。即使不能否认评委对美国音乐人的偏向，但也有相当数量的美国音乐人的作品获得了广泛好评。表2-1中列出的40位最成功的美国商业艺术家中，有15人也被列入了《滚石》杂志的榜单中，包括Elvis Presley（猫王）、The Eagles乐队、Michael Jackson、Aerosmith乐队、Bruce Springsteen、Madonna和Metallica乐队。

虽然最成功的商业艺术家和最受欢迎的艺术家的名单肯定是不一样的，但在商业成功和艺术成功之间有很强的正相关关系。截至《滚石》杂志2003年首次发布该榜单，已经至少有5万张音乐专辑被发行。一张专辑进入广受好评的前100名榜单的概率约为五百分之一。如果备受好评和商业成功完全无关，那么我们就不会看到40位最成功的商业艺人拥有许多广受好评的专辑——事实上，我们预计他们会有40×（1÷500），即0.08张广受好评的专辑。换句话说，如果商业成功和备受好评无关，那么在40位最成功的商业歌手中找不到受欢迎的专辑的概率为92.3%，找到一张受欢迎的专辑的概率为7.4%，找到许多受欢迎专辑的概率非常小。[22]相反，我们看到这40位歌手中有15位——超过1/3——歌手备受赞誉。由此可见，评论家的评价和消费者的评价是紧密相关的。

将畅销专辑与好评专辑的榜单进行比较，也可以得出类似的结论。根据美国唱片业协会的数据，表2-2列出了美国最畅销的40张唱片和它们的销售数据。虽然销售数据只涉及美国市场，但是表2-2中的艺术家并非全部来自美国。根据《滚石》杂志2012年的数据，最后一栏还列出了每张专辑一直以来在500张最佳专辑中的排名。例如，在美国售出3 300万张的Michael Jackson的专辑《颤栗》（Thriller）在该榜单中排名20。一些最畅销的专辑，如《老鹰乐队精选集》，收录了艺术家前几张专辑中的代表歌曲。对于这种情况，我记录了包含这些歌曲的专辑的排名。在这40

张最畅销的专辑中，有24张同时入选了《滚石》杂志评选的“史上最伟大的500张专辑”榜单。再次重申，评论界的一致好评和商业上的成功是高度相关的，但并不完全相同。

表2-2　　40张在美国销量超过1 300万张的专辑

艺术家	专辑	销量（百万）	《滚石》杂志“史上500张最伟大专辑”榜单
1.Michael Jackson	Thriller	33	20
2.The Eagles	Eagles/Their Greatest Hits（1971—1975））	29	37、368
3.Billy Joel	Greatest Hits Volume I & Volume II	23	70、354
4.Led Zeppelin	Led Zeppelin IV	23	69
5.Pink Floyd	The Wall	23	87
6.AC/DC	Back In Black	22	77
7.Garth Brooks	Double Live	21	
8.Fleetwood Mac	Rumours	20	26
9.Shania Twain	Come On Over	20	
10.The Beatles	The Beatles	19	10
11.Guns N′ Roses	Appetite for Destruction	18	62
12.Boston	Boston	17	
13.Elton John	Greatest Hits	17	136
14.Garth Brooks	No Fences	17	
15.The Beatles	The Beatles 1967—1970	17	1、10、14、392
16.Whitney Houston	The Bodyguard（Soundtrack）	17	
17.Alanis Morissette	Jagged Little Pill	16	
18.The Eagles	Hotel California	16	37
19.Hootie & the Blowfish	Cracked Rear View	16	

续表

艺术家	专辑	销量（百万）	《滚石》杂志“史上500张最伟大专辑”榜单
20.Led Zeppelin	Physical Graffiti	16	73
21.Metallica	Metallica	16	
22.Bee Gees	Saturday Night Fever（Soundtrack）	15	
23.Bob Marley & the Wailers	Legend	15	43
24.Bruce Springsteen	Born in the U.S.A	15	86
25.Journey	Greatest Hits	15	
26.Pink Floyd	Dark Side of the Moon	15	43
27.Santana	Supernatural	15	
28.The Beatles	The Beatles 1962—1966	15	3、5、39、53、307、331
29.Adele	21	14	
30.Backstreet Boys	Backstreet Boys	14	
31.Britney Spears	Baby One More Time	14	
32.Garth Brooks	Ropin′ the Wind	14	
33.Meat Loaf	Bat Out of Hell	14	343
34.Simon & Garfunkel	Simon & Garfunkel's Greatest Hits	14	51、202、234
35.The Steve Miller Band	Greatest Hits 1974-78	14	445
36.Backstreet Boys	Millennium	13	
37.Bruce Springsteen	Bruce Springsteen & the E street band/live 1975-85	13	18、86、133、150、226、253、425、467
38.Pearl Jam	TEN	13	209
39.Prince & the Revolution	Purple Rain	13	76
40.Whitney Houston	Whitney Houston	13	257

资料来源：Top-selling albums from Recording Industry Association of America （RIAA）（2017a）；Rolling Stone album rank from Rolling Stone （2012）.

注：“Greatest Hits” 包括了该艺术家在滚石排行榜上的所有相关专辑。

有些歌手的专辑获得了粉丝的支持，但并没有获得业内人士的认可，比如Garth Brooks的专辑《双重生活》（Double Live）、《没有遮拦》（No Fences）和《徒劳》（Ropin' the Wind），Shania Twain的专辑《回到我身边》（Come on Over），Boston乐队的专辑《波士顿》（Boston），以及Alanis Morissette的专辑《小碎药丸》（Jagged Little Pill）。

无论我们把这些专辑称为商品还是艺术，在数字化之前，唱片业就已经做了一些非常正确的事情。

2.2 数字化首先带来的是坏消息

直到1999年，音乐都是作为一种实体产品被出售的，其载体主要是光盘及少量盒式磁带。当然，人们可以偷这些产品，但是这样做是困难的，就像通常偷东西一样并不容易。

数字技术的一个成功之处是将文本、音频和视频变成了可以在计算机网络上免费共享的数字文件。一旦音乐产业找到了销售数字音乐的方法，其成本的降低将是一个好消息。但是，音乐产业通过销售光盘赚了很多钱，而且数字文件的易获取性使得消费者不愿意为他们可以不花钱就能轻易获得的东西付费。

随着音乐分享交换网站Napster的走红，唱片行业是第一个面临因文件共享导致收入减少的行业。1999年，Napster出现后，唱片公司营收额大幅下滑，这使得唱片公司经理在没有经过仔细的市场研究的情况下就得出结论——文件共享正在使收入减少。有一些原因能解释他们的结论。

从可获得的数据中可以看出，多年来美国唱片业的总产值在不断增加。如图2-1所示，从Napster出现的那一年开始，唱片销售额出现急剧而持久的下降。以2016年为基期，美国唱片销售额除了在1994年、1995年和1999年分别突破200亿美元，在2003年降至150亿美元，在2007年降至120亿美元，在2010年降至80亿美元以下。截至2015年，美国唱片销售额已降至近70亿美元，仅略高于1999年销售额的1/3。

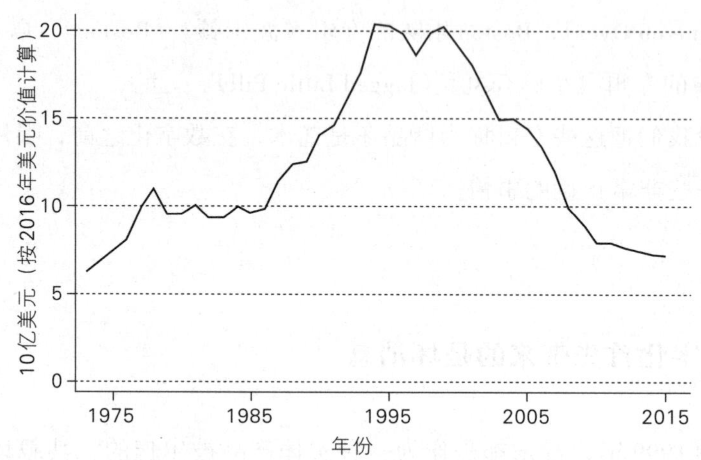

图2-1　1973—2015年美国唱片工业协会统计的美国音乐行业总产值

资料来源：Recording Industry Association of America，Year-End Industry Shipment and Revenue Statistics （various issues），along with the U.S.consumer price index （2017b）.

但究竟是什么导致了销售收入的暴跌呢？对整个行业的参与者和他们的顾问来说，Napster显然是罪魁祸首。但是对于进行过不同研究的学者来说，答案就不那么明显了。[23]自千禧年以来，以数据为导向的经济学家开始试图量化无偿消费对有偿消费的因果影响。但这并不容易，因为评价文件共享对销售的影响相当困难。

在理想情况下，为了确定文件共享对唱片销售的影响，我们需要进行一个大型实验：在其他条件相同的情况下，在一个地方人们可以共享文件，在另一个地方却不可以。我们可以由此验证，与禁止共享文件的地方相比，在允许共享文件的地方销售额是否下降。但现实要复杂得多。经济学家无法确定文件共享在哪里可行，在哪里不可行。甚至找到文件共享的总量也是困难的，因为文件共享处于合法和不合法之间的灰色地带。

尽管存在这些挑战，Felix Oberholzer-Gee和Koleman Strumpf教授还是研究出了文件共享和专辑销量之间的关系。借助Nielson的数据，他们观察了2002年的640张专辑连续17周的每周销量和共享次数。[24]经过多次计算后，他们发现，文件共享对专辑销量没有影响。也就是说，他们没有发现那些被共享次数多的歌曲所在的专辑销量下降。这篇发表在著名经济学杂志上的论文引发了轩然大波。科技艺术网站（ArsTechnica）称，该研究的发现“与唱片业的说法相反，即非法音乐下载对音乐销售没有明显的影响”。[25]这项研究受到了“版权左派”——不相信知识产权的人——的欢迎。他们很高兴有证据表明，他们的偷窃行为，即“分享”，并没有伤害任何人。但这篇文章受到了美国唱片工业协会的抨击，美国唱片工业协会称Felix Oberholzer-Gee和Koleman Strumpf教授的分析是“外行人无法理解的”，并且“与几乎所有其他由学者和分析师所做的研究不一致”。[26]

就像倾尽一个村庄的力量去抚养一个孩子一样，要回答一个问题，也需要一份已经发表的研究成果。学者们已经就这个话题发表了数十篇论文。我回顾了这些文献，也进行了自己的实证研究。[27]我的工作以调查为基础，询问人们是否有各式各样的专辑或歌曲，以及他们是如何获得它们的（购买还是分享/偷窃）。在统计了每个人对音乐的感兴趣程度后，我发现那些偷窃得多的人往往买得少。此外，相对于那些偷窃不多的人，偷窃更多的人也会逐渐减少他们的购买量。[28]我对销售变动率的最好估计是5：1。也就是说，人们每偷窃5首歌，就会少买1首歌。

注意，我没有将估计值取到小数点后4位。虽然很难精确地量化音乐下载的销售替代效应，但有一些事实似乎更清晰。首先，未支付的消费量很大。其次，虽然未支付的消费确实取代了支付的消费，但销售的替代率低于1：1。当你把这两个事实放在一起看，它们间接证实了，当Napster出现后，猖獗的音乐盗窃行为可能是唱片销量下降的主要原因，甚至可能是全部原因。

Stan Liebowitz对文件共享的争论做出了重要贡献，他回顾了学术界的观点，试图确定文件共享对音乐销售的影响。结合对销售变动比率的估计（每分享一次会减少多少销售量）与在不同的研究中对未付费行为的总量的估计，Liebowitz得出结论：文件共享能解释大部分，甚至全部的唱片销量（与Napster达到峰值前相比）的减少。[29]

这个结论并不令人惊讶。当人们可以免费获得音乐时，许多人会这样做，销售商就更难销售了。也许你并不需要一大批经济学博士来帮助你得出这个结论，但我们已经确定，数字化的开放行为——助长了大规模盗版——使得销售实体唱片更难赚钱。因此，音乐家、词曲作者和唱片公司很难销售他们的唱片。数字化和盗版对音乐爱好者来说也很重要，因为如果其他一切都一样，收入的大幅下降将减少唱片的数量。也就是说，我们认为在后Napster时代，法律和技术所提供的版权保护不再足以提供过去盛行的投资激励。因此，音频石器时代可能是合乎逻辑的结果。

2.3 文件共享会降低收入，但这是坏事吗？

在我们继续讨论数字化对唱片业务的影响之前，有必要思考一下文件共享对收入的总体负面影响背后隐藏的各种潜在影响。讨论这个题外话的目的是回答两个问题：第一，著作权所有人认为数字化带来了盗窃行为的观点合理吗？第二，数字化是否为唱片行业提供了新的销售机会？

版权左派和其他知识产权怀疑论者有时会在文件共享和盗窃行为之间做出明显的区分。他们比较了对苹果和数字文件这两种产品的无偿消费所产生的不同影响：如果你拿走了我的苹果，我就不能吃我的苹果了；相反，如果你拷贝了我的歌曲，我仍然可以听。从这个意义上讲，文件共享根本不像偷苹果。有人可能会得出这样的结论：数字盗窃是无害的，对数字拷贝的无偿消费是一项基本人权。事实上，美国盗版党认为，人们应该“免费获取所有的人类知识”。[30]德国盗版党宣称“技术体系阻碍或阻止了创造性产品的再生产”，并且“仅仅出于经济目的而人为地制造短缺是不道德的”。[31]

如果我们只讨论是否允许无限制地免费获取已经存在的文化产品，那么从社会利益的角度来看，盗版党的论点是有道理的。也就是说，如果所有的书籍、歌曲和电影都已经被制作出来，那么（如果我们不考虑已经达成共识的产权）将这些产品国有化并赠送出去，这在理论上可能是有意义的。Chris Buccafusco和Paul Heald对这一问题有独到的见解。当讨论在21世纪早期Hemingway（海明威）的作品是否需要更强的知识产权保护时，他们更是认为：“对《太阳照常升起》（The Sun Also Rises）的更强的产权保护并没有增加Hemingway创作更多更好作品的动力。毕竟，他已经死了。”[32]

但是，如果说现在和未来的创作者需要补偿来刺激他们进行不断地创作，那么版权左派对数字“分享”的辩护是不完整的，甚至可能是鲁莽的。假设我写了一首歌并录制好，我想以1美元的价格出售。你本来会买，但如果你盗窃了它，那么我就损失了1美元。如果有足够多的人“分享”而不是购买，那么我可能就没有足够的收入来支付将新作品推向市场的成本。盗窃行为不仅减少了创作者的过去作品的收入，还致使创作者不会推出新的作品。

但是，还有另外一个细微差别——并非所有的数字盗窃案例都是直接有害的。正如我们所看到的，这些证据的重要性在于文件共享并没有取代一对一的销售，这意味着一些未支付的消费是可以为卖家带来收入的。但其他有关分享的例子则不然。

当服务其他客户没有额外的成本时，或者当产品的边际成本为零时，在不直接损害卖方收入的情况下不减少收入的盗窃行为帮助了窃贼。假设一首歌的价格是1美元，而你只愿意花0.75美元购买，如果不能分享，你就不买了。你对这首歌的兴趣不会为创作者带来任何收入，因为你选择不以1美元的价格购买这首歌。如果你免费得到这首歌的副本，你将获得0.75美元的收益（你愿意支付的金额），而卖家不会损失任何东西，至少不会有直接损失。换句话说，如果你不偷这首歌，你将蒙受损失，而对卖家没有任何影响。如果有办法让这首歌的价格高于零，低于0.75美元，那么买家和卖家都将受益。这种双方都满意的结果要到音乐行业收入开始下滑的几年之后才会出现。

2.4 数字化，第二轮：为一首歌创作音乐

不考虑助长盗版，数字化着实降低了将新音乐推向市场的4项主要成本：发现和培养新人才、制作、发行，以及推广。事实上，数字化使那些没有主要唱片公司资源的实体，包括那些独立的个人，能够以比过去低得多的成本将音乐推向市场。

首先，数字化使唱片公司更容易发现想要签约的艺术家。许多大明星都是在网上被“发现”的。Justin Bieber于2008年被Scooter Braun发现，Braun曾出现在Bieber在YouTube上的视频中，后来成为了他的经纪人。Bieber随后与小岛唱片（Island Records）公司签订了一份唱片合约。他的首张专辑《我的世界》（My World）于2009年11月发行，最终在美国获得白金唱片认证，销量超过100万张。[33]Bieber是第一个首张专辑中有7首歌被列入Billboard百强单曲榜的歌手。Bieber的故事虽非典型但并不是唯一的。Elliott（2011）提供了15位新发现的歌手的YouTube账户，包括Avery、Andy McKee和Mia Rose。[34]

其次，现在的制作成本要远低于之前，艺术家可以用几百美元的软件和便宜的硬件制作一张唱片，而不再需要花费几十万美元在录音室和专业人士上。在某种程度上，这种成本削减趋势会长期延续下去。随着1987

年数字录音带的发展，唱片公司可以“花5 000美元”建立自己的录音棚。[35]在过去的10年中，成本一直在下降。售价约为100美元的Pro Tools和GarageBand等软件可以把一台相对便宜的个人电脑，甚至是一部苹果手机，变成家庭录音棚。[36]

再次，互联网彻底改变了音乐发行方式。过去，为了让你的音乐更广泛地被消费者所接受，你需要说服一个唱片公司来投资你的音乐。然后，唱片公司必须说服零售商去售卖你的唱片。对于大多数有抱负的艺术家来说，这些障碍是无法克服的。如今，音乐可以通过电子方式发行，消除了库存和运输成本，而且还无须通过“看门人”这一关。例如，通过使用TuneCore软件，一个艺术家可以花9.99美元在iTunes上架他或她的歌曲，[37]这节约了巨大的成本。此外，实体零售方式中固有的高库存成本对数字产品来说完全不存在。虽然大型实体唱片商店拥有多达数十万首歌曲，但截至2017年，iTunes音乐商店拥有3 700万首歌曲。[38]Spotify拥有相似的歌曲数量。[39]基本上，在没有唱片公司或音乐家贿赂或哄骗任何人的情况下，每首歌都可以获得货架空间。

最后，数字时代为新音乐的推广带来了许多新的场所。几十年来，传统的无线广播是接触新音乐的唯一途径，现在它只是发现新艺术家和新歌曲的众多途径之一。如今，通过YouTube、Spotify、Pandora和Deezer等流媒体音乐平台，消费者可以听新音乐，新艺术家也可以寻找听众。当然，音乐爱好者也可以通过Facebook等社交媒体渠道发现新的音乐。下面我将更详细地讨论这些促销渠道的有效性，但就目前而言，这足以说明促销成本已经下降，促销机会的数量在激增。

由于将新音乐推向市场的成本已经下降，那些采用新的、精简的做法的唱片公司可以将它们以前可能认为不能带来足够回报的音乐推向市场。从理论上说，包括传统的几大唱片公司在内的任何公司都可以从新技术带来的成本下降中获利。实际上，获利公司主要是较小的实体（独立的唱片品牌和个人创作者），它们抓住了机会。虽然独立品牌之间存在很大差异，但可以肯定的是，与主流品牌相比，它们采用低成本策略。它们提供的预付款较少，用于市场营销、巡演和宣传的资金也少得多。[40]

由于独立的唱片公司制作每一张专辑的成本较低，所以即使其专辑销量远低于主流唱片公司，其也能实现收支平衡。它们的成本更低是因为"不把钱花在制作精美的视频或向电台推销歌曲上"。因此，小的唱片公司可以在一张专辑卖出约2.5万张之后盈利；然而，对于大的唱片公司来说，一张销量超过50万张的专辑才会给公司带来利润。正如Matador Records唱片公司的创始人Chris Lombardi所说："没有人卖出过600万张专辑，我们正在尽力多卖一些。换句话说，我们正在取得现实的成功。"[41]

2.5 在成本下降和收入下降之间的竞争中，赢家是……

如果唱片公司的收入下降，但成本保持不变，新音乐会越来越少。如果成本下降而收入保持不变，大量新歌将会出现。由于数字化、收入和成本都下降了，所以很难预测其对新音乐创作的净影响。因此，需要可靠的数据去确定这种影响。

记录新的音乐产品的数量是非常困难的。[42]幸运的是，许多音乐爱好者都痴迷于做这件事，他们花费大量时间向用户生成的音乐录制数据库提供信息。其中两个数据库是Discogs和MusicBrainz。创建于2000年的Discogs是一个用户生成的数据库，自称为"最大、最准确的音乐数据库……包含艺术家、唱片公司及其唱片的信息"。[43]例如，你可以查询Discogs的数据库来确定1999年在美国发行的唱片的数量。对该问题的回答显示，1999年，在美国发行了29 519张唱片，此后该数据一直保持稳定增长，2005年为32 238张，2010年为38 930张，2012年为40 462张。[44]

同样创建于2000年的MusicBrainz，是另一个用户生成的歌曲数据库。它可以用来计算任意一年发行的歌曲数量。[45]根据MusicBrainz的数据，全球发行的新歌数量从1999年的约10万首增加到2007年的逾20万首。从那以后，每年进入数据库的新歌数量一直在下降，但是尚不清楚这种下降是真实存在的，还是滞后的用户生成数据所导致的。

另一个比较权威的信息来源是尼尔森音乐统计（Nielsen's SoundScan service），它是音乐销售行业的权威数据来源。Billboard杂志经常援引尼尔森音乐统计的数据来进行报道，其数据显示，进入美国市场的新歌数量从2000年的约3万首增加到了2010年的约10万首。[46]

尽管不同的数据来源存在差异，但很明显，1999年至2012年间唱片收入下降了70%，新发行的唱片数量却并没有下降。事实上，唱片数量在大幅度增加。

因为没有人知道所有事情，我们期待着风格各异的新发行唱片中包含着具有不同程度的商业和艺术吸引力的作品。到MusicBrainz网站随便浏览一下2013年在美国发行的唱片，你就会发现一份由一些不知名的艺术家和许多听起来很奇特的唱片公司组成的名单。而且，如前所述，绝大多数新作品的销量都很低。尼尔森音乐统计称，在2009年发布的97 751部新作品中，只有2 050部作品销量超过5 000张。[48]

我们如此沉迷在新音乐中，以至于我们有理由去好奇乐迷们能否从新音乐中筛选出他们喜欢的东西。

2.6 消费者如何找到新的音乐?

比起苹果，音乐是一种体验式商品，这意味着在你知道自己是否喜欢它之前，你需要不断地去尝试。有些音乐一听就会知道它多么吸引人：想想Duffy的歌曲《求饶》（Mercy）或Tommy Tutone的《867～5309/珍妮》（867～5309/Jenny）。而欣赏其他音乐，像Radiohead的专辑《自嘲小王子》（Kid A），需要人们花更多的时间，甚至是精力去欣赏，听众需要听很多遍才会愿意购买。大多数音乐介于这两者之间，因此，在决定哪些歌曲和艺术家会受人欢迎时，曝光度至关重要。

正如我们所见，电台播放一直是音乐的瓶颈，实际上发行的歌曲数量远超电台大量播放的歌曲数量。例如，2008年在美国发行的专辑包含了大约10万首歌曲，而这些歌曲中有多少得到了电台的重复播放？Billboard杂志的百强单曲榜是根据传统广播播放信息制作的，该榜单列出了美国顶级歌曲的每周排行榜。2000年的美国顶级电台艺术家是Aaliyah、'N Sync、Destiny's Child、3 Doors Down和Sisqo。2000年所有百强榜单中只涉及302位不同的艺术家，而如果只看每周电台播放次数前40的歌曲，那么2000年的高级梯队中只有153位艺术家。

长期以来，独立唱片公司的艺术家们一直抱怨他们的作品很少被无线电台播放。Kristen Thomsen为未来音乐联盟组织进行了一项关于独立音乐播放的大型研究。在分析了2005—2008年间美国电台播放的数据后，她发现电台播放的音乐中独立唱片公司的音乐仅占20%左右。因此，不同于传统的无线电台，网络电台是促销策略的重要组成部分："对于独立唱片公司来说，网络广播及博客广播是一种让（独立）音乐被听到的方式。"据一个独立运营商说，"自从Big Radio音乐电台开始实行付费播放制以来，独立唱片公司就无法通过无线电台来吸引粉丝了"。因此，独立唱片公司希望互联网电台能够生存并繁荣发展：这就是它们建立粉丝群的方式。[48]

数字化至少从三个重要方面优化了信息环境，使新艺术家和消费者更容易发现对方。首先，互联网催生了大量新型网络广播电台，它们根据听众的口味播放用户化的音乐，主要的在线音乐渠道有Pandora、Spotify、Last.fm和YouTube。其次，互联网加速了对于新音乐关键评论的创作和传播，传播平台包括Pitchfork和Metacritic等网站。最后，在线社交媒体促进了音乐的对等评价，例如，粉丝可以通过Facebook分享有关音乐的信息，Spotify等流媒体服务平台可以让粉丝轻松地与Facebook好友分享他们的播放列表。这些渠道帮助潜在的粉丝了解大量艺术家，而这些艺术家在闭塞的传统广播渠道中一直没有什么知名度。

2.6.1 网络电台，又称流媒体

Pandora音乐电台于2000年在加利福尼亚州的奥克兰成立。Pandora的用户以一首歌或艺术家的名字建立互联网“站点”，Pandora将提供许多类似的音乐，喜欢这类歌曲或艺术家的其他粉丝也可能对此感兴趣，然后用户可以通过单击“竖起拇指（赞赏）”或“倒竖拇指（不赞赏）”的图标来提供有关歌曲的反馈。

Pandora和其他在线流媒体平台到底有多受欢迎？根据爱迪生研究公司2014年的一项调查，受访者表示他们关注和接收新音乐的4个最重要的信息渠道分别是传统广播（75%）、朋友和家庭（66%）、YouTube（59%）和Pandora（48%）。[49]在对音乐感兴趣的年轻人（12～24岁）中，YouTube最受欢迎（83%），其次是Pandora，以及朋友和家人，两者均占71%。爱迪生研究公司的报告称，人们最常用的网络平台是Pandora，进行调查的上个月，有31%的12岁及以上的人登录过Pandora，而第二和第三热门的网络服务平台分别是iHeart Radio和iTunes Radio，各占9%。2017年1月，有61%的美国人在线收听流媒体音乐，这一比例相比于2000年的5%有大幅增加。[50]

虽然Pandora并没有将人们在其平台所听的歌曲列表制作成图表的习惯，但其他线上网站这样做了。例如，Last.fm是一家美国在线广播电台，根据谷歌搜索数据，其受欢迎程度在2009年前后达到顶峰。过去，Last.fm每周都会列出其用户播放最多的前420首歌曲。每年，Last.fm的前420首的每周排行榜包括了21 840首歌曲（每周420首歌曲×52周）。2006年，这个排行榜只包含了983首不同的歌曲，只有183位不同的艺术家。

将无线电台与在线流媒体的艺术家进行比较的结果很有趣。传统电台的顶级艺术家是主要唱片公司的主流艺术家，而Last.fm上的顶级作品大多属于独立唱片公司的艺术家。2006年，那些电台大量播放但Last.fm不

播放的最流行的主流艺术家包括：Mary J.Blige、Beyoncé、Ne-Yo、Cassie和Chris Brown，他们都是Billboard杂志的百强艺术家和今年的歌曲排行榜[51]中的佼佼者。在Last.fm上播放但在传统广播中表现不突出的艺术家则是另一个不同的群体，他们大多是独立艺术家，如Death Cab for Cutie、Radiohead、Muse、Arctic Monkeys和Postal Service（见表2-3）。最重要的一点是，流媒体为潜在的粉丝提供了一种重要的方式，让他们可以了解他们原本难以发现的音乐。这并不奇怪，因为Apple或Spotify等流媒体服务平台允许用户从超过3 000万首歌曲中进行选择，而传统的收音机只会让听众听到少数电台正在播放的音乐。

表2-3　　2006年无线电台与网络电台的情况对比

在Billboard播放列表中而不在Last.fm播放列表中的顶级艺术家		在Last.fm播放列表中而不在Billboard播放列表中的顶级艺术家	
艺术家	2006年每周排行榜中出现的总次数（次）	艺术家	流量（百万）
Ne-Yo	61	Death Cab for Cutie	5.2
Chris Brown	57	Coldplay	5.2
Shakira	50	Radiohead	4.7
Yung Joc	49	Muse	3.9
Mary J.Blige	42	Arctic Monkeys	3.0
Chamillionaire	40	Postal Service	2.8
Ludacris	28	The Beatles	2.4
Cassie	27	System of a Down	2.3
Akon	26	Bloc Party	2.1
Beyoncé	20	Nirvana	1.9
		Arcade Fire	1.9

资料来源：Waldfogel（2015）.

2.6.2 新的乐评场所

除了聆听，人们还可以通过浏览乐评来了解新的音乐。专业音乐评论早在互联网之前就已存在，它们发表在分别于1967年和1985年成立的Rolling Stone和Spin杂志上，但互联网加速了这些杂志的传播。如今，Rolling Stone和Spin，以及其他杂志上的音乐评论是免费提供的。此外，互联网还催生了许多新杂志，这些网络杂志可以在没有分销成本的情况下运营。

20世纪90年代中期，互联网的曙光带来了许多新的音乐信息来源。其中，最具影响力的也许是Pitchfork，该网站由Ryan Schreiber于1995年在明尼阿波利斯市创立，旨在为独立音乐提供评论，现在它是美国互联网用户访问量最高的200个网站之一。[52]Pitchfork具有很强的影响力，2006年《华盛顿邮报》（Washington Post）的一篇文章将Pitchfork描述为“极具影响力的网站”，称它是“独立摇滚世界的预警系统”。[53]

音乐信息源数量的快速增长为Metacritic等评论聚合器开辟了一席之地。Metacritic上的评论源包括Rolling Stone、Pitchfork和其他66个杂志或网站。[54]在这些来源中有3个及以上评论的专辑，Metacritic会将其评论转换成0 ~ 100分的评分。

Metacritic成立于1999年，在2000年共发布了222张专辑的评分。到2010年，每年的评分专辑数量增加到835张。自2000年以来Metacritic发布的专辑评论中，超过一半是1995年以来的专辑。大多数评论涵盖了那些不在传统电台播放列表中的艺术家，因此Metacritic及其基础信息源的存在大大拓宽了音乐信息环境。潜在的粉丝可以从具有足够信誉的信息源那里了解新音乐。

2.6.3 社交媒体

最后，社交媒体显然在发现新艺术家方面发挥了作用。粉丝们可以在

Facebook上“喜欢”（点赞）艺术家，Pandora和Spotify等流媒体网站也允许用户查看朋友的音乐偏好，因此拥有大量朋友或粉丝的用户可以影响其他消费者。Lorde是一位来自新西兰的少女作曲家，2012年11月，她在SoundCloud（一个音频自助发布平台，艺术家可以在该平台上传和发布音乐）发布了首张包含5首歌曲的迷你专辑——《爱的俱乐部》(The Love Club)。[55]2013年4月2日，Napster公司的联合创始人Sean Parker将Lorde的歌曲《Royals》添加到他在Spotify的播放列表中，这个播放列表有81万粉丝，名叫“潮人国际”，这一决定“使当时籍籍无名的16岁少女一跃成为了国际明星”。[56]Lorde所在唱片公司的负责人说：“当Lorde的《Royals》被添加到Sean Parker在Spotify上颇受欢迎的播放列表中时，我们看到全世界立即对此做出了反应。”这首歌出现在“Spotify Viral Chart”榜单上，“用户在Spotify、Facebook、Twitter……上与朋友分享这首歌，它像野火一样蔓延。”Spotify的Steve Savoca如是说。[57]截至2013年9月底，《Royals》在美国被下载了50万次。截至2014年7月底，《Royals》已经在美国被下载了700万次。[58]

2.7 失败者也有春天

事实上，虽然许多新音乐被录制和发行这件事是引人注目的，但这并不意味着这些新音乐是有分量的。“无人知晓”规则的含义是：如果新音乐很重要，数据就会支持这一论点。新发行歌曲数量的大幅增长意味着许多以前没有经过“看门人”把关的歌曲现在被录制并提供给潜在的粉丝。如果把关过程是完美的，那么新的音乐充其量只能算是平庸的。

但在“无人知晓”的规则中，我们期待一种不同的结果，我们可以使用事前和事后的相应术语来区分事前预测和事后已知。关于歌曲表现如何的预测是事前制定的，而歌曲的实际销售表现则是事后公布的。考虑到这一区别，独立发行的新歌和专辑可能被直接称为事前输家——“看门人”预测这些音乐不会取得实质性成功。我们可以得出这样的结论：如果许多事前输家成为热卖的事后赢家，那么数字化就对消费者可获得的音乐产生了相应的影响。我们面临的问题是：数字化会让一些失败者变得幸运吗？

Arcade Fire乐队的专辑《郊外》（The Suburbs）提供了一个事前输家成为事后赢家的例子。《郊外》在2011年获得了格莱美音乐奖的最佳专辑奖，这张专辑是在没有太多传统电台播放的情况下收获商业成功和好评的一个杰出案例。该专辑由独立唱片公司Merge Records于2010年8月3日发行，在Metacritic评分网站获得了87分，位列专辑评分排名的前5%。[59]尽管《郊外》和该乐队之前的专辑——2004年的《葬礼》（Funeral）和2007年的《霓虹圣经》（Neon Bible）——都赢得了好评，但他们的新专辑几乎没有在传统电台播出过。无论是该专辑还是之前的专辑都没有出现在Billboard的电台音乐放送的顶级歌单中，但它们在互联网上的播放量很高。在专辑发行后的第三周，歌曲《Ready to Start》在Last.fm网络电台每周有超过40 000名的听众，截至2010年2月，每周大约有20 000名听众。2011年10月19日，美国唱片业协会认证这张专辑为黄金专辑，销量达到50万张。

Arcade Fire乐队的故事是一个很好的研究案例，该乐队的专辑在绕过传统、主流的商业“看门人”的同时取得了成功。但是Arcade Fire乐队的例子是常见的还是一个例外？

回答这个问题需要得到有关谁最终获得了成功以及谁最初不被看好的可靠数据。这将使我们看到有多少不大可能成功的艺术家最后获得了成功。首先，我们需要一种方法来指定哪些音乐发行是事前输家。尽管没有完美的分类标准，但唱片业的结构提供了一种合理的分类方法。众所周知，音乐是由三类主体发行的：主流唱片公司、独立唱片公司，以及越来越多的个人艺术家。其中，主流唱片公司是指三大媒体集团旗下的唱片公司，独立唱片公司基本上都是通过其他组织发布音乐，还有许多艺术家自己发行音乐，因为他们现在可以以低成本在iTunes或Spotify等数字平台上自己录制音乐。

大多数艺术家倾向于签约主流唱片公司，只是因为这些唱片公司更善于推广宣传。这些主流唱片公司的艺术家可以赚更多的钱并获得更多曝光率。确实，独立唱片公司具有潮人信誉，但即使是最时髦的音乐家，一旦取得足够的成功，往往就会转移到主流唱片公司。例如，在独立唱片公司Merge Records发行4张专辑后，Arcade Fire乐队与环球音乐集团的哥伦比亚唱片公司签约，并于2017年发行专辑《此间万物》(Everything Now)。[60]同样，在独立唱片公司I.R.S.Records发行5张专辑后，独立音乐先驱R.E.M.乐队于1996年与华纳音乐签署了一份价值8 000万美元的协议。[61]我将在第8章中进一步讨论艺术家向主流唱片公司的转移。

因此，对于那些在独立唱片公司的艺术家，我们可以合理地假设主流唱片公司不会与他们签约，或者至少不会按照他们认为合适的条款签他们。换句话说，专业人士认为这些艺术家的作品不会产生足够的利润和销售量，以覆盖他们发行专辑的高成本（根据国际唱片业协会统计，费用大概是50万~200万美元），因此那些艺术家最终选择了低预算、小规模的独立唱片公司。为了探究“失败者”是否会随着时间的推移而变得更加幸运，我们可以观察来自独立唱片公司的唱片是否在最畅销音乐中占据越来越大的份额。[62]

数据显示的结果如何？从2001年到2010年，独立唱片公司在Billboard杂志的热销专辑200强中的份额从14%上升到35%。在Billboard每周热销专辑排行榜的前100名、前50名和前25名中，独立唱片公司的专辑比例也出现了类似增长。独立唱片公司的艺术家在Billboard艺术家排行榜中的前25名中所占比例从2001年的6%上升至2010年的19%。简而言之，“失败者”迎来了春天，源自主流唱片公司之外的音乐获得了消费者的喜欢、倾听，其销售份额不断增长。[63]

和专辑一样，独立唱片公司发行的单曲份额也不断增长。总体而言，2006—2011年，独立制作的单曲在百强单曲销量中的份额每年增长约1个百分点。独立唱片公司的数字单曲的销售份额在每年的百强单曲销售总量中也逐年增长，在美国的销售量从2006年的不到5％增加到2009年11月的约12％。在同一时期的加拿大，独立唱片公司发行歌曲的销售份额从4％上升到10％。在美国和加拿大，独立唱片公司的销售份额在总销售额中每年约增长1个百分点)。[64]

结论很明显——独立唱片公司的专辑和单曲的销售份额越来越大。数字化产生了巨大的影响，在数字化背景下许多最畅销的音乐都是那些早先没有经过“看门人”把关的音乐。

2.8　新产品很畅销，但是它和旧的一样好吗？

事前失败者在当代畅销音乐中占很大部分，并且其份额不断增长，这一事实的重要证据就是数字化改变了呈现给消费者和消费者所选择的内容。这一证据表明，与“看门人”现在支持的音乐相比，被传统“看门人”拒绝的音乐中还是有遗珠的。但最终对社会来说，重要的不是将当前的“外围音乐”与现有的“内行音乐”相比是否合适，而是当前数字环境中产生的音乐的质量是否比得上早期的音乐。换句话说，关键在于当前的数字环境是否有利于创造好的音乐？

音乐评论家按惯例列出最佳清单，如我们之前提到过的著名的由《滚石》杂志评选的“史上最佳专辑500强”，这些专辑由世界上最杰出的273位音乐家和评论家——从Fats Domino到Moby——评选得出。[65]这个清单的创建伴随着无数激烈的争论。在创建这样一个最佳清单时，评论家基本上力求囊括质量超过某些固定阈值的所有专辑，而不在乎专辑的最初发布时间。如果将《滚石》榜单中的专辑分配到最初发行专辑的年份，就可以获得《滚石》收录伟大音乐的年份索引。

如图2-2所示，每年发布的高质量专辑数量从1960年的2张（由Muddy Waters和Miles Davis分别发行）增加到1970年的21张。1970年的艺术家名单长度惊人。表2-4提供了一个摘要，其中包括1970年、1980年、1990年和2000年的列表条目。我在1970年刚满8岁，10年后，当我成年时这些歌曲仍在收音机里被反复播放。我可以哼唱这些专辑中至少一半的歌曲，并且这些专辑中的许多歌曲如今仍然经常被播放。所以，1970年是唱片业的黄金年代。一个时间序列显示，从1960年到1970年，日益增加的500强专辑数量是表明音乐质量提高的一个合理指标，或者至少说明10年来发行的音乐专辑的质量在不断提高。

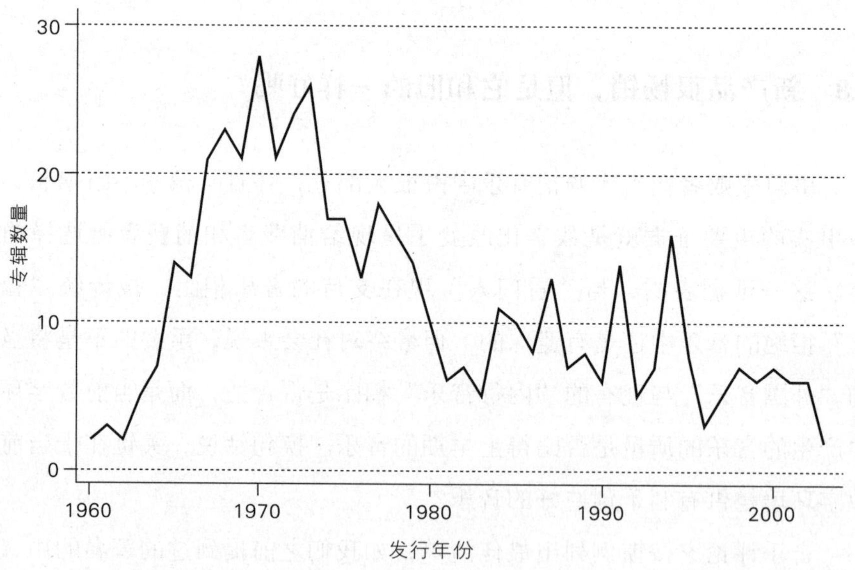

图2-2　每年被收录到《滚石》“史上最佳专辑500强”中的专辑数量

资料来源：Calculations in Waldfogel （2012a） based on Levy （2005）.

表2-4　1960—2004年《滚石》“史上最佳专辑500强”中的专辑

1970年
The Beach Boys：Sunflower
The Beatles：Let It Be
Black Sabbath：Black Sabbath
The Carpenters：Close to You
Cat Stevens：Tea for the Tillerman
Creedence Clearwater Revival：Cosmo's Factory and Willy and the Poor Boys
Crosby，Stills，Nash & Young：Déjà Vu
Miles Davis：Bitches Brew
Derek and the Dominos：Layla and Other Assorted Love Songs
Nick Drake：Bryter Layter
Elton John：Elton John
Grateful Dead ：American Beauty and Workingman's Dead
George Harrison：All Things Must Pass
John Lennon：Plastic Ono Band
MC5：Back in the USA
The Meters：Look-Ka Py Py
Van Morrison：Moondance
Randy Newman：12 Songs
Santana：Abraxas
Simon & Garfunkel：Bridge over Troubled Water
Sly and the Family Stone：Greatest Hits
The Stooges：Fun House
James Taylor：Sweet Baby James
Velvet Underground：Loaded
The Who：Live at Leeds
Neil Young：After the Gold Rush
1980年
AC/DC：Back in Black
The Clash：Sandinista
The Cure：Boys Don't Cry
Joy Division：Closer
The Pretenders：The Pretenders
Prince：Dirty Mind
Talking Heads：Remain in Light
Bruce Springsteen：The River
U2：Boy
X：Los Angeles

续表

1990年
Depeche Mode：Violator
Jane's Addiction：Ritual de lo Habitual
Madonna：The Immaculate Collection
Sinéad O'Connor：I Do Not Want What I Haven't Got
Public Enemy：Fear of a Black Planet
Various Artists：Girl Group Compilation
2000年
Patsy Cline：The Ultimate Collection
D'Angelo：Voodoo
Eminem：The Marshall Mathers LP
Madonna：Music
Outkast：Stankonia
Radiohead：Kid A
U2：All That You Can't Leave Behind

资料来源：Levy and Editors of Rolling Stone（2005）.

1970年以后，基于《滚石》"史上最佳专辑500强"的时间序列图，可以发现专辑数量在20世纪80年代和90年代下降，并保持在相对较低的水平。1980年只有10张专辑进入榜单，1990年仅6张专辑进入榜单，2000年有7张专辑进入榜单。该数量自然落后于榜单出现的年份（2005年）。

不仅《滚石》制作了最佳音乐榜单，Spin和NME等杂志，以及像Pitchfork这样的流行网站，都会发布这样的榜单。总而言之，我能够找到64个不同的史上最佳专辑榜单，它们都来自英语国家。[66]这些榜单涵盖了1960—2007年间的15 158个专辑。[67]

这些榜单非常有趣，并且不停地被音乐爱好者拿来争论。但是它们的衡量是有意义的吗？我们可以尝试从几个方面回答这个问题。首先，我们可以观察这些榜单是否彼此相似。如果20世纪60年代后期实际上是音乐发展的重要时期，那么所有榜单都应该反映出这段时期的重要性。4个史上最佳榜单（来自Rolling Stone、Rate Your Music、Acclaimed Music和Best

Ever专辑网站）涵盖了1960年以来发行的专辑，如图2–3所示，我们可以看到基于评论家评估的这4个榜单的波动确实一致。彼此独立的不同的评论家提供了相同的保证，即这些榜单对每年有卓越贡献的音乐的衡量是有意义的。

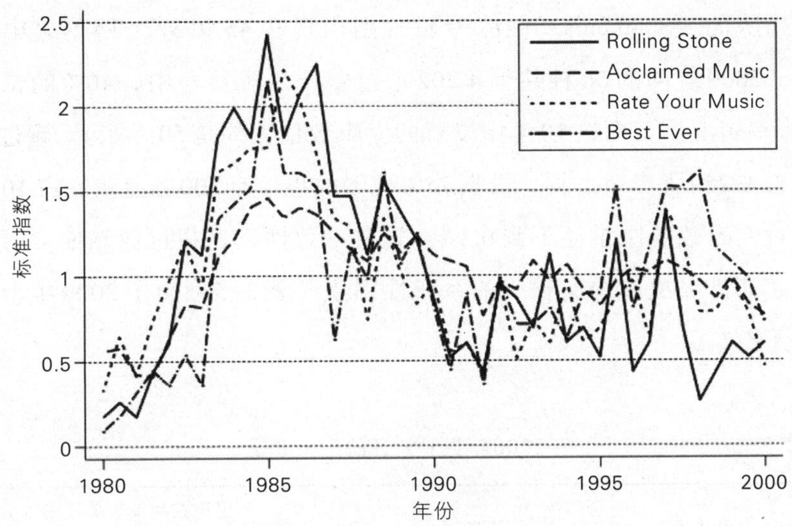

图2–3　4个榜单的音乐评论家指数合并图

第二个问题是这些榜单是否与众所周知的音乐历史趋势吻合。例如，当代流行音乐的资深研究者认为，20世纪60年代后期是唱片音乐无与伦比的创作输出时期。[68]这些榜单是否都反映了这种观念？所有榜单都显示出20世纪60年代后期唱片音乐的峰值，20世纪90年代中期出现了第二个峰值。与其他榜单相比，《滚石》的榜单更凸显了20世纪60年代唱片业的辉煌，但4个榜单都提供了一个关键共识，即20世纪60年代后期和90年代中期是高质量音乐硕果累累的时期。

因为Napster和数字化出现以后的时期对我们的研究至关重要，所以1999年后的榜单也是非常重要的。我搜寻了这一时期（从2000年开始）的56个专业评论家的专辑榜单和22个专业人士的歌曲榜单。这些榜单由出版商、网站或其他组织制作，如Consequence of Sound线上杂志，Slant杂志和美国国家公共广播电台。有两个因素表明这些榜单反映了一个共同的信号，而不仅仅是谣传。第一个因素是榜单之间的重叠。

Arcade Fire乐队的专辑《Funeral》和Radiohead乐队的专辑《Kid A》均出现在21世纪初的47个榜单中；The Strokes乐队的《Is This It》和OutKast乐队的《Stankonia》两张专辑分别出现在45和37个榜单之中。在2000—2009年间的56种共计4 202个重要音乐排行榜中，40%的位置被100张专辑占据（而这10年中发行的专辑数量大约是50万张），超过60%的位置被250张专辑占据，占据75%位置的也仅有500张专辑，占10年中新发行专辑数的比重还不到0.2%。这种一致性远远超过偶然性，表明在评论家的排名决策中有很大的系统性因素。表2-5列出了2000年十大最受好评的专辑。

表2-5　　2000年最受好评的十张专辑

排名	艺术家	专辑	年份	出现在榜单的次数	美国唱片业协会销量（百万）
1	Arcade Fire	Funeral	2004	47	0.5
2	Radiohead	Kid A	2000	47	1
3	The Strokes	Is This It	2001	45	0.5
4	OutKast	Stankonia	2000	37	5
5	Wilco	Yankee Hotel Foxtrot	2002	36	0.5
6	LCD Soundsystem	Sound of Silver	2007	34	
7	Jay-Z	The Blueprint	2001	34	2
8	Radiohead	In Rainbows	2007	30	0.5
9	The Flaming Lips	Yoshimi Battles the Pink Robots	2002	29	0.5
10	The White Stripes	Elephant	2003	29	1

资料来源：作者根据来自北美和英国的56个“21世纪最佳”专辑榜单创作了这张表。

如果成为一张备受赞誉的专辑是有意义的，即专辑的存在和消费让购买者产生了额外的满足感并给卖家带来额外收入，那么广受好评的专辑应该卖得更多。我们不期望它们完全相关。事实上，我们看到备受赞誉的专辑与表2-1中《滚石》杂志榜单中作品的早期销售情况呈正相关，但不完全相关。根据美国唱片业协会的黄金和白金认证，可以明显看出赞誉和销售是相互关联的。2000—2009年这10年中，最受好评的专辑往往卖得比较好。榜单上的50张专辑中有一半在美国售出至少50万张。在前100名最受好评的专辑中，超过一半的专辑售出至少50万张。虽然最受好评的专辑榜单与这10年间最畅销的专辑榜单有所不同，但可以看出好评与畅销明显密切相关。如果我们从这10年新发行的专辑中随机抽取100张，任何一张专辑的销售量都不太可能超过50万张。

因此，最受好评的专辑榜单非常有意义，因为它们可以帮助我们计算每年发布的评论家和消费者都认为有吸引力的新产品的数量。即使你持有经济学家的"无人知晓"的观点，认为质量是推动人们购买东西的因素，也不可否认评论家的评估和排名是有意义的。

那么关于数字时代音乐质量的演变，评论家的榜单会告诉我们什么呢？鉴于有数十个专辑榜单，我们可以做数十个类似图2-2中的《滚石》指数的图，然后我们可以将每个指数转换为逐年变化的百分比。也就是说，如果在2001年有3张专辑进入榜单，在2002年有4张专辑进入榜单，那么该指数在2001年到2002年间增长了33.33%。[69]在图2-4中，我构建了一个整体指数，其中任何两年之间的百分比变化是这两年间基础指数变化百分比的平均值。[70]该指数在1962年从0开始。

与《滚石》指数（以及可追溯到20世纪60年代初期的其他指数）一样，图2-4中的整体指数从1962年的0上升到1970年前后的1.4左右，在20世纪80年代初降至0.5，在20世纪90年代中期又短暂上升至约1.3，最后在20世纪90年代末下降。Napster出现在1999年，同年唱片行业收入开始萎缩。因此，我们推断1999年之后被评论家认为质量较高的新发行

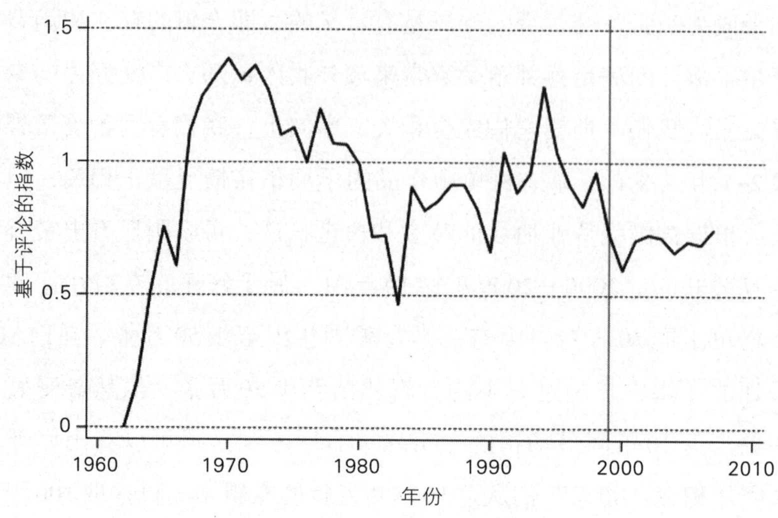

图2-4　基于评论的音乐质量指数

资料来源：Waldfogel（2012a）.

音乐的数量有所下降，但是从图中我们没有看到这样的下降。随着Napster的出现和数字化的到来，指数的下跌停止了，到2000年该指数几乎没有变化。该指数未能继续下跌，与唱片行业收入下降，以及这种收入下降对投资产生影响的言论形成了鲜明对比。

然而，在Napster出现之后，广受好评的新专辑数量保持稳定的事实并不意味着该行业继续出现备受好评的新艺术家。也许在Napster出现后发行的专辑是由在Napster出现之前就已经成名的老牌明星发行的。我分析了Pitchfork在20世纪80年代和90年代，以及21世纪初发布的3个类似的百佳榜单来探索这种可能性。对于这300张专辑中的每张专辑，我一一确定其艺术家第一次发唱片的年份。[71]通过这样做，我可以计算出每个艺术家从在最佳榜单中第一次拥有排名开始计算的“职业年龄”。在2000年之后的最佳榜单中，有不到一半（49%）的艺术家是在Napster（即1999年之后）出现之后首次上榜。这份额显然很大，但更重要的是，它与前20年相比，份额几乎保持不变。所以最佳榜单显示，随着Napster和数字化的出现，以及唱片业收入的骤减，无论是高质量音乐的供应，还是备受好评的新艺术家的出现都没有逐渐减少。

2.9 精英喜欢它，那普通歌迷呢？

了解精英们对高质量音乐的看法固然很好，但上一节的证据有两个缺点：首先，它直接反映了一小群精英的观点，而不是大部分消费者的观点；其次，最佳榜单的评选是基于人们的说法，而不是基于人们的实际做法。就像电视剧《豪斯医生》里描述的那样，"每个人都在撒谎"是经济学家的口头禅，他们倾向于选择基于实际购买行为的证据，而不是最佳榜单。你可能会说你喜欢西兰花而不是薯条作为汉堡的配菜，但你实际选择薯条的频率才是显示你真正偏好的可靠指标。

因此，我们应该利用豪斯医生的智慧来推断每年音乐质量的演变。为了得到每年音乐质量的指数，我们可以研究实际的消费选择——每个年份的音乐销售份额。因此在计算音乐年龄后，我想探究消费者是否偏爱某些年份的音乐。

我们究竟该如何创建这个指数？假设我们正试图确定是苹果还是橙子对消费者更具吸引力（更好），如果这两种水果的价格相同，那么我们就会看哪种水果卖得更多，以明确指出哪种水果会给人们带来更大的效用。当然，人们的选择不是单一的——有些人喜欢苹果，而有些人更喜欢橙子。但是，如果两种水果的价格相同，而苹果的销量超过橙子，我们可以推断苹果对人们更具吸引力。

正如消费者可以在苹果和橙子中选择一样，他们也可以在任何时间点选择新的或旧的音乐，从而为我们提供消费者对每年音乐质量的看法。

一般而言，消费者群体更容易被新音乐吸引，即音乐作为一种有吸引力的商业产品会随时间的推移而贬值。总的来说，销售量和电台播放的数据表明音乐在刚发行时会被更多地播放。例如，在2006—2011年间销售的数字单曲中，每年18%的销售额来源于当年发行的歌曲，而20%的销售额来自去年发行的歌曲。对于较早发布的音乐，贬值模式是稳定的，并且其占销售量的份额随着“年龄”的增长而下降。两年前发布的音乐占销售额的9%，三年前发布的音乐占销售额的6%，以此类推。[72]因此，传统上，新音乐在销售额中占最大份额，而较老的音乐则占较小的份额。

现在假设由于收入的骤降，以及有才华的人创造音乐所获得的相关奖励骤减，只有平庸的人进入音乐行业，新的音乐变得很糟糕。因此，我们预期人们会购买旧音乐而不是新音乐。换句话说，如果新的音乐在Napster出现后的收入骤降期间变得更糟，那么我们预期消费者会购买老歌而不是新歌。

为了从音乐消费的年份数据中推断音乐质量随时间的演变，在考虑了通常的贬值模式后，我们可以探究一些年份的音乐是否比其他年份更受欢迎。假设1970年发行的音乐异常吸引人，这是一个现实的假设，因为《滚石》杂志的“史上最佳专辑500强”中的21张专辑是在1970年发行的。先不考虑之前提到的普遍的贬值模式（当前年份发行的唱片占当年唱片总销量的18%），1970年发行的音乐的销量超过了当年销量的18%。如果1970年的超高销售额不是一个偶然的话，那么1970年的音乐的吸引力也会表现在下一年的销售数据中。虽然前一年的音乐通常占销售额的20%，但如果1970年的音乐比一般年份的音乐更具吸引力，那么它在1971年的销售额中的份额将超过20%，在1972年销售额中的份额也会超过通常的9%，以此类推。

一般认为消费者每年可以在新的音乐和之前的所有音乐之间进行选择。如果某年音乐的销量总体上超过了所有音乐年份的平均销量，那么这个年份的音乐质量就很好。如果某年音乐表现不佳，那么其就比平均水平差。

我们如何确定哪些年份的音乐质量是好的或是不太好的？要做到这一点，我需要历年的音乐数据和音乐在最初发行年份的销售数据。比如说仅仅知道2010年的整体销售情况是不够的，我还需要音乐的发行年份分布——按原始发行年份划分的音乐销售数据。例如，在2010年销售的音乐中，我首先需要知道最早在2010年、2009年、2008年……发行的音乐数量占2010年销售的音乐数量的份额，最好是回溯到20世纪60年代。其次，我需要历年的发行音乐年度分布数据。例如，除了在2010年销售或收听的音乐的年份分布数据外，我还需要在2009年销售或收听的音乐的年份分布数据，以此类推。

首先，我使用美国电台播放的年度音乐播放分布数据来探讨这个问题。[73]这些数据涵盖了2004—2008年间每年在电台播出的100多万首歌曲。数据最早显示了1960年的电台播放音乐的年度分布份额，这些数据反映了广播电台节目导演对旧音乐和新音乐播出的选择，而不是消费者对不同年份的歌曲的选择。鉴于广播电台要为播放的歌曲付费（在“一揽子许可证”下，其支付金额不会随着它们播放的内容而发生变化），电台没有特殊的理由来播放特定年份的音乐。[74]相反，把付费问题放在一边，导演们会播放对观众最有吸引力的音乐。或者，更实际地说，他们播放任何有助于留住广告客户和听众的音乐。

其次，我依据美国唱片业协会的黄金和白金认证，得到美国唱片的销售数据。当一张专辑在美国的销量达到50万张时，美国唱片业协会就将这张专辑认定为黄金专辑；当专辑的销量达到100万张时，它就获得了白金认证；当专辑的销量达到200万或300万时，该专辑分别获得2x或3x的多白金认证。

这种认证赋予艺术家和制作人炫耀的资本，因此美国唱片业协会的认证数据库可在互联网上公开访问。专辑数据库中的每个条目都是一个认证，该认证记录包含了专辑的名称和艺术家，以及专辑的发行日期和认证日期。该认证始于1960年，在1960年至2012年期间共有大约23 000份认证。我可以使用这些数据创建1970年至今的销售额年份分布，并回溯至1960年。例如，因为2005年出现的认证涵盖了在2005年和之前年份发布的音乐，我可以使用2005年的认证来计算2005年的音乐销售年份分布。我可以对数据中每个年份做同样的计算。但是认证数据有一个重要的缺点，即它们只涵盖销量超过50万张的唱片。因此，统计结果遗漏了市场中的绝大多数唱片。也就是说，畅销音乐的销量在总销量中占据很大比重。

音乐的电台播放量和销售量的年份分布数据说明了什么？首先，数据显示了明显的贬值趋势。在任何一年中，早期音乐的购买和播放频率低于新音乐。在2008年电台播出的歌曲中，有13%是在2008年发行的，16%是2007年发行的（今年发行的歌曲占比比去年小的原因是只有在年初发行的歌曲才能全年播放）。此后，早期音乐所占份额稳步下降，其销售数据也显示了类似的变化模式。在2000年美国唱片业协会认证唱片的销售额中，26%是2000年发行的音乐，29%是1999年发行的音乐。同样，其他早先年份发行的音乐占比在2000年的销售额中稳定下降——1998年发行的音乐占10%，1997年发行的音乐占8%，以此类推。

贬值仅仅是一个热身，关键是旧的音乐的吸引力会随着时间改变吗？该指标的计量有些抽象，但其本质上是指各个年代的音乐的播放量或销量是多于还是少于通常情况下这个年代的音乐应有的播放量或销量。[75]图2-5和图2-6分别展示了在1960—2010年间歌曲播放量和美国唱片业协会认证的唱片销量的音乐质量指标。

20世纪60年代，这两个指标都在上升，并在1970年达到峰值。唱片销量这一音乐质量指标证实了专家的推断，即流行音乐在1970年达到了受欢迎的高潮。1970年以后，各项指标均有所下降。20世纪80年代和90年代，销量这一指标仍处于相对较低的水平。1999年是美国唱片销量的谷底，随后出现了小幅度的波动。关键问题是，随着收入的不断减少，新音乐的消费吸引力是否也会下降。

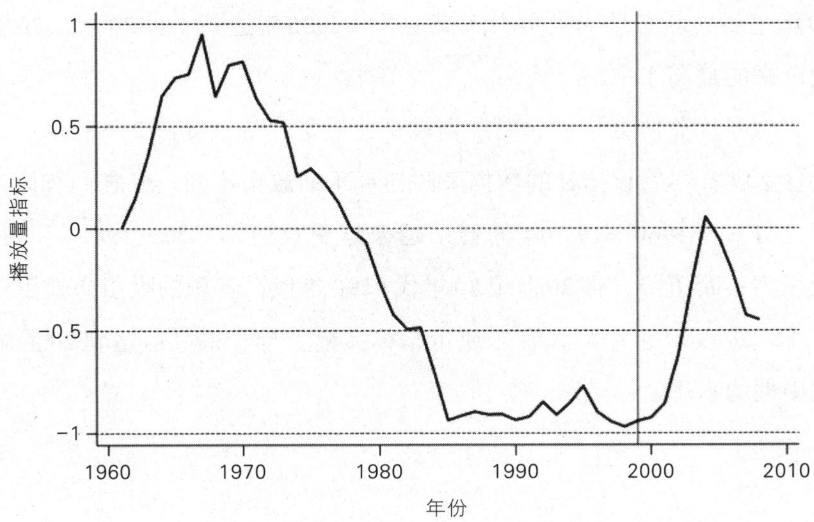

图2-5　音乐质量指标——美国电台播放量

资料来源：Waldfogel（2012a）.

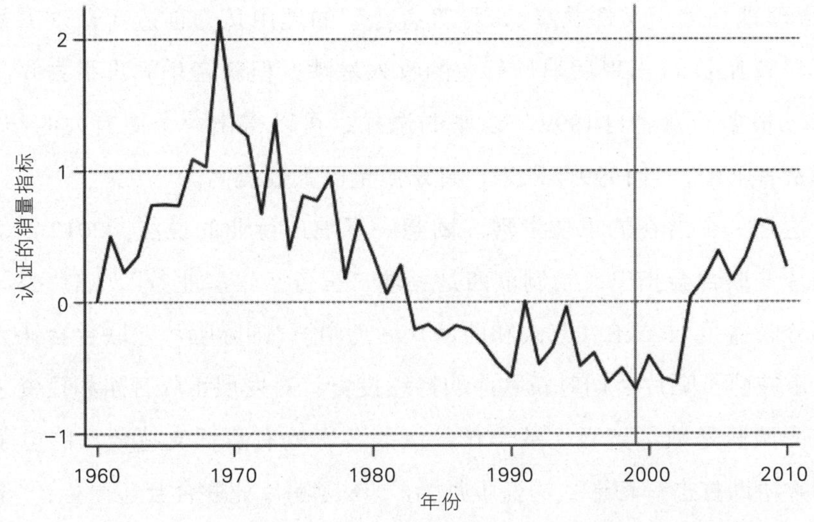

图2-6　音乐质量指标——美国唱片业协会认证的唱片销量

资料来源：Waldfogel（2012a）.

音乐播放量这一质量指标（如图2-5所示）给出的答案是否定的。

1999年之后，新音乐的吸引力大幅上升，2006年达到了自20世纪70年代中期以来的最高水平。

美国唱片业协会认证的唱片销量这一质量指标（如图2-6所示）告诉我们什么呢？尽管该指标的数据来源与音乐播放量不同，但它们有惊人的相似之处——1960—1970年的音乐越来越受欢迎，1970—1985年的音乐的吸引力不断下降。在20世纪80年代和90年代，音乐的吸引力处于较低的水平。进入21世纪后，音乐质量指标大幅上升，最高值达到20世纪70年代中期的水平。

2.10 谈股论金

这两项音乐质量指标体现出一个要点：尽管唱片行业存在资金问题（可合理地归因于文件共享），尽管有合理的理由认为创造新音乐需要投资，尽管Napster出现后唱片行业的收入暴跌，但新音乐的吸引力并没有下降。根据消费者自1999年以来的选择，可以得出一个更有力的结论：在消费者眼中，自1999年以来，音乐质量已大幅提高。

这是一个潜在的重要发现。回想一下唱片行业的说法。2012年，国际唱片业联合会指出，录制歌曲是一项“投资密集型业务”，唱片公司把大部分收益投入A&R（艺人和曲目）活动中。“国际唱片业联合会认为盗版严重威胁了唱片公司对新歌曲的持续投资：对发展正版音乐和投资艺人最大的威胁是数字盗版。数字化经济的各方均有责任支持合法的电子商务，并协助打击一切形式的盗版行为。”国际唱片业联合会还声称：“全球各地法院发现，这项法律仍需要在线分销商加强合作。”[76]

美国唱片业协会的Cary Sherman表示了对唱片行业的担忧，即盗版“不仅仅是一个地方性的企业的问题”。这个问题影响着许多行业，影响着我们的经济、文化，影响着成千上万有创造力的个人，最重要的是，影响着享受音乐的消费者。[77]

但是，在新技术变革后，消费者的情况如何呢？根据本章前面提出的播放量和销量指标及其他证据，自Napster公司成立以来，新音乐的质量和数量都有了大幅提高。Napster公司成立十多年后，在2009年前后，音乐质量几乎达到了20世纪70年代中期的辉煌水平。当然，Napster对唱片行业的收入产生了灾难性的影响，但技术变革降低的成本足以将更多的音乐推向市场。虽然成本降低，唱片收入大幅下降，但继续创作新音乐的部分原因是现场演出的收入不断增加。[78]

假设技术变革以不同的方式出现——降低了将产品推向市场的成本，但不存在可以免费听音乐的情况，音乐的数量和质量可能比1999年Napster公司成立后，我们实际体验到的还要高。也就是说，与假设的情况相比，Napster公司可能抑制了其创造性产出。但相对于其成立之前的创造性产出水平，后来的产品的流动性更强，更受欢迎。

第3章　电影的数字化

好莱坞的终结？

数字化也改变了电影产业，但电影的变化与音乐截然不同。[1]虽然盗版电影很常见，但电影行业并没有出现像Napster那样的公司引起收入的暴跌。并且，数字化带来了两个潜在的有益影响：首先，新技术大幅降低了生产成本，特别是自2005年推出低成本数码相机以来；其次，在21世纪初，随着Amazon（亚马逊）、Netflix（奈飞）、On Demand等公司的线上分销渠道的发展，分销瓶颈逐渐消失。这也取决于你怎么看，这些变化要么成为罪犯的庇护所，要么释放出一波新的商业机会、创意活动和消费体验。

3.1　电影产业的传统运作方式：过去的方式

20世纪90年代，美国的好莱坞（译者注：美国加利福尼亚州洛杉矶市地名，由于美国许多著名电影公司设立于此，“好莱坞”一词往往直接用来指美国的电影工业）每年制作约150部电影，希望这些电影能大规模在影院上映（超过500块银幕）。这些电影的制作成本平均为5 000万美元/部（按2016年的美元价值计算），在美国的票房收入平均为7 300万美元/部，并且于影院之外和海外市场还有额外收入。

两大因素促成了好莱坞的高投资战略。首先是电影作为产品的本质。

对于电影来说，包装得越好——在电影制作上花费更多——就越吸引观众。制片人可以雇用演技更好、知名度更高的演员。电影可以采用各种昂贵的精心设计的场景，如汽车竞技和爆炸场景，来吸引更多观众。但是，一旦电影杀青了（即准备上映），高成本电影的宣传花费要低于制作成本较低的B类（或C类）电影。

其次，很多人对电影的品味是相似的。电影不像冰激凌，有人喜欢巧克力味儿，有人喜欢草莓味儿。企业家可以投资最好的草莓冰激凌，但只能吸引有限的草莓爱好者。电影截然不同。制片人在电影上的巨额投资可以吸引很多观众——当然不是所有观众。而且，潜在观众越多，制片公司就越应该投入更多资金打造电影场景。这样做的结果是一个良性循环：投资越多，吸引的观众越多，更多的观众又促进了更多的投资。因此，一般来说，一部成本为1亿美元的电影比两部成本分别为5 000万美元的电影带来的收入更多。当然，在一个“无人知晓”的电影世界，时常会发生一些例外。但高成本的电影场景会带来不成比例的巨额收入，仍是一种趋势。

好莱坞花费了很长时间才发现电影制作成本和票房收入之间的关系。在电视普及之前，好莱坞制作了许多低成本电影。20世纪50年代，随着电视的普及，美国影院上映的电影数量从1950年的每年400部左右下降到1960年的每年200部左右。[2]

20世纪70年代，好莱坞制定了新的策略方向——大片。1975年，环球影业斥资3 200万美元（按2016年的美元价值计算）拍摄了一部关于海边小镇被鲨鱼袭击的电影。1975年6月20日，Steven Spielberg（斯皮尔伯格）的电影《大白鲨》（Jaws）在409家影院上映，不到两个月，就在上千个银幕上播放，并获得了4.5亿美元的收入（按2016年美元价值计算）。[3]当大家还在争论《大白鲨》是不是好莱坞计划中的第一部大片时，《教父》（The Godfather）和其他一些受众广泛、耗资巨大的电影票房超过了《大白鲨》，大片策略开始取得成效。

好莱坞的大型公司开始实施斥巨资打造好场景的策略，并在多达

3 000个银幕上放映。但没人能预测未来会发生什么，他们祈祷着最好的结果。

影院分销的传统约束，更使得少数大电影成为焦点。2016年，美国共有40 164块电影银幕。如果每块银幕每周至少放映1部电影的话，那美国电影业每年有能力上映至少210万部电影。[4]这些数字让人感觉有很多银幕和上映周。但是一些数据表明，银幕数量还是限制了影院播放电影的数量。2016年，电影平均播放时间为13周，播放时间的中位数为7周。2016年，有76部电影在至少3 000个银幕上映，有127部电影在至少2 000块银幕上映，有150部电影在至少1 000个银幕上映，有178部电影在至少500个银幕上映（普遍认为以上数据已经是下限）。银幕使用量排名前200的电影占据了96%的银幕。在电影数字化之前，美国的银幕较少（2005年为37 040块，2000年为35 696块），所以银幕的可用性显然是一个瓶颈。在一个每年能制作数百部电影的行业里，并不是所有的电影都能把影院作为主要的收入来源。

电影可以吸引更大投资、更多观众的产品特性与其存在的放映瓶颈，巩固了好莱坞每周上映几部高成本电影的策略。这种方法在商业和艺术上都取得了成功。通过对20世纪90年代（数字化改革的前10年）的顶级电影的研究，可以了解电影行业是如何成功的。虽然电影通过视频播放，在国内和海外都能赚很多钱，但美国的票房为商业成功提供了一个现成的衡量标准。评选10年中最受好评的电影是一个主观的过程。我们可以参考美国影视媒体杂志Paste评选出的20世纪90年代最热门的90部电影。[5]

表3-1和表3-2分别根据商业成功指标和好评指标列出了排名前50的电影。20世纪90年代美国票房最高的电影是《泰坦尼克号》（票房6.01亿美元），紧随其后的是《星球大战1：幽灵威胁》（4.31亿美元）、《侏罗纪公园》（3.57亿美元）、《阿甘正传》（3.3亿美元）和《狮子王》（3.13亿美元）。表3-1列出了另外45部电影，集齐了10年中票房最高的50部电影。在这50部电影中，有12部也跻身于美国影视媒体杂志Paste评选出的最受

好评的90部电影之列。

表3-1　　20世纪90年代商业成功的电影是否获得好评?

收入排名	美国电影票房（单位：百万美元）	电影	Paste排名
1	601	《泰坦尼克号》（Titanic）	
2	431	《星球大战1：幽灵威胁》（Star Wars：Episode I—The Phantom Menace）	
3	357	《侏罗纪公园》（Jurassic Park）	
4	330	《阿甘正传》（Forrest Gump）	88
5	313	《狮子王》（The Lion King）	51
6	306	《独立日》（Independence Day）	
7	294	《灵异第六感》（The Sixth Sense）	70
8	286	《小鬼当家》（Home Alone）	
9	251	《黑衣人》（Men in Black）	
10	246	《玩具总动员2》（Toy Story 2）	15
11	242	《龙卷风》（Twister）	
12	229	《侏罗纪公园2：失落的世界》（The Lost World：Jurassic Park）	
13	219	《窈窕奶爸》（Mrs.Doubtfire）	
14	218	《人鬼情未了》（Ghost）	
15	217	《阿拉丁》（Aladdin）	
16	217	《拯救大兵瑞恩》（Saving Private Ryan）	27
17	206	《王牌大贱谍2》（Austin Powers：The Spy Who Shagged Me）	73
18	205	《终结者2：审判日》（Terminator 2：Judgment Day）	61
19	202	《世界末日》（Armageddon）	

续表

收入排名	美国电影票房（单位：百万美元）	电影	Paste 排名
20	192	《玩具总动员》（Toy Story）	30
21	184	《与狼共舞》（Dances with Wolves）	
22	184	《永远的蝙蝠侠》（Batman Forever）	
23	184	《亡命天涯》（The Fugitive）	
24	181	《大话王》（Liar Liar）	
25	181	《碟中谍》（Mission：Impossible）	
26	178	《风月俏佳人》（Pretty Woman）	
27	176	《我为玛丽狂》（There's Something About Mary）	
28	174	《小鬼当家2：迷失纽约》（Home Alone 2：Lost in New York）	
29	173	《空军一号》（Air Force One）	
30	172	《阿波罗13号》（Apollo 13）	76
31	171	《黑客帝国》（The Matrix）	39
32	171	《人猿泰山》（Tarzan）	
33	165	《侠盗罗宾汉》（Robin Hood：Prince of Thieves）	
34	163	《老爸向前冲》（Big Daddy）	
35	163	《蝙蝠侠归来》（Batman Returns）	
36	163	《虫虫特工队》（A Bug's Life）	
37	161	《茶水男孩》（The Waterboy）	
38	158	《律师事务所》（The Firm）	
39	155	《木乃伊》（The Mummy）	
40	154	《甜心先生》（Jerry Maguire）	
41	152	《落跑新娘》（Runaway Bride）	

续表

收入排名	美国电影票房（单位：百万美元）	电影	Paste 排名
42	148	《尽善尽美》（As Good as It Gets）	74
43	146	《真正的谎言》（True Lies）	
44	146	《美女与野兽》（Beauty and the Beast）	62
45	145	《圣诞老人》（The Santa Clause）	
46	145	《致命武器3》（Lethal Weapon 3）	
47	144	《杜立德医生》（Doctor Dolittle）	
48	142	《风中奇缘》（Pocahontas）	
49	141	《好人寥寥》（A Few Good Men）	
50	141	《尖峰时刻》（Rush Hour）	

资料来源：Box Office Mojo（2017）；Dunaway （2012）.

20世纪90年代，最受好评的5部电影分别是《低俗小说》（1.08亿美元）、《辛德勒的名单》（9 600万美元）、《木兰花》（2 200万美元）、《蓝白红三部曲》（600万美元）和《肖申克的救赎》（2 800万美元）。表3-2列出了好评度最高的50部电影、它们的票房收入，以及它们在20世纪90年代美国影院上映的电影中的票房排名。50部广受好评的电影中有8部电影获得了不低于1亿美元的票房收入：《低俗小说》（1.08亿美元）、《玩具总动员2》（2.46亿美元）、《不可饶恕》（1.01亿美元）、《拯救大兵瑞恩》（2.17亿美元）、《玩具总动员》（1.92亿美元）、《沉默的羔羊》（1.31亿美元）、《黑客帝国》（1.71亿美元）和《七宗罪》（1亿美元）。

以上两个电影指标的规律与音乐质量指标的规律类似。虽然高票房和获得好评的电影有所不同，但有很大的重叠。

表3-2　　20世纪90年代获得好评的电影是否获得商业成功?

Paste排名	收入（单位：百万美元）	电影	收入排名
1	108	《低俗小说》（Pulp Fiction）	97
2	96	《辛德勒的名单》（Schindler's List）	131
3	22	《木兰花》（Magnolia）	691
4	6	《蓝白红三部曲》（Three Colours Trilogy）	1 300+
5	28	《肖申克的救赎》（The Shawshank Redemption）	568
6	25	《冰血暴》（Fargo）	643
7	47	《好家伙》（Goodfellas）	348
8	8	《篮球梦》（Hoop Dreams）	1 224
9	17	《青春年少》（Rushmore）	838
10	20	《传教士》（The Apostle）	765
11	37	《搏击俱乐部》（Fight Club）	443
12	17	《谋杀绿脚趾》（The Big Lebowski）	826
13	39	《死囚上路》（Dead Man Walking）	417
14	23	《非常嫌疑犯》（The Usual Suspects）	665
15	246	《玩具总动员2》	10
16	24	《弹簧刀》（Sling Blade）	644
17	23	《成为约翰·马尔科维奇》（Being John Malkovich）	679
18	3	《克鲁伯》（Crumb）	1 559
19	40	《危险关系》（Jackie Brown）	412
20	26	《不羁夜》（Boogie Nights）	599
21	1	《瓶装火箭》（Bottle Rocket）	2 092
22	1	《重庆森林》（Chongking Express）	2 074
23	101	《不可饶恕》（Unforgiven）	117
24	3	《落水狗》（Reservoir Dogs）	1 578
25	1	《又快又贱又失控》（Fast，Cheap，and out of Control）	1 963

续表

Paste排名	收入（单位：百万美元）	电影	收入排名
26	6	《爱在黎明破晓前》（Before Sunrise）	1 366
27	217	《拯救大兵瑞恩》	16
28	36	《细细的红线》（The Thin Red Line）	455
29	3	《意外的春天》（The Sweet Hereafter）	1 538
30	192	《玩具总动员》	20
31	131	《沉默的羔羊》（The Silence of the Lambs）	64
32	16	《猜火车》（Trainspotting）	860
33	48	《马尔科姆·艾克斯》（Malcolm X）	340
34	38	《战略高手》（Out of Sight）	442
35	11	《拜金一族》（Glengarry Glen Ross）	1 084
36	2	《两生花》（The Double Life of Veronique）	1 712
37	58	《街区男孩》（Boyz N the Hood）	265
38	11	《上班一条虫》（Office Space）	1 080
39	171	《黑客帝国》	31
40	6	《人生交叉点》（Short Cuts）	1 320
41	65	《洛城机密》（L.A.Confidential）	227
42	17	《穿梭阴阳界》（Bringing out the Dead）	849
43	22	《幕后玩家》（The Player）	705
44	100	《七宗罪》（Se7en）	127
45	8	《冰风暴》（The Ice Storm）	1 213
46	61	《夺金三王》（Three Kings）	245
47	67	《盗火线》（Heat）	213
48	3	《大市民》（Metropolitan）	1 565
49	5	《米勒的十字路口》（Miller's Crossing）	1 389
50	43	《赌城风云》（Casino）	388

资料来源：Box Office Mojo（2017）；Dunaway（2012）.

3.2 好莱坞财富的飙升

美国电影的票房收入只是冰山一角，因为在美国本土放映的电影票房只占总票房的一半。票房收入本身只是美国电影总收入的一小部分。票房收入与总收入之间的关系，以及收入如何随着时间的推移而变化，对于测定电影业是否正在经历一场数字革命至关重要。虽然票房收入信息是实时公开的，且互联网电影数据库、电影票房网站（Box Office Mojo）等网站都系统地提供了票房收入数据，但好莱坞收入的其他组成部分是保密的。因此，非常出乎意料的是，Edward Jay Epstein从好莱坞电影公司所在的行业协会——美国电影协会（MPAA）获得了好莱坞电影公司数年收入的机密文件。

1948年，电影在票房上赚得盆满钵满，直到1980年，票房收入占电影总收入的一半以上。但1980年后，好莱坞已经找到了利用电影赚取更多收入的办法。2000年至2007年间，影院票房收入占好莱坞总收入的1/6至1/5。换句话说，好莱坞找到的办法，创造了从影院获得的收入的5~6倍的收入。新增收入来自3个相对较新的分销渠道：家庭录像、电视和国际市场。

3.2.1 家庭录像

家庭录像最初是以录像带及DVD的形式出现的。也许现在回想起来有些奇怪——好莱坞刚开始并不看好家庭录像播放器的发展，业界将其视为滥用知识产权的工具，电影公司对早期贝泰麦卡斯（Betamax）录像机的制造商索尼（Sony）提起了诉讼。1984年，这一诉讼被提交至美国最高法院，最高法院以5比4的投票结果驳回了电影公司。该判决表明，如果人们观看录像是为了调节观看时间，在电影上映以外的时间观看电影，那么录像并不构成侵权。此外，法院表示，只要该产品被大量合法地使用，那么索尼销售该产品的行为就是合法的。[7]讽刺的是，电影公司虽然在法庭上败诉了，却也迎来了好消息。录像带及后来的DVD的租赁和销售收入迅速增长，到1990年8月几乎和影院的票房收入一样高。[8]到2005年，尽管影院票房继续增长，但家庭录像的收入是影院票房收入的3倍。直到1998年，音像店才直接购买视频，在那之后，商店向电影公司支付3~8美元的影像费用，每部电影的租金收入约占总收入的一半。[9]

3.2.2 电视

电影公司还把电视作为播放电影的一种渠道，包括美国家庭影院（HBO）等高端频道，以及播放商业广告的有线电视和广播频道。这些渠道取得的收入很高，且都是保密的。据报道，2013年美国家庭影院频道与环球影业（Universal Studios）签订的协议价值2亿美元。[10]2016年，Netflix（不是传统电视）宣布与迪士尼（Disney）达成一项价值3亿美元的协议，协议约定到2017年11月Netflix独家播放迪士尼电影（制片人甚至不知道他们的电影在Netflix上有多受欢迎）。[11]总之，早在1985年，通过电视播放电影取得的收入就达到了票房收入的2倍，这个比例一直持续到2007年。

电影行业用“窗口”这个词来描述电影从电影院到商业电视或有线电视的转移。电影首先会在美国影院进行售票上映，票价在2016年大约为9美元。[12]在影院上映大约3个月后，电影就可以以家庭录像的形式销售。之后，电影可以在电视的高端频道上播出，然后可以在商业电视上播出。David Waterman（2005）计算出，电影在影院播放后，家庭录像的平均销售价格降至影院价格的60%左右，租赁价格下降至影院价格的20%左右；在电视高端频道播放的收视价下降至影院价格的12%左右，在有线电视播放的收视价下降至影院价格的8%左右。[13]

窗口策略的成功令人惊叹。以2007年的美元价值计算，美国电影协会中电影公司的总收入从1980年的85亿美元增长到2005年的450亿美元左右。当然，这段时期整体经济也在增长。但在这25年里，美国人口增长了41%，好莱坞电影收入增长了近400%。

3.2.3 国际市场

由于投资巨大，美国电影吸引了大量国内外观众。美国观众观看的电影90%为美国本土电影，全世界观众观看的电影中2/3为美国电影。欧盟的文化专家，尤其是法国专家，经常为好莱坞电影在他们的电影院的播放量而烦恼。甚至美国人也担心好莱坞作为世界电影人的角色变得越来越重要。深受巴黎、东京和北京观众喜爱的电影，可能不符合加州伯克利的观众的口味。《纽约时报》（New York Times）记者Lynn Hirschberg警告说，为吸引国际观众，好莱坞可能会停止制作棒球电影。迪士尼公司的经理Nina Jacobson也警告说："全球观众不会关心其他人在做什么运动项目。"[14]

所以，在数字化之初，美国电影在国内外大获成功。美国电影全球化的战略如此成功，以至于美国人开始担忧好莱坞制作的电影是否会继续迎合美国人的口味。

3.3 电影数字化：盗版

与音乐一样，数字化对电影产业的影响也是多重的：产生盗版、降低成本和缓解播放瓶颈。唱片行业在1999年之后收入大幅下降，但电影业的收入并没有因为盗版的产生而大幅下降。例如，2015年美国电影票房的收入为111亿美元，与2000年的104亿美元大致相当。[15]

这并不是说电影没有受大量盗版行为的影响。在许多国家，不付费观看电影——看盗版电影——是常态。[16]但是由于种种原因，大量盗版电影的出现并没有取代原有的收入来源。因此，电影公司的收入并没有大幅下跌。

1999年之后，文件共享大幅降低了音乐收入，但并没有降低电影收入，这似乎有些奇怪。原因之一是文件的大小不同。音乐文件（以兆为单位）通常足够小，几秒就可以下载完，而下载电影文件（以千兆为单位）可能需要几个小时。因此，尽管盗版电影激增，但销量仍然很低。2005年，宾夕法尼亚大学的学生通过调查发现，他们听的盗版音乐数量与正版音乐的数量相当，而所观看的电影中只有5%是盗版电影。

即使盗版电影的形式从下载（要求非付费用户下载大量文件）发展到可线上直接观看，也没有明显减少电影收入。这并不是说盗版没有剥夺电影产业的收入，只是说明公开可见的电影收入的来源仍很稳定。

尽管电影行业没有经历收入的负面冲击，但也不能幸免于受未来数字化盗版现象的威胁。原因有两个，首先，随着互联网下载速度的提高，用户可以更容易地在网上下载盗版电影。其次，电影的销售替代率似乎很高。免费电影取代付费电影的销量比例，似乎远高于1/5（付费音乐被取代的销量比例）。2007年的一项研究发现，人们多看一部免费的电影，就会少购买一部付费的电影（包括租赁电影）。[17]如果这种行为成为常态，那么盗版电影增加的影响就不再仅仅是让本来也不会付费看电影的人更方便，而是会真的大大抑制正版电影的销售量。

为什么盗版对正版电影的销售替代率比音乐高那么多？一个简单的原因是，一场电影需要全神贯注看两个小时。如果这周看了一部盗版电影，那么就少了两个小时看付费电影。而音乐则可以一边听一边做其他事情，把盗版歌曲添加到乐库中，并不一定会挤掉听付费音乐的时间。因此，电影行业担心盗版的威胁有据可依。不过到目前为止，电影行业还没有出现收入大幅下跌的现象。

3.4 数字化和独立制片人

数字化改变了电影进入市场的方式。首先，数字化使电影制作发生了革命性的变化。在过去几年里，能够录制高保真视频的摄像机的价格大幅下降。在2000年以前，电影是用非常昂贵的摄像机拍摄的，不仅需要买胶卷，而胶卷冲洗和剪辑都很贵。虽然好莱坞电影公司倾向于从潘那维申公司（Panavision）租借摄像机，但有消息称，每台摄像机的成本约为25万美元。一台专业的摄像机的日租金平均为1 000美元。2002年至2005年间，包括Sony、RED和ARRI在内的众多公司，推出了专业的数码电影摄像机。这些摄像机的价格大约是同等质量的胶片摄像机的1/4。追求创新的电影制作人开始用数码摄像机拍摄电影。2002年，George Lucas拍摄了第一部高清数码电影《星球大战2：克隆人的进攻》（Star Wars：Episode 2—The Attack of the Clones）。其他电影制作人也纷纷效仿：2004年，Michael Mann使用汤普森数码摄像机拍摄了电影《借刀杀人》（Collateral）。

虽然数码摄像机比早期的胶片摄像机便宜得多，但在21世纪初，数码摄像机的价格仍在2.5万美元左右，独立制片人仍买不起。[18]在2008年，佳能推出了EOS 5D Mark II相机，它虽然是一个静物相机，但可互换镜头，也能够拍摄专业的高清视频。这款相机的售价为2 000美元，它使独立制片人也能够拍出有专业效果的影片。

佳能5D Mark II的出现是一个分水岭。在它上市前，一位电影制片人博主说："对于独立制片人来说，可互换镜头的摄像机太贵了……佳能5D不仅是一款实惠的相机……它也是第一个在这个价格范围内的全画幅高清（1920×1080）相机，也是同类中分辨率最高的相机之一。"[19]

佳能5D Mark II的重要性也反映在，出现了大量关于如何使用它拍摄电影的著名文章，如《用佳能5D Mark II拍摄电影：挑战和巧妙的解决方案》、[20]《佳能5D Mark II拍摄的13部好莱坞大片》[21]和《佳能5D Mark II单反拍摄在好莱坞的6个应用典范》。[22]2012年，Dave Ken在一个著名的视频网站中写道："佳能5D Mark II可以说是颠覆了独立电影的设备，它可能和单一廉价的视频格式一样重要。自从它上市以来，几乎把拍摄电影的能力交给了所有人。"[23]

将廉价摄像机与易于使用的视频编辑软件（如Final Cut Pro）结合起来，让几乎任何有天赋和想法的人都可以制作一部电影。这些便宜的工具制作不了像《谍影重重3：最后通牒》（The Bourne Ultimatum）这样复杂的动作电影，或者像《玩具总动员》这样的动画电影，但可以拍一些具有戏剧性的故事片。

3.5 如果你拍摄电影，会有观众吗？

降低电影制作成本是好事。但是如果没有渠道播放，没有观众，那么拍出的电影意义不大。数字化对这些很有帮助。

数字化从根本上改变了播放渠道。现在人们可以通过互联网在线上观看视频，包括Amazon、Netflix、iTunes和Comcast在内的许多供应商，都可以直接将电影传送到人们家中。数字化意味着除了每年可放映几百部电影的约40 000块美国影院银幕外，每个联网的电视屏幕（及每一台电脑、智能手机和平板电脑）都是一个播放场所。

这是根本性的变化。在数字化之前，电影只有在影院有足够上座率的情况下才能上映。因此，电影公司必须制作出能够吸引当地影院附近大量观众的电影。如果一部电影能吸引到5万名观众的兴趣，但是这5万人分散在全国各地，那这部电影也不可能得到拍摄，因为它平均到每块银幕的观众规模只有十几个人，但是有了数字化播放方式，这类电影的制作就变得可行。

早在数字化之前，家庭录像和电视就与影院播放并存，而电视电影策略主要针对一些制作失败的电影或精选的儿童电影。电视电影的例子有1997年的《欧内斯特去非洲》（Ernest Goes to Africa）和1998年的《美国鼠谭3：寻宝记》（An American Tail：The Treasure of Manhattan Island）。[24]数字化改变了这一策略。

数字化播放平台有两大类。在第一类平台，一次只卖一部电影，这种形式也叫点播。例如，在Amazon即时视频网站和iTunes，你可以花5美元租一部电影。在第二类平台，可以每月无限制订阅，即"你能吃多少就吃多少"，如Netflix和Amazon提供的会员服务。寻找一部可观看的电影是很困难的，所以JustWatch（一个网站）需要密切关注美国37个不同的视频播放平台上有哪些电影。用户可以查询JustWatch中的数字电影信息，如这些电影的上映年份、制作国家、内容简介，以及在美国37个平台中的哪个平台可以买到。截至2017年6月27日，美国至少有一个数字平台上有46 687部不同的电影。[25]

这个数字令人震惊。在任何特定时间，只有十多部电影可以在美国的电影院大范围放映，还有大约35部电影分散在不同影院放映。在视频租赁商店还存在的时候，即使是大商店也只有大约2 000部电影。[26]数字化从根本上改变了消费者可选择商品的数量，相应地也改变了能够接触到观众的电影制片人的数量。

3.6 一个屏幕足矣：Ed Burns方法

有几个基本的策略可以让你在不过度依赖影院的情况下发行电影。制片人可以在有限的影院上映一部电影，然后利用宣传，通过数字渠道提高销量。或者，电影制作人可以直接把电影卖给Netflix或Amazon等数字订阅平台，而不是直接卖给观众。

2012年，在美国能在500家以上影院上映的电影只有159部，另有500部电影在有限的影院上映。具体来说，403部电影在不到50块银幕上放映，其中256部在不到10块银幕上放映。对于小规模放映的电影来说，票房收入并不是其主要目标。相反，其目标是让报刊评论电影，让更多消费者看到电影，并愿意通过其他渠道付费观看。

小规模放映之所以成功，部分原因在于《纽约时报》认真地当好了评论报刊的角色，并试着点评每一部在纽约市影院上映的电影。然而，小规模放映的电影数量的增长（主要是为了获得评论）给评论家带来了负担。在2014年，《时代》杂志影评人Manohla Dargis恳求电影发行商们："不要再购买那么多的电影了。"她抱怨的是什么？坦率地说，有太多的乏善可陈、容易被人遗忘的电影涌入了影院，而这些电影都在"分散娱乐媒体的注意力"。虽然她指出，在去年发行的电影中，"确实有很棒的电影"，但她"所评论的电影中，越来越多的是那种在流行录影带的时代被降级到当地音像店底层货架上，且直接成为录影带的电影"。[27]肩负《纽约时报》影评人的重担，他们不得不涉水穿过这么多淤泥才能找到几块电影"黄金"。《纽约时报》在2013年对900部电影进行了评论，但并非只有它感到有义务为在当地电影院播放的所有电影提供免费宣传。专业娱乐出版物《视相》(Variety)每年评论超过1 000部电影。[28]

获得评论是得到无限量放映机会的第一步。下一步是通过iTunes或Amazon等渠道播放这部电影。演员兼电影制片人Ed Burns是实践这种方法的先驱。Burns曾出演过《拯救大兵瑞恩》，以及《威尔与格蕾丝》(Will & Grace)和《明星伙伴》(Entourage)。他也是一位导演和编剧。2011年Burns "花费9 000美元用佳能5D Mark II和3个镜头（24毫米、50毫米和85毫米）" 拍摄了电影《新婚燕尔》(Newlyweds)。[29]这部电影在1块影院银幕上放映后，通过数字化平台发行。《视相》和《芝加哥太阳报》(Chicago SunTimes)等媒体对该片进行了评论，烂番茄(Rotten Tomatoes)影评网站对该片的评分为70分（满分100分）。70分是相当不错的评分，只有得分在60分以上的电影才会在网站上用新鲜的红色番茄标记，而得分在75分以上的电影才会被“认证新鲜”。

其他电影也遵循了影院和数字同步发行的模式。例如，2008年Michael Caine和Demi Moore主演的犯罪片《天真无邪》（Flawless）在同时进行点播和影院放映的情况下，获得了超过100万美元的票房。2010年，由Ryan Gosling和Kirsten Dunst主演的真人真事犯罪片《一切都好》（All Good Things）通过数字渠道获得了“高达600万美元”的收入，是其影院票房收入的10倍。

华尔街电视剧《融资融券》（Margin Call）同时以数字形式和点播形式上映，“在1 000万美元的总收入中，约有一半是通过点播形式获得的”。[30]

3.7 廉价发行

即使只在几家影院上映一部电影也是很昂贵的。没有在院线上映，电影不太可能在主流出版物中被评论。但是，多亏了互联网，粉丝们现在可以在没有院线版发行的情况下发现电影，而实际上，这些电影的发行费用很低。互联网支持了博主和非主流出版物的评论的传播。电影观众也可以对他们在著名网站上看到的电影进行评级，比如可以在互联网电影数据库、烂番茄或Metacritic的观众评论区对电影进行评分。

影评人的规模很大。例如，2012年的电影《逃离德黑兰》（Argo）获得了奥斯卡最佳影片奖，大约有650名影评人对这部电影进行了评论。当然，《逃离德黑兰》并不是一个小成本的发行片，但它的评论渠道很有启发意义。电影评论来源涵盖了从《纽约时报》等引人注目的公共刊物到晦涩难懂的博客。我们可以通过查看其网站的流量来确定这些来源的受欢迎程度。Amazon的排名查询服务为网络上的大多数域名提供了一个流量排名。我获得了互联网电影数据库列出的所有《逃离德黑兰》的影评网站的流量排名（截至2013年8月6日）。例如，《纽约时报》的网站在全球网站中排名143，《华盛顿邮报》排名405，《娱乐周刊》（Entertainment Weekly）排名1 651。《逃离德黑兰》的650篇评论中，有很多来自一些不太知名的网站，如个人博客。《逃离德黑兰》评论网站的排名中位数为160万，这意味着其中一半的排名高于160万，而另一半的排名低于160万。虽然一部没有进行大张旗鼓宣传的电影不太可能像《逃离德黑兰》那样吸引那么多的评论，但很多电影也都得到了评论《逃离德黑兰》的众多网站的评论。

Ed Burns采用了小本经营的策略。Burns在2010年的《好人约翰尼》（Nice Guy Johnny）中担任编剧、导演和主演。这部电影以2.5万美元的预算拍摄，直接通过数字渠道发行。Burns跳过了传统的电影院首映，通过iTunes、视频点播和DVD发布了《好人约翰尼》。尽管如此，《赫芬顿邮报》（Huffington Post）和《大众事务》（Pop Matters）还是对这部电影进行了评论，并且该电影“获得了不错的利润”。这一策略“为他的独立制片人同行提供了一个有趣的模板”。

“小本经营”策略的可行性取决于电影是否能得到影评，这样影迷们就有办法了解他们可能想看的电影。著名期刊的评论随处可见，对于同一部电影，第二、第三或第二十个影评几乎不能为观众提供额外的信息。但或许更为重要的是，随着非专业影评人发表的影评数量激增，能够得到至少一篇影评的电影越来越多，包括那些没有在影院上映的电影。为了获得具体的数字，我从互联网电影数据库中得到1990—2012年间不同受欢迎程度（以互联网电影数据库中评论电影的用户数量来衡量）的电影的评论数量。具体来说，我们以50名为间隔选取电影样本：第1名、第51名，第101名，……，第1 001名，然后对它们进行粗略的分组——前100名（1，51，101），第151名到501名（151，201，……，501），第551名到751名（551，601，……，751），和第801名到1 001名。

实际上，第一组中各年的几乎所有电影都会被评论。第二组的电影（151~501）在1990年至1994年期间的评论覆盖率为70%，随后增加到90%左右。第三组（551~751）中电影的评论覆盖率随着年份而大幅上升，从1990年到1994年的20%左右上升到2005年的80%以上。最后一组（801~1 001）中的电影评论覆盖率也随着年份而急剧增加，从1990年到1994年的0到2005年之后的60%左右。很明显，排在最后的电影，包括那些没有在任何影院放映的电影，现在也受到了评论家的关注，而以前它们并没有被关注。

外行人对电影的评论也变得越来越普遍。互联网电影数据库为每部电影提供一个评分——只要有5个或更多的用户为电影打分（10分制）。截至2013年8月，互联网电影数据库用户对1 500部2000年发行的美国影片和纪录片进行了评分。从2005年开始的每个发行年份都有超过2 000部电影获得评分。简而言之，与10年前或20年前相比，如今的消费者有办法获得更多关于电影吸引力的信息。

3.8　把你的电影卖给一个醉醺醺的水手

除了像Ed Burns那样单枪匹马，电影制片商也可以把自己的电影卖给一个直接购买电影的策划订阅服务公司，让该公司负责电影的发行（把电影带回家）和促销（让客户了解这部电影）。这些订阅服务公司包括Netflix和Amazon，这两家公司都直接从制片商那里购买电影版权，并向订户收取月费。Netflix和Amazon获得的权利不一定是直接所有权，可能是仅限于在一个国家发行一部电影或电视剧一年的权利。

Netflix和Amazon最近都在疯狂采购。例如，Netflix在2016年斥资60亿美元收购电影和电视剧，在2017年斥资约80亿美元。在2015年圣丹斯电影节上，Netflix和其他订阅服务公司被尚未准备好“跳出传统发行商圈子”的电影人所回避。2016年，订阅服务公司成为电影节上最具影响力的买家，“像喝醉的水手一样花钱”。

例如，Netflix在2015年和2016年高调购买了两部电影，准备在Netflix上首映。该公司斥资1 200万美元购买了《无境之兽》（Beasts of No Nation），成交价格据传是制作成本的2倍；还斥资1 700万美元购买了据传预算为1 200万美元的影片《雅多维尔围城战》（The Siege of Jadotville）。2015年1月，Amazon工作室聘请资深独立电影制片人Ted Hope“管理其电影业务，每年收购或制作十多部电影”。[36]

Amazon和Netflix正在互相竞争，以吸引电影制作人。Netflix在没有独家影院的情况下，通过数字方式发行电影，引起了人们的不满。影院不愿意上映同时在Netflix上播放的《无境之兽》等影片。虽然Netflix越来越相信它可以在没有影院上映并宣传推动的情况下发行电影，但制片人将影院上映视为一种合法性的标志。Amazon为了吸引电影制作人，承诺在Amazon独家发行之前先在影院上映。

3.9 新产品：电影爆炸

趣闻轶事令人回味无穷，但每发生一个像Ed Burns那样用微薄的预算制作一部值得一看的电影的故事，都会有一个与之相抵的故事，比如邻家的孩子制造了一堆无法直视的烂片。数据显示了什么？很多人都想看的、真正重要的电影的数量有没有增长？

在一个大多数家庭都有电影摄像机的世界里，确定新电影的数量是很有挑战性的。每分钟都有超过100个小时的视频被上传到YouTube（一家视频网站）上，所以很明显每天有上千个小时的视频被拍摄。[38]这是否意味着每天都有数百部电影被拍摄出来？这不仅是那些预测互联网将玷污文化的数字末日论者提出的问题，也是那些对“根据YouTube上视频的数量而声称数字文艺复兴时代到来”的观点提出质疑的普通人的疑问。

我首先将互联网电影数据库中列出的电影数量作为电影创作的数量，被纳入统计的都是正片电影，每一部电影的制片人都花时间创建了一个互联网电影数据库的单独页面。如图3-1所示，互联网电影数据库中新上映的美国故事片数量的增长令人震惊，尤其是在2000年以后。[39] 1960年，在美国上映的电影数量为几百部，1990年稳步上升到约500部。在1990—2000年期间，每年上映的电影数量大约翻了一番，达到1 200部。2007年之后，随着廉价数码相机的出现，新电影的数量开始迅速增加，在2008年达到近2 104部，在2009年达到2 734部，在2016年达到3 412部。美国本土纪录片数量的增长更为迅猛。在20世纪60年代，每年只有几百部纪录片被制作出来。这一数字在2010年超过了4 000部。非美国电影的模式也是相似的。换句话说，新电影产量的增长是一个世界性的现象，可以毫不夸张地说，电影数量在2005—2010年间呈现爆炸式增长。

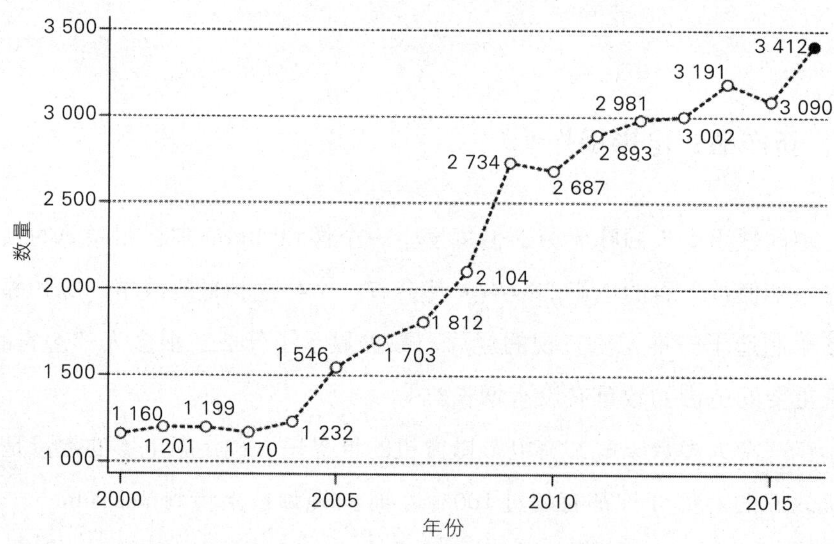

图3-1　2000—2016年美国电影增长的特征

资料来源：基于对互联网电影数据库的查询。

人们可能会担心，互联网电影数据库列出的电影数量的增长，既有可能是创造性产出的实际增长，也可能是由于数据库的覆盖范围扩大导致的，毕竟，互联网电影数据库是一个用户生成的数据库，它随时间的推移变得越来越流行。[40]为了检验这种可能性，我们可以看看另一种衡量创造性产出的方法——向圣丹斯电影节提交申请的影片数量。圣丹斯电影节的参赛费用不高（2014年为50美元），参赛影片从2004年的2 485部长片和3 389部短片增加到2010年的3 751部长片和6 092部短片。数据证实了2000—2010年间电影数量的实际增长。

3.10 有“电影”，也有电影

成千上万的新电影中有多少是重要的？数字化使一系列新产品成为可能，其中既包括具有很好商业前景的电影，也包括没有任何商业前景的电影。一个极端案例是一家公司，为了不透露其身份，我将其称为“PDQ电影公司”。2013—2016年，该公司制作了10部电影，它们都出现在互联网电影数据库中。这些电影的制作预算非常低，最低的只有500美元，平均只有1 500美元。它们都没有在影院上映，也没有在Netflix、Amazon Instant或JustWatch收录的37个流媒体平台上播放。这些电影并没有吸引到互联网电影数据库用户的太多关注，而且总共只有13个互联网电影数据库用户对它们进行了评分。与之相比，2013年在互联网电影数据库上的评论数排名第100的电影——Lars Von Trier执导的《女狂人：第一卷》（Nymphomaniac：Volume I），拥有91 000个用户评分和79万美元的票房收入。PDQ公司拥有网络业务，并发布了一份使命声明，强调其“全面服务”的性质，并承诺有比竞争对手更快的制作速度。PDQ公司还制作婚礼视频。

考虑到所谓的电影范围，互联网电影数据库的电影总数太过宽泛，因为很多电影——如PDQ公司的电影——可能不值得观看。我们可以不看电影的制作数量，而是看实际可供销售的电影数量，也就是说，哪些电影是由JustWatch（主要数字发行平台之一）在美国发行的。图3-2显示了在2017年按原版发行年份计算（回溯到2000年）的可用电影数量。这一数值从2000年的560部增加到2005年的1 000部。之后，按年份分列的电影供应量继续增长，在2010年达到2 098部，在2014年达到最高值3 732部。很明显的是，电影的数量不仅增加了，而且达到了更高的结果阈值——电影的商业可用性也急剧上升。2014年后的票房下滑至少在一定程度上反映了这样一个事实：考虑到电影公司的电影放映策略，最新的电影还不能用于数字发行。

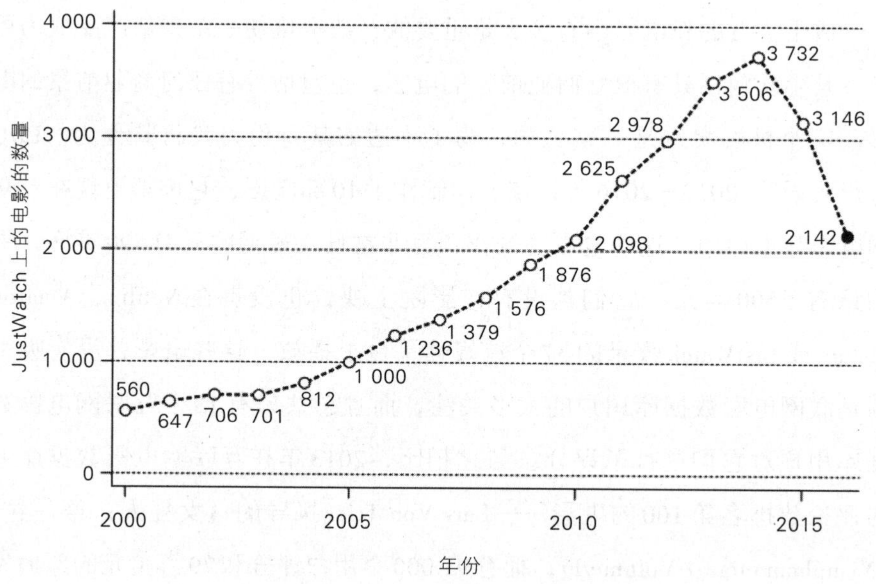

图3-2　2000—2016年电影的商业可用性

注：数据截至2017年6月。

资料来源：基于2017年6月JustWatch的数据。

有两件事是清楚的：首先，随着时间的推移，进入市场的电影数量大幅增长；其次，考虑到大型电影公司每年发行的电影数量在150~250部之间波动，而制作的电影总数已达到数千部，大多数新电影都来自大型电影公司之外的资源，即所谓的“独立”制片人。

3.11 电影制作领域的“大卫”是否在与大型电影公司“歌利亚”抗衡？

所谓的“大卫”就是独立电影制片人，他们正在尝试去做大型电影公司“歌利亚”所做的事情（译者注：歌利亚是《圣经》中被大卫杀死的巨人）。尽管有业余导演做了几千部不受欢迎的电影，但还是有几百部电影具有专业水平，可能值得一看。这些新上映的电影，作为在数字化之前不会被制作或销售的“预设失败品”，是否能够吸引观众的兴趣？

为了评估独立电影的发展，我们首先需要确定哪些电影是“独立的”。然后，我们需要检查独立电影在成功电影中所占的比例是否在增加。原则上，这项任务很简单。如果我们能观察到电影收入的所有来源，包括所有形式的家庭视频以及票房，那么我们就能计算出独立电影在一段时间内获得的收入份额。但在电影产生的所有收入来源中，只有票房收入会向公众披露。而对于独立电影来说，非影院发行和收益尤为重要，因此用独立电影的票房份额来衡量独立电影的成功，低估了独立电影的重要性。不过，这些数据仍然值得一看。

虽然我们很清楚什么是“大型”电影公司，但独立电影的定义却不那么清晰。有些人根据资金来源来定义独立电影。独立电影电视联盟（Independent Film & Television Alliance）是为在美国电影协会之外制作电影的实体设立的游说组织，它将独立电影定义为“没有从美国六大电影公司

——20世纪福克斯（20th Century Fox）、索尼、派拉蒙（Paramount）、环球影业、华特迪士尼（Walt Disney）和华纳兄弟（Warner Bros）——融资的电影”。

独立电影中“独立”的概念更加主观，反映了电影的吸引力。例如，有一个名叫“电影独立”（Film Independent）的公司是电影独立精神奖的赞助商，它用“视角的独特性、主题的原创性、能否引起共鸣、拍摄手段的经济性及独立资金来源的百分比”来定义独立电影。根据该公司的网站，“由制片厂或大公司‘独立’制片部门完全出资制作的影片，如果题材原创且能引起共鸣，仍可视为独立电影”。[44]这个定义可操作性很差，因为很难清晰界定哪些电影提供了“独特的视角”。

独立电影的主要新闻网站Indiewire根据电影发行的广度来定义独立。因此，它的顶级独立电影名单包括“有限发行（最初低于500块银幕）的特制电影”。当一部电影在影院上映时，它的前景就算不为人所知，也是可以预测的。通过将“独立”的称谓限定在被认为吸引力有限的电影上，Indiewire的定义暗示独立电影不会取得商业上的成功。Indiewire的定义让人想起一个笑话，说的是赶时髦的人在咖啡还没凉之前就喝，结果烫伤了舌头。如果这部电影有望在商业上取得足够的成功，足以保证在各大影院上映，那么它就不再是“独立电影”。

我们需要一个可以系统地度量独立性的方法，所以我根据电影制作公司来定义独立性。互联网电影数据库可以让我们很容易地确定是否有一家大型电影公司——美国电影协会的6名成员，以及梦工厂（Dreamworks）和米高梅（MGM）——在制片方之列。如果是这样，那么我将这部电影定义为大型电影公司的电影；否则，我将这部电影定义为独立电影。这种方法具有可行性，但我的列表将包括许多Indiewire没有列出的电影。

图3-3显示了2000—2016年独立电影在美国票房收入中所占的份

额。这一份额每年都在波动，但自2003年以来一直在稳步上升，在2012—2014年超过了20%。但是，同样的，如果独立电影的数字渠道发行比例更高的话，那用票房收入来衡量独立电影的成功与否就不够准确。

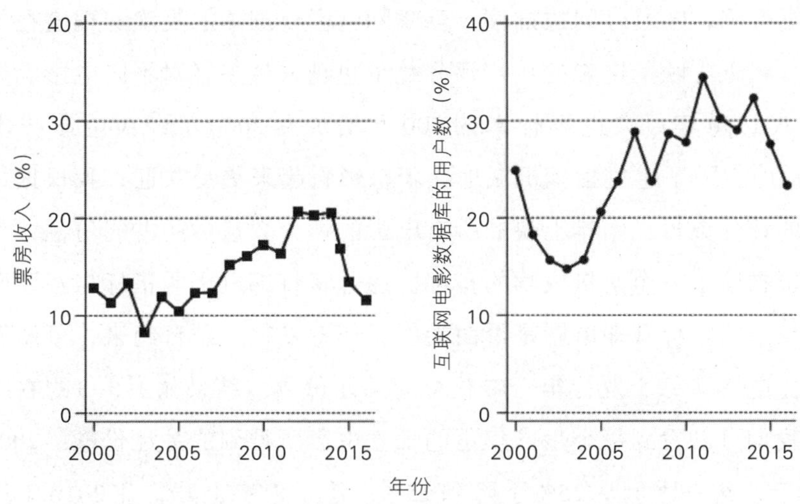

图3-3 （左）独立电影票房收入占总票房收入的百分比和（右）独立电影在2000—2016年获得的关注度

资料来源：基于票房收入数据和互联网电影数据库中对电影进行评分的用户数量信息。

我们如何才能找到一个能更好地显示独立电影成功与否的晴雨表？虽然不能观察到每部电影的总收入，但我们可以看到人们对每部电影的兴趣程度，即互联网电影数据库用户对每部电影的评分。对于热门电影，电影得到的用户评分数量可以达到数十万。例如，截至2017年年底，《肖申克的救赎》和《黑暗骑士》（The Dark Knight）在互联网电影数据库的用户评分数量分别为1 891 437个和1 866 884个。虽然并非每一部互联网电影数据库列出的电影都有用户评分，但只要至少有5人对一部电影进行评分，我们就能观察到对这部电影进行评分的用户数量。因此，我们确信，比起票房收入，用这种兴趣程度作为衡量指标可以观察的电影数量要多得多。此外，评分数量的多少与电影的商业利益也有很大关系。在2012年有票房收入的影片中，票房较高的影片往往有更多的互联网电影数据库用户对其进行评分。用户与票房收入的关联度较高，说明用户评分数量是票房收入的合理支撑。

据推测，随着时间的推移，互联网电影数据库的受欢迎程度在不断提高，最近上映的电影的用户评分数量也越来越多（对不同电影的评分总数从1990年经典电影样本的500万增加到2000年经典电影样本的1 500万）。为了避免指标机械地让新电影看起来更受欢迎，我根据每部电影的评分数量在同年上映的所有电影的评分数量中所占的份额，为每部电影构建了一个衡量成功的指标。通过将每部电影的指标与互联网电影数据库的指标（即电影是否由大型工作室发行）结合起来，可以衡量出独立电影从每个发行年份中获得的关注份额。结果如图3-3的右图所示，我们可以看到每个生产年份的独立电影所得到的关注份额。2000—2003年，这一比例从25%下降到15%，随后稳步上升，在2010年达到34%，在2015年和2016年略有下降。总体份额的上升证明，独立电影吸引了越来越多的观众的注意力。

3.12 新电影能通过时间的考验吗？

独立电影的不断发展表明，近年来独立电影正在取得成功。相关数据显示，“大卫”和“哥利亚”正在同时崛起。此外，“大卫”的崛起表明，如果允许“预设失败者”进入竞技场，他们也能赢。这为我们的关键结论提供了更多的证据，即在一个“无人知晓”的世界中，成本的降低给消费者带来了惊喜。

但是独立电影越来越成功并不一定说明我们生活在一个新的电影黄金时代。最近的电影，无论是传统的还是非传统的，都有可能与早期的电影相比黯然失色。为了确定我们是否正在经历电影领域的数字文艺复兴，我们需要证据来证明近期的电影比老电影更好（给消费者带来了更多的满足感）。

理想情况下，我们需要定量评估，以绝对的尺度对多年来的每一部电影逐一进行评价。具体来说，以2010年上映的电影《黑天鹅》（Black Swan）为例，如果能知道每年有多少部电影比《黑天鹅》更好，那就太好了。如果这个数字在2010年后上升，我们可以得出结论，最近的电影比之前的电影要好。

幸运的是，现实世界提供了一些类似于我们幻想中的理想数据。包括烂番茄和Metacritic在内的许多信息收集网站根据数百名专业影评人的评论提供电影评分。这两家公司都收集评论，并将其转化为百分制的分数。例如，在烂番茄网站上，《辛德勒的名单》的成绩是96分，而《异星战场》的成绩是51分，《黑天鹅》得了81分。

自1998年以来，烂番茄网站每年都会提供一份年度电影100强的榜单，以及它们的评分。通过一些修改，我可以使用这些榜单构建一个按年份划分的高质量电影的度量标准。2011年在榜单中第100名的《雷神》获得77分；2016年榜单中第100名的《死侍》获得84分。因为我只观察了每个年份的前100部电影，所以我不知道2016年有多少部电影的评分在77~84分之间，但我可以看到，2011年有85部电影的评分达到84分以上。因此，我可以说，得分84分以上的电影从2011年的85部增加到了2016年的100部。

我们可以应用这种方法来观察1998年以来所有年份的电影：首先，找到每年前100位电影的评分；然后，找到所有排名第100位的电影里评分最高的那一个。结果表明，在这段时间里，第100位的电影的最高分是84分。许多（106部）电影的烂番茄评分都是84分，除了《死侍》之外，还有2012年的《饥饿游戏》和2014年的《龙虎少年队2》（22 Jump Street）。

将所有评分高于或等于84分的1 304部电影列成一个表，我们可以得到一个高质量电影的年度衡量标准。图3-4显示了每年有多少部电影的烂番茄评分高于或等于84分。从1998年到2016年，该指数的平均水平从1998年的22部上升到2016年的100部。

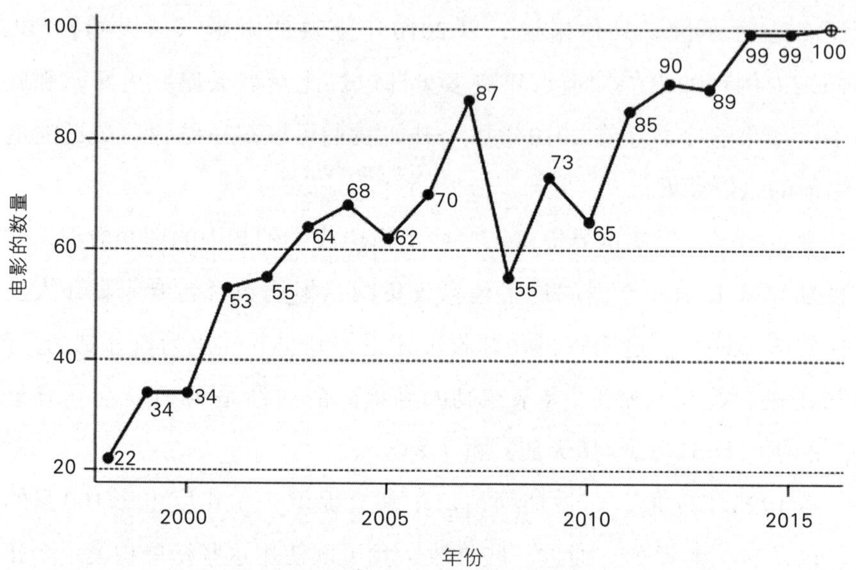

图3-4　1998—2016年烂番茄评分84分及以上的电影数量

资料来源：Rotten Tomatoes （2017）.

图3-5提供了数据的另一个视角——显示了每年第10位、第50位和第100位最佳电影的质量。如图所示，排名第10的电影得分略有提高，从1998年的90分上升到2016年的95分。排名第50的电影得分增加得更多，从1998年的72分提高到2016年的94分。更值得注意的是，每年排名前100的电影的质量都有巨大的提升。在1998年，排名第100的电影的评分并没有突破40分。到2005年，排名第100的电影的评分超过了75分。到2016年，排名第100的电影的评分是90分（译者注：疑有误）。自2011年以来（加上2007年），每年排名第100的最佳电影的评分都超过80分。如果你是那些只看烂番茄评分90分以上的电影的影迷，这些年来你越来越

忙：从2000年看10部电影到2016年看100部电影。

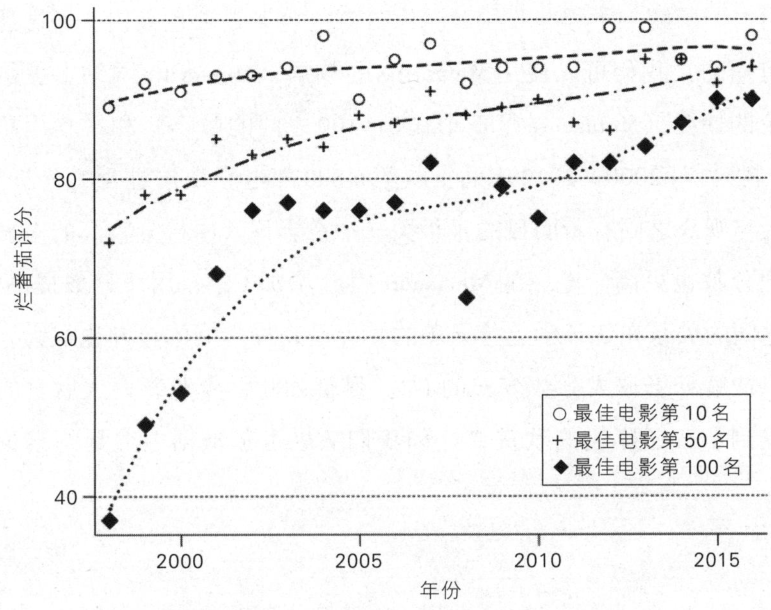

图3-5　1998—2016年烂番茄最佳影片的评分

资料来源：Rotten Tomatoes （2017).

因此，与老电影相比，新年代的电影是更好的。但这究竟是数字文艺复兴还是普通的模拟复兴的？也就是说，由新电影驱动的近期电影质量的不断提高是数字化的结果吗？为了回答这个问题，我们需要知道，“预设失败者”是否在新年份电影的质量提升中扮演了重要的角色。也就是说，在广受好评的电影中，有多少电影来自独立渠道？

在烂番茄评分最高的20世纪80年代的电影中，大型电影公司的电影占据了绝大部分。在1980—1990年间上映的电影中，大约2/3的电影来自大制片厂。在1990—2000年间，由独立电影公司出品的烂番茄高分电影的份额从40%上升到了80%左右。自2000年以来，在烂番茄高分电影中，独立电影份额在80%~85%之间波动。因此，独立电影推动了评论人士所认为的高质量电影的发展。

评论家可能更多地使用一套精英审美标准来评价电影，而不在意其商业吸引力。了解一下那些吸引评论家推崇的电影是否也吸引普通影迷，将是很有用的。我们可以使用Metacritic的数据。Metacritic网站上提供影评人评论的摘要（Metascore是一个在0~100之间的数字）和平均用户评分(10分制)。对2000—2012年间上映的6 890部电影数据进行的分析显示，影评人与观众之间有着明显的正相关——在影评人中得分较高的电影拥有的用户分数也更高。电影的Metascore得分增加1分，用户分数提高0.04，它们之间的关系在统计学上是显著的。但是，样本间的差异也很大，用户评分只能解释影评人分数变异的1/4。尽管如此，专业影评人欣赏的电影还是受到了普通影迷的欣赏，这和我们从烂番茄数据中得到的结论是一样的。

3.13　观众的时间测试

我们还可以尝试通过分析时间和年份的使用数据来推断不同发行年份的电影的质量。这样做有点棘手。大多数电影院只放映新电影，因此无法从票房数据得知人们对早期电影的喜爱程度。DVD是不同的。访问塔吉特百货公司、沃尔玛超市或百思买商店，你会看到新上映的电影和老电影都在销售。虽然按周计算销量前25名DVD的销售数据是可以的，但要想获得包括较老DVD在内的长尾销售数据则困难得多。

大部分人是在电视上观看老电影的，这表明电视列表是一个很好的信息来源，我们可以根据时间和年份来判断电影的使用情况。HBO电视网的旗舰频道每天播放约10部电影，其姊妹频道HBO 2、HBO家庭频道、HBO签名频道和HBO区域频道也是如此。娱乐频道、电影频道和其他频道也播放大量电影。假设你可以获得多年来的所有电视节目的列表，就可以计算出在2010年上映的电影中，最初发行于2010年、2009年、2008年的电影的份额是多少。

如果你登录电视指南网站，你可以看到未来两周的电视节目表。如果你看看这个网站的细则，就会发现这些数据是由论坛媒体服务公司（Tribune Media Services）提供的，它是论坛报公司（Tribune Company）旗下的一个部门，拥有Chicago Tribune和WGN Superstation等媒体公司。当我得知这些数据被存在硬盘上之后，我很受鼓舞，联系了论坛媒体服务公司，并解释了我想要的东西——从他们维护数据那天开始的电视台播放的所有电影列表。我想要36家播放大量电影的电视台的电视节目表，时间从20世纪90年代初开始。他们表示，他们可以帮助我整理这些数据，但是需要我支付"6位数美元的价格"。[48]

我当然负担不起，所以我闷闷不乐了好几天。如果我从5年前开始，每两周访问一次电视指南网站，我就会有一个可用的数据集。可惜我没有时间穿越机。

包括我在内的一些电视观众还记得精彩的卡通片《超狗任务》（Underdog），其主角是一只名叫Peabody先生的博学的狗，和它的儿子Sherman。Peabody能够使用一种名为"返程机"（Wayback Machine）的设备穿越时空。在每一集里，Peabody都会带Sherman去看世界历史上一个重要和有教育意义的事件。

我不是唯一记得返程机的人。一个名为"互联网档案馆"的组织维护着一个非常棒的网站，其官方名称就是"Wayback Machine"。这些人认识到万维网的内容需要存档以供未来的研究人员使用，他们从1996年开始在网上搜寻，并保存他们发现的内容的副本。[49]但网站的内容还不够完整。例如，归档文件几乎包含《纽约时报》每一天的首页，但其他页面则通常只有少数几个。

回到我的需求上来。这个网站的档案中是否包括了至少每两周的电视节目表？不，但也确实包括了很多节目表。从2009年到2016年，我能找到756天的电视节目表，包括30 406部电影。这些时间表包含了2016年播出的6 168部电影，其中166部是2016年上映的电影，676部是2015年上映的电影，623部是2014年上映的电影，332部是2013年上映的电影，以此类推。播放量本身并不是我希望观察到的衡量电影的直接标准。但是电视网必须为电影付费，只有它们觉得电影可以吸引观众，才会购买电影版权。因此，我可以用预定的节目表作为间接指标来衡量我想直接观察的。如果老电影比新电影播放得少，就可以反映电影的折旧。但在计入折旧后，哪些年份的电影放映率更高呢？

首先，与音乐使用数据一样，这些数据显示，新电影的播放次数往往多于老电影，但有一个重要的例外——收费电视频道很少播放当年的电影。电影首先要经过不同的发行窗口：影院、飞机、DVD、点播，然后（通常在首次影院发行后12个月）转移到HBO及其同类公司。因此，最常在高端电视频道上播放的是发行两年的电影，其次是发行三年的电影，以此类推。因此，一般来说，老电影的播出较少。

但考虑到电影年限之后，某些年份是否比其他年份的电影被播放得更多？如果是这样的话，那么就像我们在第2章中对音乐年份质量的推断一样，我们也可以得到有关电影质量随时间演变的线索。图3-6为此提供了答案，它以指数的形式显示了考虑了电影年限之后，各年发行的电影在收费电视上播出的频率。每个点对应一个年份，这个点的高度是该年份电影与1940年的电影相比的播出比例。这些点每年都在波动，所以我基本上用平均值来平衡不同年份的波动。例如，由此得出的平滑指数显示，在计入发行年限因素后，20世纪50年代初的电影比20世纪50年代末至20世纪80年代的电影播放得更多。1975—2005年，电影的年度质量明显急剧上升，然后趋于稳定。

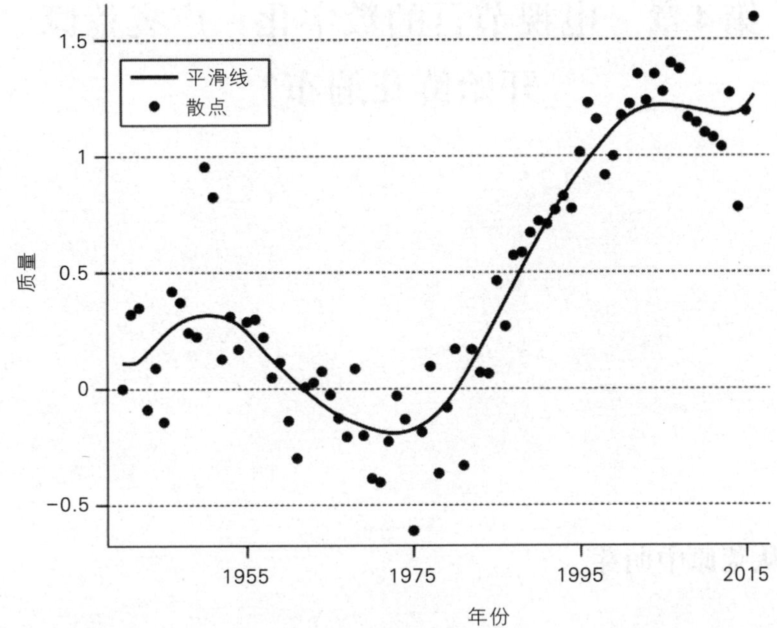

图3-6　1940—2015年基于电视节目表统计的各年电影质量

资料来源：Waldfogel（2016）.

最近这段时间，电影数量的大幅增长似乎给观众带来了很大的满足感。这种按年份判断电影质量变化的研究结果大体上证实了评论家的结论，即自1990年以来制作的电影质量似乎在提高。

第4章 电视节目的数字化：广袤荒原开始鲜花遍布？

4.1 从荒原中萌芽

20世纪50年代被公认为电视节目的黄金时代。[1]那时的电视节目要么很好看，如《阴阳魔界》（The Twilight Zone），要么很有趣，如《我爱露西》（I love Lucy）。随着《迪克·范·戴克音乐剧》（Dick Van Dyke Show）和《安迪·格里菲斯秀》（Andy Griffith Show）这两部剧的播出，高品质电视节目的时代延续至20世纪60年代初。但是，最早在1961年，电视节目质量的发展态势就已开始转向。美国联邦通信委员会主席Newton Minow曾在一次著名的演讲中邀请美国广播电视协会的会员看上一天电视："你会看到好多游戏表演或程式化的喜剧，这些喜剧的内容无非就是匪夷所思的家庭矛盾、凶杀、骚乱、暴力、虐待狂、谋杀、西部坏男人、西部好男人、私人侦探、黑帮……再有，就是动画片。"总而言之，Minow概括道："你将看到的是一片大荒原。"[2]

许多电视评论家认为，彼时的电视节目质量回到了"中世纪"，而且这种状况持续了大约20年之久。"中世纪"电视节目的一个重要"里程碑"当属《贝弗利山人》（The Beverly Hillbillies）。该剧讲述了一个贫穷的登山者因发现了油矿而飞黄腾达，并把他一夜暴富的家从奥扎克搬至贝弗利山庄豪宅的故事。[3]这部剧广受抨击，甚至有人评论说："如果说电视产业是美国的一片荒原，那么《贝弗利山人》就是死亡谷。"还有人嘲讽道："这部剧立意低下，并完美达成了预定目标。"[4]另一部"黑暗时代"的电视剧是1972年的《我与黑猩猩》(Me & the Chimp)。"它讲述了牙医一家的故事，牙医的家人包括他的妻子、两个孩子，以及一只作为太空计划败笔的名叫巴顿斯的黑猩猩。"[5]这部剧只播出了一季，并被很多人认为是"电视史上最烂的剧集之一"。[6]

到了20世纪70年代、80年代及90年代，电视节目的质量开始回升，出现了《全家福》(All in the Family)、《希尔街的布鲁斯》(Hill Street Blues)，以及美国全国广播公司（NBC）推出的周四必看剧集《欢乐一家亲》(Frasier)、《宋飞正传》(Seinfeld)、《老友记》(Friends）这样的电视剧。20世纪90年代后期，HBO开始进军节目制作领域，推出了《黑道家族》(The Sopranos)、《火线》(The Wire)、《朽木》(Deadwood）等电视剧，电视节目的质量更上一层楼。但是，需要怎样努力才能造就电视节目的"文艺复兴"呢？

正如我们所看到的那样，当产品的市场吸引力不可预测时（"无人知晓"），那么，成本的降低就会使制造商得以进行更多的尝试，来碰碰运气。其中的一些尝试肯定是不错的，所以，消费者可得的最佳产品的质量自然就会提高。电视似乎正是能够佐证上述机制的一种媒介，原因有三：第一，很难预测哪些节目会在观众中获得成功；第二，随着电影制作成本的下降，制作更短的视频即电视节目的成本也下降了；第三，播放新节目的渠道增多了。

建立有线电视系统的初衷是把那些在大城市可以播出的电视节目也带到偏远地区。随着家庭有线电视传输技术的发展，有线电视系统的信道容量不断增加，因此可以传输到家庭的各类电视节目的数量也随之增加。截至1990年，美国有5 700万户家庭订购了有线电视服务，全美共有79个有线电视网络。[7]每个电缆系统一般可以传输大约50个频道。

但对于某些人来说，就算是有50个频道也是不够的。歌手Bruce Springsteen在其1992年的歌曲《57个频道都没什么好看的》中，如实描述了当代美国人对电视节目的不满情绪。这首歌讲述了一对先看有线电视、又看卫星电视以消遣时间的夫妇的故事。他们整个晚上都在看电视，却发现57个电视频道中并没有什么值得看的。为了宣泄他们的不满，他们用一发马格努姆手枪弹把家里的电视机炸了个粉碎。

要是他们能再等上几年，等到即将到来的电视频道数量的大增就好了。到1998年，全美共有171个有线电视网络，这个数量几乎是10年前的3倍。到了2000年，大多数有线电视运营商都开始提供数字有线电视。数字有线电视可以容纳数百个频道，而且其中不少都是高清频道。再后来，高速互联网的发展促进了流媒体（如Netflix和Amazon这样的公司）分销的发展，而此类分销已不再需要传统的广播电视设施或有线网络的转播。在2002—2009年间，在家使用高速互联网的成年美国人的占比从9%上升到了62%。[8]频道容量的增加打破了分销渠道的瓶颈，从而使电视节目的数量得以增加。

看起来，数字化很可能已经开启了电视事业的一个全新的黄金时代。那么，我们就收集一些系统化的事实证据，来看看事实是否如此。

与音乐和电影一样，电视节目也有很多狂热的粉丝。因此，要想获得有关电视节目的信息，可供参考的信息来源还是相当多的。Alex McNeil的著作《电视大全》（Total Television）等书籍提供了自20世纪40年代以来各个电视网络秋季档的节目单。[9]网站Epguides收录了6 800个电视节目的数据信息，这些节目信息都是由“电视迷”广泛收集而来的。其来源包括“《广播时代》（Radio Times）、《电视指南》（TV Guide）、《电视杂志》（TV Magazine）、《电视时代》（TV Times）、《视相》，以及其他电视节目榜单、版权唱片，当然，还有剧集本身”。[10]再有，在互联网电影数据库中也能查到电视节目的信息。但该数据库聚焦于电视节目的制作信息，而非播出信息。比方说，互联网电影数据库的《我爱露西》页面所显示的内容是：该剧时长为半小时，制作时间为1951—1958年，属于喜剧与家庭剧类型，全剧共有181集。[11]而在此页面上，并不显示该剧的播出网络。

4.2 走过艰难岁月

直到20世纪80年代，美国电视节目的发行还呈现着三大商业网络——美国广播公司（ABC）、美国全国广播公司（NBC）及哥伦比亚广播公司（CBS）——三足鼎立的格局。运营一个网络代价不菲，因为它意味着不仅要在全国各地都建立播出设施，还要拥有一个用于节目创作和发行的中心或本部。1946年，杜蒙特公司建立了第4家网络公司，但1961年就倒闭了。鉴于运营网络的成本及整个行业的可得收入规模，美国只能支撑3家网络公司的运作。这种市场结构限制了消费者能观看到的电视节目的数量。例如，在1955—1956年，各大电视网络每周的节目时长加起来总共还不到80小时。哥伦比亚广播公司播出节目的时间最长，为27.75小时。美国广播公司和美国全国广播公司各播出了24.5小时。已没落的杜蒙特公司仅播出了2.5小时的节目。[12]

每家电视网络公司各播出了三四十个节目，并且它们每一季平均推出4个新节目。因为在电视领域也有“无人知晓”的定律，这些节目大部分都归于失败，很快就销声匿迹了。我们就以1962年首播的电视剧为例，来回顾那段岁月。这一年，美国全国广播公司推出了3部新剧。其中，《别叫我查理》（Don't Call Me Charlie）和《这是个男人的世界》（It's a Man's World）这两部剧只播出了一季，而《最后一刻》（The Eleventh Hour）持续了两季。美国广播公司推出了5部剧，其中只有《麦克黑尔的海军》（McHale's Navy）和《战斗》（Combat）这两部剧播出了一季以上。相对而言，哥伦比亚广播公司算得上是较大的赢家。它推出了4部新剧，其中有3部剧都播出了一季以上：《希区柯克长篇故事集》（Alfred Hitchcock Hour）维持了3季；《露西秀》（Lucy Show）维持了6季；《贝弗利山人》倒是播出了9季，但却引起了许多评论家的抨击。

1962年这批电视剧的惨淡表现并不算罕见。在1960—1969年期间播出的143部剧中（年均14部），近一半（43%）在一季内就停播了；有3/5只播出了2季甚至更短的时间；有3/4播出了不到4季。类似的颓势一直延续到20世纪70年代。在这10年中，三大电视网络公司以年均25部剧的节奏共推出了245部新剧。其中，超过2/3的电视剧在一年内就停播了，而只有13%的电视剧坚持播出了5年以上。

20世纪70年代获得了巨大成功的剧集包括：《全家福》（All in the Family）、《欢乐时光》（Happy Days）、《达拉斯》（Dallas）和《爱之船》（The Love Boat）。它们分别播出了8季、10季、13季和9季。

4.3 努力就有收获

20世纪80年代初期的状况就像此前的二三十年一样，仍是由传统的三大电视网络公司推出新节目。但在20世纪80年代，随着有线电视的发展，也出现了一些新进展。一些其他的电视网络也开始推出电视节目。1983年，HBO推出了《菲利普·马洛》（Philip Marlowe）、《私家侦探》（Private Eye），迪士尼频道（Disney Channel）推出了新版《天才小麻烦》（The New Leave It to Beaver）。1984年，娱乐时间（Showtime）推出了《兄弟》（Brothers）。1987年，女性综艺频道（Lifetime）推出了《茉莉·托德的生活》（The Days and Nights of Molly Dodd）。或许更为重要的是，福克斯在1987年成立了第4家全国性的电视网络，并开始播放黄金时段的节目，从而在杜蒙特当年失败的领域取得了成功。福克斯电视台推出的一系列新剧包括《拖家带口》(Married with Children)、《龙虎少年队》、《和女囚在一起》(Women in Prison)以及后来的《辛普森一家》(The Simpsons)。20世纪80年代各电视网络共推出了322部连续剧，是20世纪60年代的2倍。

提供新电视节目的电视网络的数量仍在持续增加。截至2014年，累计播出了至少25个节目的电视网络包括：1988年首次播出《神秘科学剧院3000》(Mystery Science Theater 3000)的喜剧中心频道(Comedy Central)、1990年开播的哥伦比亚华纳电视网(CW)、1991年开播的尼克国际儿童频道(Nickelodeon)、1993年开播的音乐电视网(MTV)、1995年开播的华纳兄弟(WB)和联合派拉蒙电视网(UPN)、1999年开播的特纳电视网(TNT)、2000年开播的FX有线电视网、2001年开播的成人动画频道(Adult Swim)，以及2005年开播的美国广播公司家庭频道(ABC Family)。虽然在1980年，只有3家电视网络引进电视节目，但到了2000年，发行电视节目的实体已达50家。而仅仅十几年后，推出新电视节目的实体更是达到了100多家。其中，Netflix、Amazon、Hulu等实体并不使用传统的有线网络或广播电视分销渠道。

Epguides网站的数据显示，每年新推出的电视剧目的数量呈现飙升势头。20世纪50年代和60年代，年均播出的新剧分别为18部和23部；20世纪70年代和80年代这一数字分别是38部和52部。而20世纪90年代总共播出的新剧目达1 000多部，每年播出102部。2000—2009年，每年播出的新剧更是多达181部。2010—2016年，新播出的剧目数量继续增加，每年多达237部，如图4-1所示。

在2000—2009年推出的1 806部新剧中，只有417部是由原来的三大广播电视公司(美国广播公司、哥伦比亚广播公司、美国全国广播公司)播出的，另有143部是由福克斯电视台发行的。可见，这10年间大部分的新剧目都是由20年前尚不存在的机构发行的。

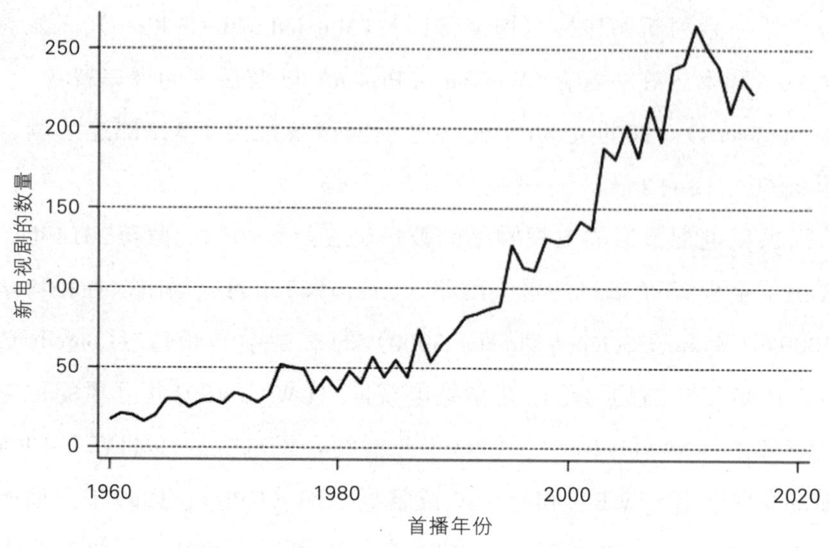

图4-1　1960—2016年美国新推出的电视剧

资料来源：Epguides.com.

Epguides网站数据所显示的电视节目数量看起来已经相当多了，但相比这些被播出的电视节目，同期被制作出来的电视节目的数量远远更多。图4-2显示了互联网电影数据库中美国本土制作的电视节目数量（一部连续剧被算作一个节目）。只有当至少有5位用户对某个节目进行评分时，互联网电影数据库才会发布一项评分。而互联网电影数据库中的许多节目都太过鲜为人知，不足以形成评分。所以，如同电影产业一样，制作出来的电视节目与播出的电视节目在数量上之所以差别较大，在很大程度上只是因为很多制作出来的节目并不重视商业推广。图4-2中靠下的线（实线）代表至少有5位用户评价的电视连续剧的数量。

尽管每年启动制作的连续剧数量（图4-2中的虚线）在2013年前后达到了峰值——3 000多部，但至少有5位用户评分的连续剧数量的峰值仅为1 000多部——在2012年前后达到。而根据Epguides网站的数据，此峰值仍远高于同期首播的剧目数量（约250部）。[13]

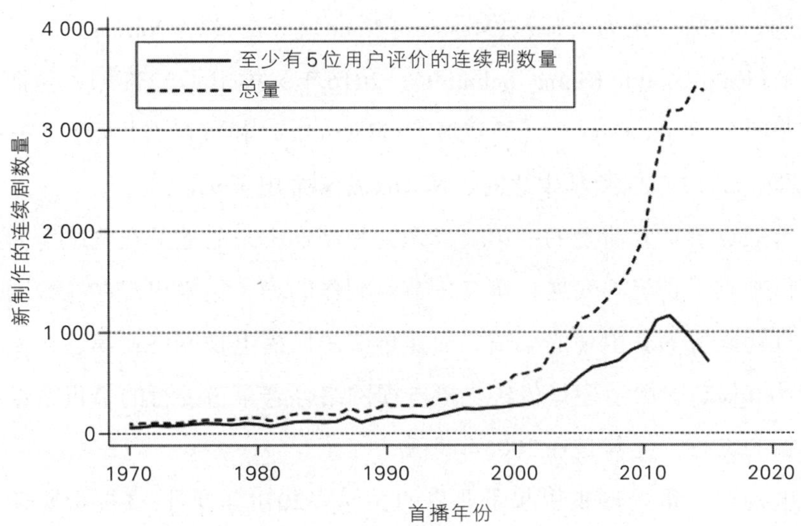

图4-2　1970—2016年互联网电影数据库中美国本土的电视连续剧数量

资料来源：基于互联网电影数据库的数据。

2011年3月，Netflix订购了26集美国翻拍的政治题材电视剧《纸牌屋》(House of Cards)，引起了轰动。一直以来，Netflix只是在线播放节目或为用户邮寄DVD，并不直接通过有线、卫星或广播渠道播放节目。该订购计划的宗旨在于：仅对Netflix付费用户提供有吸引力的内容，从而吸引更多人订购Netflix的服务。《纸牌屋》由Beau Willimon开发制作，由David Fincher担任导演。Fincher就是那位执导《十二宫》(Zodiac)、《搏击俱乐部》和《社交网络》(The Social Network) 的知名导演。制片方还聘请了一些著名演员来扮演主要角色，该剧前两季的制作成本就高达1亿美元。[14]

自2011年以来，Netflix就一头扎进了购买和创作新剧的行列。这个新贵在2013年推出了3部剧：《铁杉树丛》(Hemlock Grove)、《纸牌屋》和《女子监狱》；在2014年又推出了3部剧：《马男波杰克》(BoJack Horseman)、《马可波罗》(Marco Polo) 和《恋爱后遗症》(Scrotal Recall)。这个节奏对于Netflix来说，只是刚刚热身而已。2015年，它又推出了18

部新剧，包括《无为大师》（Master of None）、《毒枭》（Narcos）和《我本坚强》（Unbreakable Kimmy Schmidt）；2016年又推出了22部剧，包括《卢克·凯奇》（Luke Cage）、《马赛城》（Marseille）和《怪奇物语》（Stranger Things）。2017年仅到年中之时，Netflix就又推出了9部剧。

有三点事实是清楚的：第一，无论是制作出来的还是在网络上播出的新节目都有了长足的发展；第二，节目制作的增长集中出现在有线网络和在线订购服务等新出现的渠道，而非传统的广播电视网络；第三，无论是通过Netflix等新渠道还是传统广播电视网络等老渠道发行的节目数量都有了迅猛的增长，尤其是在2005年之后。

电视剧产量的增长引起了业界的关注。2014年9月，《视相》杂志封面报道的标题就是《正在失控：电视剧数量的无限增加或将压垮电视业》。该报道认为，“无论是乡村音乐电视（CMT），还是WGN美国，许多有线电视频道都在追求以同样的速度增加节目数量，以期诞生它们所希望出现的标志性剧集”。在很大程度上，“Netflix的强势进入”和“巨大的前期投入”激发了这一态势，其前期投入“……始于2012年的两季《纸牌屋》的订购，以及比肩HBO的巨额预算”。该报道的结论是，正是这些举措“加大了所有顶级电视网络的赌注”。[15]

4.4 非主流更幸运？

如果“无人知晓”的理论正确，那么，大量新节目的涌现应该会产生两个结果：首先，越来越多由那些不被看好的非主流机构制作的节目应该会成功上位；其次，与早期佳作相比，近期制作的电视节目中也应不乏一些高品质的作品。让我们看看这些结果是否已经实现。

就算是借助对我们很实用的经济学家对质量的定义——对观众有吸引力，对电视节目进行比较仍是相当困难的。尼尔森公司提供了许多关于电视节目的数据，但这里有一个问题——只有对于美国广播公司、哥伦比亚广播公司、美国全国广播公司、福克斯电视台、哥伦比亚华纳电视网、My Network和西班牙语门户网站Univision等主流广播电视频道播出的节目，尼尔森的数据才具有可比性。尼尔森近年才开始收集有线电视收视的数据，但截至2017年，这些数据尚未涵盖HBO和Showtime等付费频道，也不涵盖Netflix等纯网络节目的收视情况。如果由非主流机构制作的新节目更可能通过尼尔森数据所未能涵盖的渠道播出，那么，其现有的数据就会使我们难以洞察这些新节目对观众的吸引力。

根据用户的喜好，以往各个时期的热门剧目榜单也可以源自一些另外的信息渠道。互联网电影数据库允许用户依照电影产业使用的10分制对电视节目进行评分。有超过50万用户对2008年首播的《绝命毒师》进行了评分，其平均分为9.5分。接近2014年年底时，只有12 000多个用户对1951年首播的《我爱露西》进行了评分，其平均分为8.6分。[16]

虽然我们可以看到有多少用户对一个电视节目进行过评分，但我们无法知道他们是什么时候评分的。但考虑到互联网电影数据库是在互联网兴起之后才建立的，可以合理推定的是，相比那些老旧的电视节目，近年的节目更容易获得评分。如果用互联网电影数据库的用户评分来比较2008年的一部黑暗惊悚片与半个世纪前制作的一部轻喜剧的质量，就难免有些牵强。使用互联网电影数据库的评分数据来创立每个首发年份的前25部剧目榜单或许更加合理。因为，为了创立这份榜单，我们只需在同一年份的不同剧目之间进行比较。在《我爱露西》的评分者中，想必有很多人也同时是《天罗地网》（Dragnet）和《雷德·斯克尔顿秀》（Red Skelton Hour）的热心粉丝（这3部剧都是1951年播出的）。

如果我们根据互联网电影数据库上的评分信息，将每部剧开播那年的前25部剧目视为该年度最成功的剧目，那么，我们就可以利用这些数据来判定，随着数字化时代的来临，先前那些非主流的失败者是否正变得更加幸运。也就是说，我们可以看看，在这些剧目中，有多少是通过主流的传统发行渠道（在一个以上的广播电视网络）播出的。为此，除了美国广播公司、哥伦比亚广播公司、美国全国广播公司和福克斯电视台，我们还可以将华纳兄弟、联合派拉蒙电视网和哥伦比亚华纳电视网等新兴的广播电视网络也视为“传统频道”。

以下就是我们的发现。从1960年到20世纪80年代初，除了少数几个联合制作的节目外，几乎所有的节目都是在传统网络上首播的。此后，虽然在传统渠道中播出的节目在全部节目中的占比有所波动，但的确呈现了一个显著的趋势。截至2000年，来自传统渠道的热门节目所占比例已下降到了80%。2000年之后，在传统广播电视网络上播出的最佳节目的占比则下降得更厉害。在2010年以来首播的节目中，传统网络节目在最佳节目中的占比已低至20%～35%。想想2014年播出的10部互联网电影数据库用户评分最高的电视剧吧：HBO的《真探》（True Detective）、FX的《冰血暴》（Fargo）、Starz的《古战场传奇》（Outlander）、美国广播公司的《不死法医》（Forever）、Cinemax的《尼克病院》（The Knick）、福克斯电视台的《永远的红手带》（Red Band Society）、喜剧中心频道的《大城小妞》（Broad City）、福克斯电视台的《男人成长录》（Surviving Jack）、HBO的《硅谷》（Silicon Valley）和美国广播公司的《逍遥法外》（How to Get Away with Murder）。其中，只有4部电视剧是在传统网络播出的。

为了比较传统网络的节目与各类非主流渠道节目的质量，我们还有另一种方法，就是看获奖提名。为此，我将全部剧目按来源分为4类：播送类（传统的电视网络：美国广播公司、哥伦比亚广播公司、美国全国广播公司和福克斯电视台）；付费类（HBO和Showtime）；在线类（Netflix和Hulu）；其他类（主要是AMC和FX等最基本的有线电视网）。自1949年以来，美国国家电视艺术与科学学院及其姐妹机构电视学院（Television Academy）每年都共同颁发艾美奖。它们的提名和奖项信息都是完全公开的。[17]

1970年，基本上被提名的节目都来自广播电视网络。如图4-3所示，直到20世纪80年代末，这一比例都一直保持在90%左右。在此之后，传统网络的节目占比就一直在下降，到1995年已降至60%。自那以后，主流广播电视网络的节目获得提名的比例迅速下降，在2014年降至26%。从2010年到2014年，HBO（16%）、美国全国广播公司（12%）、美国广播公司（11%）、哥伦比亚广播公司（10%）、Showtime（8.3%）、AMC（8.3%）、福克斯电视台（7.5%）、FX（6.6%），以及美国公共广播电视公司PBS（5.5%）成为最大赢家。在此期间，Netflix的节目已获得了2.4%的提名，而它直到2013年才开始活跃起来。

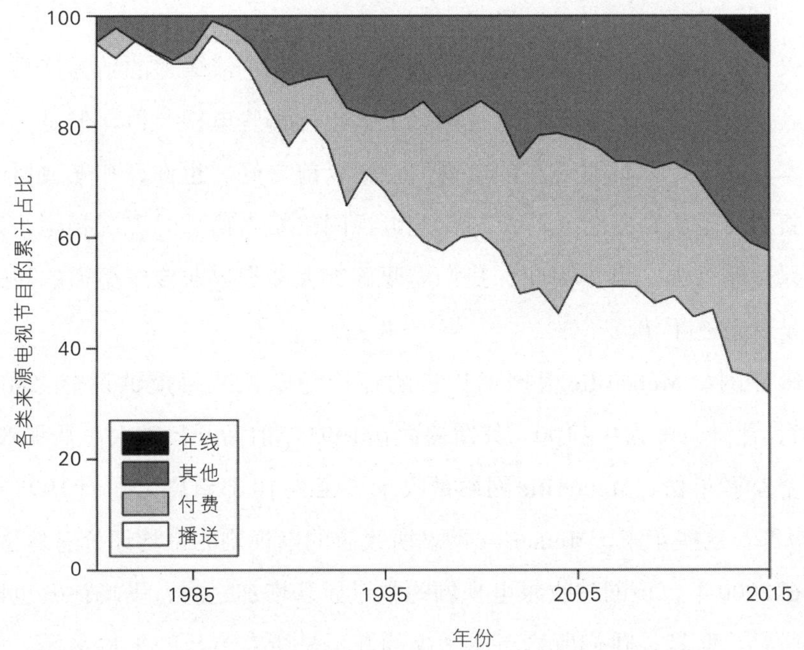

图4-3　1980—2015年各类来源的电视节目的艾美奖提名情况

资料来源：Television Academy（2017）.

不仅仅是被提名者，获奖者现在也大多来自传统的广播电视网络之外。2016年，美国广播公司、美国全国广播公司、哥伦比亚广播公司、福克斯电视台和美国公共广播电视公司等传统广播公司获得了28个——不到1/4的——奖项；Netflix和Amazon一共拿到了15个奖项；HBO拿到了22个奖项。[18]

坦率地讲，这样的格局令人震惊。原来，粉丝们心目中最好的电视节目绝大多数并不来源于传统的广播电视网络，即它们并不是由那些主流的广播电视网络制作或发行的。

4.5 当下还算美好？

仅从获得的奖项和受欢迎程度来看，来自非主流渠道的新秀产品显然后来者居上，正在超越传统电视网络上播出的那些电视节目，但是，这一事实本身并不足以证明现在的电视产业比以前更好。也许，和老节目比起来，新节目普遍很差；也许，与传统电视网络相当糟糕的现况相比，新秀节目只是略微强一点。因此，我们需要确定大多来自非传统渠道的新节目产品是否也还不错。

影评网站Metacritic根据评论者的评论为电视节目提供评分（Metascores），评分范围为0～100。其覆盖面在1995年前后开始扩大。从那以后，在各个首播年份，Metacritic网站都收录了至少10部新剧，只有1998年收录了9部。这些年来，Metacritic网站所收录的电视剧的平均评分总体稳定。即使在2000年，该网站收录电视剧的数量显著增加之后，平均评分也依然保持稳定。但是，我们所真正感兴趣的并不是所有节目的平均水平。如果电视剧制作人增加产品数量以碰碰运气，无法轻易预测出哪些节目会成功，那么，我们就预计各节目在质量上会差别很大。对于观众来说，最重要的是最佳产品的质量。当我们观察每个发行年份最佳的10档节目时会发现，随着时间的推移，最佳节目的质量有了明显的提升。在20世纪90年代后期，排名前十的节目的平均评分在65分以上。此后，该分数开始稳步上升，到了2013年，排名前十的节目的平均评分已达到85分。

为了理解85分意味着什么，我们可以对比一下2000年前仅有的11部Metacritic网站收录的评分超过85分的连续剧：1988年的《墨菲布朗》（Murphy Brown）、1989年的《辛普森一家》、1990年的《双峰》（Twin Peaks）、1991年的《布鲁克林大桥》（Brooklyn Bridge）、1992年的《拉里·桑德斯秀》（The Larry Sanders Show）、1993年的《情理法的春天》（Homicide：Life on the Street）、1995年的《超级谋杀》（Murder One）、1997年的《鲍勃大卫二人秀》（Mr.Show with Bob and David）、1998年的《大学生费丽丝蒂》（Felicity）、1999年的《黑道家族》及1999年的《怪胎与书呆》（Freaks and Geeks）。

我们还可以基于互联网电影数据库中的数据做出类似的推断。在互联网电影数据库中，每个至少有10位用户评分的节目都有一个评分，也有一些投票。多年来，该数据库收录的电视剧的平均评分一直在6.8～7.4分之间，整体平均分并未呈现显著的趋势。在1960年至1979年间，电视剧的平均评分从7.4分降至6.8分，然后在20世纪90年代初升至7.3分。2004年，电视剧的平均评分回落至6.8分，在2014年又回升至7.3分。

同样，我们所关注的并不是电视剧整体的平均水平，而是最佳作品的品质。所以，我们需要知晓，对于观众所钟爱的那些节目，互联网电影数据库大体会给予怎样的评分。在1960年至2014年间，具有用户评分的所有独立节目的平均评分为6.9分，中位数为7.1。因此，一部中档电视剧的评分大约就是7.1分，评分高于此分数的电视剧与低于此分数的电视剧的数量是一样的。如果一部电视剧的评分为7.8分，意味着它比排名前1/4的电视剧评分要低，但比其他3/4的电视剧评分要高。如果一部电视剧的评分为8.2分，那么它比其他90%的电视剧得分要高。可见，8分或更高的评分就算是相当不错的。比方说，《马尔柯姆的一家》（Malcolm in the Middle）、《神探阿蒙》（Monk）和《欢乐一家亲》就是互联网电影数据库中评分达到8分的剧目。

每年首播的（互联网电影数据库评分在8分以上的）优秀剧目的数量呈现怎样的趋势呢？从1960年到20世纪80年代初，优秀剧目的数量约为年均两三部。从20世纪80年代初到2000年期间，优秀剧目的数量基本持续上升（尽管也有些波动），达到每年12部左右。到了2005年，8分以上的电视剧已达35部，直至2014年，也一直保持在30部左右。[19]

基于互联网电影数据库对制作出来（不仅仅是播出）的美国电视节目的数据分析，我们可以从一个更加全面的视角观察到美国电视节目的质量随着时间推移的演变过程。如果“无人知晓”的论断成立，那么，我们的确应当在更大范围内追踪电视节目的质量。因为节目制片人往往是在不清楚自己在做什么的情况下，去尝试制作更多的节目，所以，我们应该会发现，好节目和差节目的数量都在增多。事实上，图4-4所反映的情况正是这样。该图中的每个圆圈都代表一部电视剧，较大的圆圈代表这部剧较受观众欢迎（在互联网电影数据库中有着较多的用户评价），而圆点则代表不那么受观众欢迎的电视剧。数据表明，受观众欢迎的节目往往都是那些用户评价很高的节目。但是，随着时间的推移，代表新播节目的圆圈所构成的云团的波及面越来越大。20世纪70年代的有效质量波段在6～8之间，而2010年的波段则介于0～9.5之间。观众决定胜者。尽管将互联网电影数据库近年的评分与半个世纪前及该数据库创立前很久制作的节目评分进行比较可能显得牵强，但这种愈发显著的节目质量分散化，以及高评分节目受到高度关注的格局，也基本上是在该数据库广泛使用后才出现的。

如果电视节目的质量确实提升了，那我们应该可以预期，人们花费在看电视上的时间会有所增加。尼尔森公司的调查显示，美国家庭成员1995年平均每天看电视7小时17分钟。与看电视形成竞争的需求包括对睡眠、饮食和工作的需求，如果将这些需求考虑在内，人们似乎的确不太可能花更多的时间看电视了。但在接下来的10年间，美国家庭成员看电视的时间却稳步增加，到2004年增至每天8小时11分钟，到2009年增至每天8小时21分钟。[20]

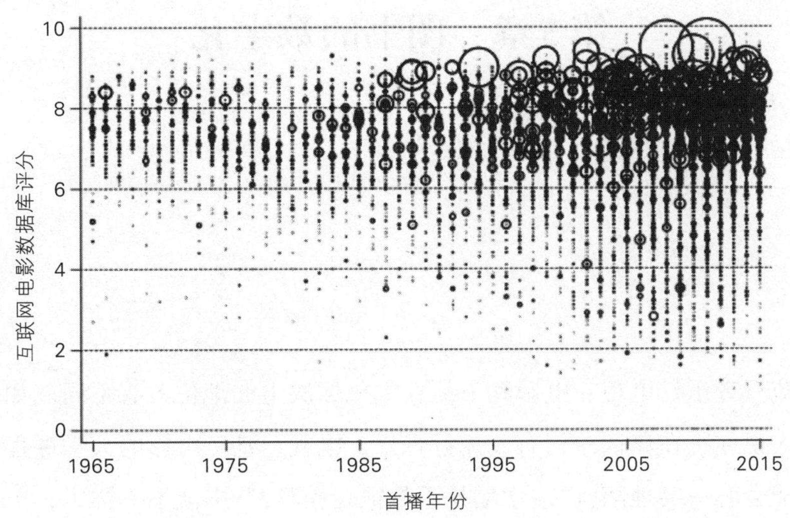

图4-4　1965—2015年互联网电影数据库对新电视节目的评分

注：圆圈的大小与节目的受欢迎程度成正比。

资料来源：Waldfogel（2017）.

如果你怀疑尼尔森公司的说法，而更青睐美国政府提供的数据，那我们可以看看美国劳工统计局的调查结果。自2003年以来，该局每年都进行一次美国人时间安排调查（American Time Use Survey，ATUS）。其中的一项时间安排活动，你猜对了，就是观看电视。ATUS是以个人为单位，而不是家庭，因此，其调查结果中的时长会短些。2003年，美国人每天用在看电视上的平均时长为2小时35分钟，此后一直稳步增加，在2013年达到2小时46分钟。在截至2013年的10年间，美国人看电视的平均时间增加了7%。观看电视节目的时间在加长，这可能反映出电视节目的吸引力在加大。

总体而言，随着时间的推移，分销渠道的拓宽和生产成本的降低显著增加了电视节目的数量；更重要的是，它增加了好节目的数量。节目的质量在不断提高，越来越多的成功节目不再源自传统的分销渠道。

第5章　图书的数字化

流行音乐、电视、电影和书籍在文化层次上的地位各有不同。如果你和别人说你正在修读一门有关流行音乐、电视，甚至电影的大学课程，别人可能会心一笑地问："这学期是不是很轻松呀?"书就不一样了，上一门文学课，就很少会有人嘲笑你。当然，书的范围很广，既有James Joyce等作家的发人深省的作品，也有那些需要包上牛皮纸衬皮的通俗爱情作品。作为一个产品类别，书籍不仅包括严肃的、有时是晦涩的艺术作品，也包括供人娱乐的大众市场书。严肃的作品一般只吸引少数人，其他人则敬而远之。当Marge Simpson建议Homer"读点什么"来缓解无聊时，Homer表示反对："我现在需要的是减少无聊。"[1]

的确，书籍的站位更高，这或许可以解释为什么诺贝尔奖颁给文学，而不是颁给音乐（Bob Dylan除外）、电影或电视节目。在一个文化领域，书籍更为严肃，受到各种与数字化相关的挑战的影响和威胁也更微妙或者更严重，这些威胁包括盗版，还有数字化对大型出版社培养和策划工作的破坏。美国出版界由五大出版社主导，每一家出版社都控制着大量的独立部门或出版商品牌。这五大出版社包括：哈切特（Hachette）图书集团公司，它旗下主要的出版社包括Grand Central和Little，Brown and Company；哈珀柯林斯（Harper Collins）出版集团，旗下出版社包括William Morrow和Avon；麦克米伦（Macmillan）出版集团，旗下出版社包括Farrar，Straus and Giroux和Henry Holt等；企鹅兰登（Penguin Random）书屋，旗下出版社包括Random House（兰登书屋）和Knopf；还有西蒙与舒斯特（Simon & Schuster）出版公司，旗下出版社包括Scribner和Free Press等。[2]

首先，正如我们对音乐、电影和电视的调查一样，我们想知道数字化是否在图书领域促成了新的成功产品的出现，而且这些产品在数字化时代之前是消费者无法获得的。其次，我们想知道在当前数字化背景下产生的“精品”放到历史环境中是否也被认为是优秀的。最后，我们还想知道数字化是否破坏了创新的基础设施——来自编辑、评论家和零售商的“成人监督”，并在某种程度上破坏了高质量作品的创作，或者破坏了严肃文学作品和非虚构作品的消费。

这些担忧导致我们提出以下具体问题：数字化是否带来了以往不会发生的商业上成功的作品？数字化是否使得以往不可能被出版的严肃作品得以出版？还有与此相关的第三个问题：假设自助出版——曾经被称为“虚荣出版”——释放出大量商业上成功的书籍，而这些书在专业人士眼中都是胡言乱语。这个结果本身不好吗？它是否会“挤出”那些更为高雅且受到评论家好评的作品的生产或消费？

5.1 洪水到来之前

和其他文化产品相比，书籍在很多方面都更加容易创作。除了天赋和好创意之外，写一本书——至少是初稿——只需要笔（或文字处理工具）和纸，再加上写作时间。创作时间的长短因作者而异。Stephen King每年写两部小说；J.R.R.Tolkien花了12年创作《指环王》（The Lord of the Rings）；Margaret Mitchell用了10年写出了《飘》（Gone with the Wind）。[3]其他文化产品往往需要更多设备或更多合作。例如，拍电影需要有演员、摄像机、灯光和剪辑设备——虽然现在这些设备比过去便宜。电视节目的制作也是如此。音乐制作不仅需要乐队成员，还需要录音和编辑设备。

如果你找到一群咖啡师、广告文案策划者和出租车司机，你会发现有很多人有写小说的渴望。许多想成为作家的人通过其他方式来施展写作抱负。作家白天兼职干活儿的并不少见。Kurt Vonnegut曾是通用电气的公关人员，后来还经营萨博汽车的一家经销店。Charles Dickens曾在一家工厂工作，在鞋油容器上贴标签。Franz Kafka曾是一名法务人员，后来也做过薪酬评估员。[4]医生出身的作家已经多到成为一种作家类别：William Carlos Williams、Arthur Conan Doyle、Michael Crichton和Walker Percy等。[5]简而言之，这世界上有很多潜在的作者和书籍。

多年来，甚至是几个世纪以来，许多手稿被束之高阁，因为出版一份手稿在传统上是一件艰难的苦差事。你可能会在大学里边开咖啡馆（如村上春树）边写一些短篇小说，然后发表在很少被阅读但具备影响力的文学杂志上，如《格兰塔》(Granta) 或《凯尼恩评论》(The Kenyon Review)。然后你还要再找一个文学经纪人，他会推广你的作品，给你的稿子或者书写一个企划书。那么，经纪人也许能说服一家大型出版社给你一份图书出版合同。[6]

某“成功指南”这样说：成为小说家“需要耐心和毅力”。有些小说家很快就被发现了，但那只是极少数。你开始写作，开始投稿给潜在的出版社，被拒稿，然后继续投稿，没人知道在真正发表之前你要投稿多少次。[7]“成功指南”中有一类文章叫作“当作家很难”，这类文章令人想起电影《现身说法》(Scared Straight!) 里监狱狱友通过“吓唬”的方式让少年犯们放弃再次犯罪的情景。[8]在这类文章中，有一篇是作家Jonathan Crossfield写的——《如何成为一名作家——残酷的现实》(How to Be a Writer—the Harsh Reality)。文章中写道：“我从大概12岁就开始向成为作家的目标努力了，经过了整整25年的艰难困苦才开始有所回报，而在那期间我什么行业都做过——又脏又累的工厂工人抑或是枯燥乏味的办公室人员。”[9]

与大型出版社签约是作者和编辑之间创造性合作的开始。“看门人”的传统职能之一是培养：通过鼓励、指导，甚至哄骗，让有才华但有时喜怒无常的艺术家创作出有前途的作品。我们常常可以在书籍的前言中看到作者献给编辑们的热情洋溢的颂词，感谢他们的鼓励及不知疲倦的重读和编辑。文学史上也不乏编辑帮助作者塑造重要作品的故事，如斯克里布纳出版社（Scribner）的 Maxwell Perkins，他发现了 F.Scott Fitzgerald 和 Ernest Hemingway。[10]

众所周知的是，Perkins 对 Thomas Wolfe 的前两部小说——《天使，望故乡》（1929）和《时间与河流》（Of Time and the River）（1935）——做了大量的编辑工作。但据文学评论家 Harold Bloom 讲，对 Wolfe 去世后出版的两部小说“做出更加全面的编辑工作的是哈珀兄弟出版社（Harper & Brothers）的 Edward Aswell”。尽管许多小说家的作品都有编辑的功劳，但是“Wolfe 在这方面可是出了名的奇特。很明显，两位编辑使 Wolfe 的初稿得以极大改进，尤其是 Aswell，他编辑的每一段几乎都比 Wolfe 写得好。”[11]

编辑无私奉献的故事并不都来自遥远的过去。Michael Pietsch 是 Little，Brown and Company 出版社的编辑兼副社长，他曾经接到一个任务，将 David Foster Wallace 的《无尽的玩笑》（Infinite Jest）编辑到让读者能理解。Pietsch 回忆说，Wallace “知道他的书将会非常非常长，他正在寻找一个他可能会听取其编辑意见的人”。[12]流程开始后，Wallace 送来了“一大堆纸”，Pietsch 开始检查有没有可能让读者感到“难以忍受的混乱、缓慢或不知所云”的部分。Pietsch 读每一部分时都拿一个残酷的问题来做标准：“没有这部分，这本书还能成立吗？”这本书到出版时共有 1 079 页，编辑工作的艰巨程度可想而知。

出版商的功能可能令外人难以理解。肯辛顿出版公司（Kensington

Publishing）首席执行官Steve Zacharius在《赫芬顿邮报》上写道，对于出版工作而言，最重要的方面是“编辑和作者之间的关系”。他说：“写作是非常孤独的工作。好的编辑会与作者紧密合作，帮助作者塑造故事，充当参谋，必要时给作者打气，如果作者做得太过火，就把他拉下来。在写作过程中，编辑充当倾听者和啦啦队长的角色。一旦书准备好出版了，出版商就会通过营销和宣传来提供支持，并且为这本书提供资金，为其做最好的封面设计。”[13]

简而言之，作者创作一本书是一个高风险的业务，而出版商是作者做这项高风险业务过程中的导师及投资者。

由于所需投资不菲，即使在今天也只有少数想成为作家的人能从大型出版商那里获得合同，这些出版商会培养作者，并花时间和金钱开发和编辑手稿。出版商还为印刷提供资金，利用它们的声誉来获取书评，并在封面设计和广告上花钱。然后，它们说服零售商销售它们的书，及时把书送到商店，以满足可能转瞬即逝的需求。

5.2　找些东西读

对大多数作家来说，出版是一个巨大的里程碑。但从很多方面讲，它也更像是一个开始，而非结束。一旦出版，书籍将面临更多达尔文进化论式的障碍，包括获取书评及说服书店和其他零售店进货。无论是在过去还是现在，这两个问题都是重大的瓶颈。

传统上，消费者通过专业评论家撰写的书评及在知名媒体上发表的书评来了解新书。例如，《纽约时报》每年评论约1 250本书，《华盛顿邮报》每年评论约1 000本书。但是和每年出版的图书数量相比，每年的书评数量及每年被评的图书数量都是非常少的。根据鲍克公司（Bowker，致力于向出版社、书商、图书馆等客户不断提供准确及时的高科技专业出版产品和服务，开展各项出版贸易和文化传播活动的美国出版信息服务商）提供的《已出版书目》（Books in Print），1995年美国出版了25 000种小说和165 000种非小说类书籍。同年，美国传统媒体（杂志和报纸）总共发表的书评大约为5万篇。书评的最主要来源是以书店和图书馆为目标读者的出版物，如《出版人周刊》（Publishers Weekly）、《图书馆杂志》（Library Journal）、《书目》（Booklist）和《科克斯书评》（Kirkus Reviews），这些出版物并不以一般读者为目标读者。由于很多作品都有多个评论渠道，所以书评数量超过了被评图书的数量。虽然很难确切地说每年有多少作品被评论，但很明显，只有一小部分已发表的作品可以从书评中得到评价和宣传。

在数字化时代之前，即使有书评机会，你的书也不太可能被买家轻易买到。一本书要进入书店在过去和现在都要面临激烈竞争。像巴诺（Barnes & Noble）这样的大型实体书店最多能卖20万种图书，听起来好像很多，但是这些书不只是新书，也包括以前出版的书，所以即使是在大型书店，新书数量也只占一小部分。[14]小型书店——如道尔顿书店（B. Dalton）和华尔登书店（Walden Books）（现在都已倒闭）——销售的图书品种要少得多。因此，在数字化和互联网兴起之前，对多数顾客来说，大多数新书实际上是不可获得的。

考虑到成本高昂，以及取得商业成功的难度和挑战，出版商们出版的图书数量是有限的，这一事实在今天依然成立。尽管经过了精心的挑选和培养，大多数书籍的发行还是以失败告终。在兰登书屋工作了半个世纪的著名编辑Robert Loomis指出："凡是我认为会畅销的书都卖不出去，而我觉得不会畅销的书却又是大卖又是获奖。这也是我如此热爱这个行业的原因。"[15]"无人知晓"的规则也适用于书籍。由于每本书的投资都很高昂，而大部分投资都以失败告终，所以标准合同只支付作者图书标价8%的报酬也就不足为奇了。

鉴于这些障碍，许多作家和书籍要获得广泛的知名度和赞赏，几乎是奇迹。但是只要看看20世纪出版成就的清单就知道，图书业确实已经创作出了同时具备商业价值和文化价值的作品。1998年，作为古典英语文学的出版商——现代文库（Modern Library）——策划了一场声势浩大的宣传活动。它组织编辑委员会进行投票，列出了20世纪最好的100种英语图书。与此同时，它也调查了读者的意见，“40万热心读者冲到网站上来为自己喜欢的书投票”。[16]评委会汇集了一批重量级学者，如Daniel J. Boorstin、A.S.Byatt、Christopher Cerf、Shelby Foote、Vartan Gregorian、Edmund Morris、John Richardson、Arthur Schlesinger Jr.、William Styron、Gore Vidal，他们一起给出了一个“高雅的”前100名图书排行榜，而读者们则评出了一个相对“通俗的”排行榜。

“高雅排行榜”和“通俗排行榜”之间有一些联系——有略少于1/3的作品同时出现在两个排行榜中，包括George Orwell的《1984》、Virginia Woolf的《到灯塔去》（To the Lighthouse）和F.Scott Fitzgerald的《了不起的盖茨比》（The Great Gatsby）。但在读者和精英之间也存在一些重大分歧。读者选出的前5名作品，一个也没有出现在评委会评选的排行榜中，包括Ayn Rand的《源头》（The Fountainhead）和《地球战栗》（Atlas Shrugged）、L.Ron Hubbard的《地球战场》（Battlefield Earth）、J.R.R.Tolkien的《指环王》，以及Harper Lee的《杀死一只知更鸟》（To Kill a Mockingbird）。

表5-1是评委会评选的最佳图书前20名，表5-2是读者评选的最佳图书前20名。评委会榜单的前5名包括James Joyce的两部作品，以及F.Scott Fitzgerald、Vladimir Nabokov和Aldous Huxley最著名的作品。评委会榜单的前20名中有近2/3的作品销量也很好，有14部作品同时出现在这两个榜单上。读者评选的前20名作品并没有得到评委会的高度评价，其中只有7部作品进入了评委会的榜单。

表5-1　　　　　　　　　评委会评选的排行榜

书名	作者	专家排名	读者排名
《尤利西斯》(Ulysses)	James Joyce	1	11
《了不起的盖茨比》	F.Scott Fitzgerald	2	13
《一个青年艺术家的肖像》(A Portrait of the Artist as a Young Man)	James Joyce	3	57
《洛丽塔》(Lolita)	Vladimir Nabokov	4	34
《勇敢的新世界》(Brave New World)	Aldous Huxley	5	18
《喧哗与骚动》(The Sound and the Fury)	William Faulkner	6	33
《第22条军规》(Catch-22)	Joseph Heller	7	12
《中午的黑暗》(Darkness at Noon)	Arthur Koestler	8	
《儿子和情人》(Sons and Lovers)	D.H.Lawrence	9	
《愤怒的葡萄》(The Grapes of Wrath)	John Steinbeck	10	22
《火山下》(Under the Volcano)	Malcolm Lowry	11	39
《众生之路》(The Way of All Flesh)	Samuel Butler	12	
《1984》	George Orwell	13	6
《我，克劳迪亚斯》(I，Claudius)	Robert Graves	14	74
《到灯塔去》	Virginia Woolf	15	48
《美国的悲剧》(An American Tragedy)	Theodore Dreiser	16	
《心是孤独的猎手》(The Heart Is a Lonely Hunter)	Carson McCullers	17	52
《第五屠宰场》(Slaughterhouse-Five)	Kurt Vonnegut	18	
《隐形人》(Invisible Man)	Ralph Ellison	19	69
《土生子》(Native Son)	Richard Wright	20	

资料来源：根据现代文库编委会1998年的调查制作。编委会成员：Daniel J.Boorstin、A.S. Byatt、Christopher Cerf、Shelby Foote、Vartan Gregorian、Edmund Morris、John Richardson、Arthur Schlesinger Jr.、William Styron和Gore Vidal。

表5-2　　读者评选的排行榜

书名	作者	专家排名	读者排名
《地球战栗》	Ayn Rand		1
《源头》	Ayn Rand		2
《地球战场》	L.Ron Hubbard		3
《指环王》	J.R.R.Tolkien		4
《杀死一只知更鸟》	Harper Lee		5
《1984》	George Orwell	13	6
《一个人》(Anthem)	Ayn Rand		7
《我们活着的人》(We the Living)	Ayn Rand		8
《地球使命》(Mission Earth)	L.Ron Hubbard		9
《恐惧》(Fear)	L.Ron Hubbard		10
《尤利西斯》	James Joyce	1	11
《第22条军规》	Joseph Heller	7	12
《了不起的盖茨比》	F.Scott Fitzgerald	2	13
《沙丘》	Frank Herbert		14
《严厉的月亮》(The Moon Is a Harsh Mistress)	Robert Heinlein		15
《异乡异客》(Stranger in a Strange Land)	Robert Heinlein		16
《像爱丽丝的小镇》(A Town Like Alice)	Nevil Shute		17
《勇敢的新世界》	Aldous Huxley	5	18
《麦田里的守望者》(The Catcher in the Rye)	J.D.Salinger	64	19
《动物农场》(Animal Farm)	George Orwell	31	20

资料来源：根据现代文库编委会1998年的调查制作。编委会成员：Daniel J.Boorstin、A.S. Byatt、Christopher Cerf、Shelby Foote、Vartan Gregorian、Edmund Morris、John Richardson、Arthur Schlesinger Jr.、William Styron和Gore Vidal。

这些书单令大多数以英语为母语的人想起他们喜欢的书，它们是多年来英语学校的指定阅读书目。尽管诸多障碍使图书成功可能性降低，但是出版业还是稳稳地完成了商业和艺术上大量重要的工作。此外，与其他文化产品一样，在图书领域，精英和大众的品味有所重叠，但并不完全相同。

5.3 图书数字化

与所有可通过数字传输作品的文化产业一样，数字化给图书产业带来了三种可能性：盗版威胁、将产品推向市场的成本降低，以及图书产业在没有细心的编辑和出版社的“成人监督”之下运营的可能性。

盗版确实是对图书的挑战。只要上网搜一下，就会发现很多书未经授权就可以在网上找到。例如，我只需30秒的时间就能找到并下载——或者叫“偷”——一本我在2009年出版的《小气鬼经济学》(Scroogenomics)。[17]我能偷就说明其他人也能偷，这对我不公平，因为我的小孩还需要我赚钱给他买礼物呢。图书盗版很难根除。稍微做点邪恶的小努力，偷书贼就会发现最大的偷书网站，如4shared、Uploaded.net、bookos和book4you。2017年的一项调查显示，盗版者平均每年从网络储物柜中拿走7.1本书，从盗版伙伴那里拿走3.1本书，通过拍卖或转售网站拿走2.7本书。2017年，尼尔森估计，电子书盗版每年造成的收入损失为3.15亿美元。[18]

尽管图书盗版的存在是毫无疑问的，但美国出版业的收入却一直相当稳定。2008年图书数字化时代开始时，美国出版业的销售额为265亿美元，到了2015年，尽管图书零售和图书格式发生了重大变化，但是其销售额仍保持在278亿美元。可是这背后的变化是巨大的。书店销售额从1992年的80亿美元上升到2007年的160亿美元，之后又下降到110亿美元左右。[19]成人小说近一半的实体销售被电子图书取代。[20]盗版对图书的影响与其对电影的影响更相似——盗版虽然存在，但没有造成收入的灾难性下降，这点和它对音乐的影响非常不同。

5.4 自助出版打开闸门

数字化对图书行业的真正影响不是盗版。相反，新技术催生了一种新的图书——电子图书，其生产和发行成本远远低于实体图书。更重要的是，电子书零售商已经使自助出版成为一种可行的发行方式。尽管长期以来，“自信”的出版社都允许人们打印几百份自己的手稿，但由于成本太高，又没太多人知道，所以这种方式一直只是小范围和边缘化的。[21]随着电子阅读设备及电子书销售平台的普及，纯电子书现在已经成为可行的产品。此外，自助出版允许作者在没有行业传统“看门人”批准的情况下进入市场。读者现在可以在“数字书架”上浏览无限数量的书籍。

虽然电子书已经以某种形式存在了10多年，但电子书真正开始增长是在2007年Amazon推出Kindle和2009年Apple推出iPad平板电脑之后。[22]到2012年，近1/5的美国家庭拥有电子书阅读器，1/4的家庭拥有平板电脑。[23]到2014年年初，这一比例已升至近1/3。[24]2016年11月，拥有电子书阅读器的美国人的比例降至1/5，但拥有平板电脑的比例略高于1/2，而拥有手机的比例超过3/4。[25]可以说，大多数美国人都拥有一个阅读电子书的设备。

但是如果没有电子书的配合，电子书阅读器就没多大用处。所以生产阅读设备的Apple和Amazon也创建了在线书店，在那里，消费者可以买书，大型出版商可以卖书，作家可以自助出版书。正如数字技术使音乐可以在没有大型唱片公司合作的情况下进入市场，新的数字技术也使作家能够在不借助传统出版商的情况下直接向公众提供作品。自助出版服务的主要供应商包括Smashwords、Author Solutions、Lulu，以及Amazon和Apple。Amazon的“Kindle直接出版服务”（Kindle Direct Publishing）允许作者通过Amazon销售自己的作品，作者收取的版税大约是售价的2/3，而不是传统的8%。Smashwords也提供类似的服务。[26]基本上任何人都可以成为作家，更重要的是，其作品可以被数百万潜在购书者直接获得。

随着图书商务向线上转移，零售业货架空间约束已经消失。Amazon估计销售了340万种图书。[27]图书上架——让许多潜在消费者都能买到自己的书——不再是一个约束。

5.5 自由的坏处

现在想制作一本电子图书，只要有一台带有文字处理功能的电脑就够了。[28]当然，“成功的书”需要有吸引力的选题和讲故事的技巧。虽然标准依然存在，但作品却不需要获得“看门人”的许可，就能广泛地被消费者获得。技术使人们越来越自由——没有什么能阻止咖啡师、广告文案策划者和出租车司机把他们伟大的美国小说（或非小说）带到Amazon和其他书店。然而这种自由也有弊端——图书可能在没有质量控制的情况下上市。作者不再必须与策划编辑、文字编辑，或任何编辑一起合作，所以，自助出版的书有可能是垃圾，事实也确实如此。

正如作家Ben Galley在《卫报》（Guardian）上所言：“一个残酷的事实就是，当什么东西都能出版时，人们就会这么做。”他指出，市场“充斥着独立作品”，其中很多都不达标，编辑糟糕、封面糟糕、内容平庸。尽管自助出版的出现带来了一个“令人兴奋的时期”，但它也是一个“混乱的时期”，自助出版就意味着“低质量”。[29]

显然，在没有Michael Pietsch或Maxwell Perkins这样的编辑的悉心照

料下就进入市场，这样的书总会失去一些东西。但是也并非所有作家，都能得到Pietsch或Perkins这样的编辑的关注，甚至大出版社的签约作家也不能保证。因此，对于“没有成人监督的作家只会胡言乱语”的担忧，有的作家持怀疑态度。

在数字革命之后，许多作家对于出版业中的一些“官话”——比如说编辑是“倾听者和啦啦队长”或图书的营销和宣传需要出版商在背后支持——持怀疑态度。已经有多部自助出版书籍的作者Lynn Cantwell说：“读到这些话的时候，我也笑了。”[30]对于传统出版商的观点，成功的自助出版作家H.M.Ward嘲笑说“出版业真是施肥过度”。对于“自助出版的作家永远不会有编辑与之合作开发图书”的担心，她给出的第一个回应是：“哈！”对于“可能放弃‘在他们（纽约编辑）的指导下成长为作家’的机会”的观点，她的回应是：“再说一次，他们连屁股和胳膊肘都分不清，如果你在派对上坐错了地方，会看起来很奇怪的。”[31]她说这些话的意思是，她怀疑自己是否需要一家出版社（虽然她的博客文章可能需要一位文字编辑）。

5.6 新书的爆炸式增长

每年出版的新书数量总是很多，比发行的电影数量要多。《美国在版书目》（Books in Print）的出版商Bowker每年也会给出一个新的图书出版列表。1990年，美国出版了18 474部小说和115 984部非小说类作品。2005年前后，小说类书籍的数量稳步上升至约6万部。到2013年，美国小说出版量达到10.7万部。非虚构作品的增长更加引人注目。从1990年到1999年，美国每年新增的非小说类图书从11.5万部增加到约19万部，这种增速一直持续到2006年，那一年非小说类图书的产量达到30.7万部。之后非小说类图书的出版量激增，在2010年达到近390万部。之所以会有这种高速增长，相当一部分原因是一些图书的版权过期了，进入了公共产品领域，从而导致再版，这一部分不应被视为新的创造性产出。不过，尽管这种销量激增的势头有所放缓，但是2016年非小说类图书的出版量还是高达240万部。[32]数字化带来了新书数量的爆炸性增长。

当然，自助出版才是图书界的新事物，作者们也利用这个机会将作品直接呈现给读者。从2006年到2015年，自助出版的电子书数量从零增长到每年15万部。作者们也通过印刷来自助出版，通过印刷方式进行自助出版的图书数量从2006年的6万部上升到2015年的57.4万部。[33]可能很多书会以电子版和印刷版两个版本出现，2015年两者的总数（包括印刷版和电子版）达到了72.7万部。[34]如此大量的新书，意味着作家们很难让自己脱颖而出。

5.7 发现书籍：大海捞针？

新书数量如同天文数字，于是就出现了一个很明显的问题：在此种环境之下，消费者能发现好书吗？这种担忧合情合理，不过过去几年也出现了一些新的图书信息来源，包括大众的信息，特别是在零售商网站上发布的评论和评级（如Amazon），以及在第三方网站上发布的评论和评级（如Goodreads、AllReaders和BookPage）。

在大众信息来源中，Goodreads是最大的网站。根据Alexa网站的说法，Goodreads网站在美国排名第167位，2012年它的用户量超过1 000万。[35]2017年12月，网站访问量达到1.22亿次。[36]“Goodreads上有关于70万种图书的1 000万条评论，是互联网上规模最大、内容最丰富的优质书评网站之一。”[37]Goodreads于2007年推出，自推出以来平均每年约有10万部作品获得评论，这个数字远远超过了同期传统媒体行业的书评数量。[38]

新信息环境还包括博客和小规模的在线书评机构，人们可以在自助出版在线指南中找到这些独立书评机构的列表。Deane（2014）认为，印刷广告很贵，但是书评“只需要你付邮费和书的成本。明白了吗?”此外，“对作家来说，Amazon上的正面书评就像金子一样宝贵。”[39]由于Amazon上的评论在决定书籍成功与否方面至关重要，所以评论过程很容易出现博弈甚至欺诈。2015年，Amazon对1 000多人——据称这些人在Amazon上“创建”正面书评——提起诉讼。[40]

总结一下：新书很多，消费者有很多方法来发现和购买新书。目前还不清楚这种情况是会引发一场数字文艺复兴，还是会带来一场沮丧的读者和未读书籍的混战。但这至少是值得尝试的。

5.8 自助出版图书的成功

那些被传统出版商忽视或抛弃，却由作者自行出版的“古怪作品”会成为畅销书吗? 此外，它们能成为重要的成功作品吗? 如果案例足以给出答案的话，那答案就是肯定的。自助出版并取得商业成功的有2个著名案例：Andy Weir的《火星救援》(The Martian）和Lisa Genova的《依然爱丽丝》(Still Alice)。他们的书不仅在大型出版社拿到了出版合同，还被改编成好莱坞电影。

20世纪90年代末，Andy Weir还在美国在线（America Online）做电脑程序员，他“在恰当的时机兑现了美国在线（AOL）的股票，并在文学世界里试水了几年”。Weir撰写了后来成为《火星救援》的连载故事，并将其发布在自己的个人网站上。这本书的卖点（也是本书封底上的宣传词）是：“在成为第一批登上火星的人之一之后，Mark Watney也确定自己会是第一个死在火星上的人。在一场沙尘暴中，他飞船上的伙伴不得已抛弃了他，但Mark还没有准备好放弃自己。凭借他的聪明才智、工程技能，以及坚持不懈、拒绝放弃，他坚定地面对着一个又一个看似不可战胜的困难，那他的聪明才智能帮助他克服这些不可能战胜的困难吗？”[41]

虽然很多人喜欢他的故事，他还是无法保证可以找到经纪人或出版商，所以他又回归了程序员的工作。但是他把故事做成电子书，在Amazon上以99美分的价格出售，很快就有了下载量，随之而来的还有经纪人和大型出版商——兰登书屋。Weir签了合同，“以6位数的价格将图书和电影版权”打包卖了。[42]这本书成为《纽约时报》畅销书排行榜的第一名，并在《今日美国》排行榜的前十名停留了20周。2015年上映的电影《火星救援》的全球票房达到5.97亿美元。[43]

靠电子书成功的案例不止一个。在哈佛大学获得神经科学博士学位后，第一次写小说的Lisa Genova被她祖母的阿尔茨海默病所打动，开始写小说《依然爱丽丝》。这本书讲述的是一位50岁的哈佛大学心理学教授，在“艰难应对阿尔茨海默病”时“变得越来越迷失方向和健忘”，于是意识到“她的价值远远不仅仅是她的记忆能力”。[44]

由于找不到经纪人或出版商，Genova通过iUniverse自助出版了她的书。[45]之后一条正面评论引起了经纪人的注意，于是Genova找到了大型出版商西蒙与舒斯特。[46]2014年，这本书的同名电影上映，它一下子进入《今日美国》畅销书排行榜的前十名。电影在全球获得了4 300万美元的票房，Julianne Moore因饰演爱丽丝一角获得了奥斯卡最佳女主角奖。[47]

名单还在继续。在自助出版的电子书销量超过200万册后，Amazon图书销量冠军《爱上你》（Falling into You）的作者Jasmine Wilder与企鹅兰登书屋[48]的一家子公司签订了一份“价值7位数”的合同。还有一些作家通过自助出版图书而取得了巨大成功，包括Amanda Hocking的《超能部族》（Switched）、Hugh Howey的《Silo》系列。如果对在《今日美国》畅销书排行榜上停留至少21周的自助出版的作家进行统计，我们可以找到27位，他们的姓名及其畅销作品如表5-3所示。

表5-3 《今日美国》畅销书排行榜上的自助出版图书作品

作者	最畅销图书	作者最畅销作品在《今日美国》畅销书排行榜上停留的周数	作者作品在《今日美国》畅销书排行榜上出现的次数
E.L.James	《五十度灰》（Fifty Shades of Grey）	179	604
Barbara Freethy	《一句话也不说》（Don't Say a Word）	17	120
Andy Weir	《火星救援》	85	85
H.M.Ward	《破坏》（Damaged）	13	69
Amanda Hocking	《超能部族》	15	60
Abbi Glines	《堕落太远》（Fallen Too Far）	11	57
Jamie McGuire	《美丽的灾难》（Beautiful Disaster）	33	52
Colleen Hoover	《无望》（Hopeless）	10	50
Colleen Prescott	《盲目追求》（Blind Pursuit）	16	48
Deborah Bladon	《毁灭》（Ruin）	6	43
Bella Andre	《让我成为那一个：苏利文一家》（Let Me Be the One：The Sullivans）	5	39
Lisa Genova	《依然爱丽丝》	32	36
Darcie Chan	《磨坊河的隐士》（The Mill River Recluse）	34	35
Lara Adrian	《复仇之王》（Lord of Vengeance）	4	33
Lisa Renee Jones	《又高又黑又致命》（Tall，Dark，and Deadly）	11	32
Jennifer Ashley	《硬配合》（Hard Mated）	4	29
Marie Force	《你所需要的只是爱》（All You Need Is Love）	3	29

续表

作者	最畅销图书	作者最畅销作品在《今日美国》畅销书排行榜上停留的周数	作者作品在《今日美国》畅销书排行榜上出现的次数
Jessica Sorensen	《艾拉和米夏的秘密》（The Secret of Ella and Micha）	13	28
J.C.Reed	《放弃你的爱》（Surrender Your Love）	13	26
J.S.Scott	《亿万富翁的执迷》（The Billionaire's Obsession）	24	25
M.Leighton	《煞到你》（Down to You）	11	24
Denise Grover Swank	《替代品》（The Substitute）	5	23
Kristen Ashley	《上升》（Soaring）	2	23
Chris Culver	《修道院》（The Abbey）	16	21
Melissa Foster	《天黑后的坏小子：米克》（Bad Boys after Dark：Mick）	1	21
Melody Anne	《诱惑》（Seduced）	3	21
Rachel Van Dyken	《赌注》（The Bet）	9	21

注："作者作品在《今日美国》畅销书排行榜上出现的次数"指的是作者的所有作品出现在《今日美国》畅销书排行榜上的次数，所以如果作者有一部作品在榜上持续停留了7周，而另一部作品在榜上持续停留了5周，那么这个数字将是12。如果两部作品同时在排行榜上持续停留6周，那这个数字也将是12。

资料来源：作者根据《今日美国》畅销书排行榜数据计算。

因此，自主出版的作品可以取得商业上的成功。问题是这种成功是否具备可被经验证实的规律。

5.9 幸运的失败者：证据

“事前失败者”——“看门人”所拒绝的“外行”产品——很容易在图书界被归类。它们是自助出版的作品，通常仅仅以电子书一种形式发布。因此，在图书领域，我们可以通过研究在所有的畅销书中，有多大比重的图书目前仍然处于自助出版图书状态，或者在其商业生命开端是以自助出版形式出现的，来判断“事前失败者”是否成为了“事后赢家”。自助出版的作品登上畅销书排行榜的频率有多高？[49]

判断哪些书是自助出版的，需要进行调查。有些书很容易分类。如果书上列明了“自助出版”的字样（如“通过Amazon自助出版”），就可以说它是自助出版的。还有一个明显的标志是出版者与作者同名。还有的书也很容易被判断是自助出版图书，因为它们的出版方是Bowker（2012）中列出的一些大型自助出版服务公司，包括Smashwords、Lulu Enterprises和Author Solutions的各个部门（Xlibris、Author house、iUniverse和Trafford）。上面这几类图书加起来约占自助出版的电子书的3/4。最后，由于通过自助出版获得成功的作者通常都不会羞于说出这一点，所以还是可以在网上找到自助出版作者的名单和故事的。[50]

但是，获取图书销售数据是很困难的。Nielsen收集并出售实体书的销售数据，但不包含（截至2016年为止）新兴电子书，而后者占据了许多自助出版图书销量的大部分。《纽约时报》畅销书排行榜虽然看起来很全面，但并非总是系统地涵盖自助出版的图书。《出版人周刊》的年度畅销书排行榜不包括定价在5美元以下的图书，这就把相当大部分自助出版图书都排除在外了。

许多知名出版社的畅销书排行榜都无法成为畅销书的信息来源。电影《黑衣人》中有个笑话更有意思——一个保护地球免遭外星人侵袭的机构说像《国家询问报》（National Enquirer）这样的超市八卦小报才是报道外星人出入的唯一可靠信息来源。《今日美国》就是个小报，你会带着它去旅行并把它扔到酒店里，它每周都会刊登小说和非小说类图书畅销榜，可靠程度可媲美《黑衣人》中提到的那种小报。《今日美国》的排名是基于实体和电子书销售两方面的数据，其中包括自助出版的图书，该排行榜可以在网上找到，且可追溯到1997年，每年的榜单包括7 800本书（52×150）。

在这些清单中，有多大比重的书一开始是以自助出版形式出现的呢？我最早与Imke Reimers一起调查了这个问题，图5-1是最新的答案。2011年之前，基本上没有畅销书是自助出版的，但到2011年年中，这一比例升至4%，之后出现波动，到年底时又升至6%以上。2012年，这一比例继续波动，在年中达到了10%的高点。2013年第一季度，这一比例一直在10%以上。2014—2016年，这一比例从10%下降到5%。自助出版作品在言情类图书中影响最大，在2011年和2012年的畅销书中所占份额分别达到20%和30%。2013年，这一比例平均约为50%；2014—2016年，这一比例逐渐下降至20%。

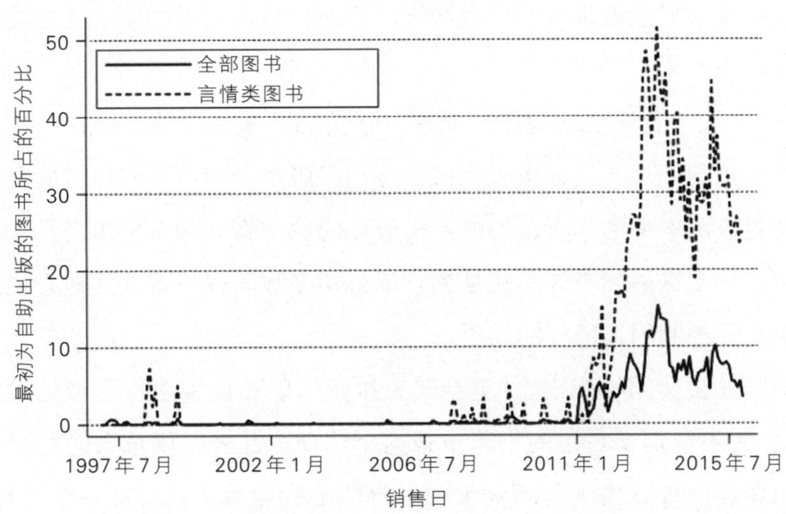

图5-1　《今日美国》畅销书中最初为自助出版的图书所占的百分比

资料来源：作者根据自助出版信息和《今日美国》畅销榜单整理得出。

很明显，以前不会进入消费者市场的自助出版作品，现在已经迅速成为总销量的重要组成部分。从图5-1中可以清楚地看出，自助出版书籍也会在很大程度上影响消费者看到的、购买的和喜欢的选择。

5.10 数字时代，我能得到一点“数字化的尊重”吗？

对于自助出版作品来说，获得艺术认可比商业成功要难得多。首先，传统书评家通常不会屈尊评论自助出版的图书。所以2012年，当《纽约时报》对Alan Sepinwall的自助出版图书《被电视转播的革命》（The Revolution Was Televised）进行评论时，立刻成为新闻。[51]Michiko Kakutani称其为“一部充满活力和深刻见解的文化史……的很棒的书”。尽管有这样的曝光，这本书也从未登上《今日美国》的畅销书排行榜。

美国国家图书奖（National Book Award）、普利策奖（Pulitzer Prize）、布克奖（Man Booker Prize）和美国笔会奖（PEN Awards）等文学奖项，或许是在文学界获得承认的终极法宝。然而，自助出版的图书甚至没有资格获得这类奖项。

例如，《布克奖资格规则》允许“在英国正式成立的出版社”提交参赛作品。规则还规定，该出版社每年必须出版至少两本不同作者的文学小说。而且这两本书的作者还不能是出版社的拥有者。如果出版商是一家股份公司，那么这两部小说不能是拥有该公司多数股权或者以其他方式对公司产生实际控制的人所写的小说。[52]

美国笔会奖同样指出，“笔会奖只接受出版社或文学作品经纪人的申请”。作者不能提交自己的书来申报这个奖项。此外，候选人的处女作必须“由美国出版社出版”。[53]对于一本自助出版作品，只有被一个“合法”出版社以“真正”的图书形式重新发行，并提交申请，才会被给予考虑。

普利策奖倒是接受自助出版的图书，但是参赛作品必须是纸质图书，而不能只是电子图书。[54]

以自助出版形式发行但是被认为值得评委员会注意的书有两部。第一部是Paul Kingsnorth的小说《守灵》（The Wake），它是“一部以一千年前的世界为背景的后启示录小说”，“是发生在1066年诺曼人入侵之后的故事”。这本小说本来似乎没什么希望，连作者自己也这样觉得，他说：“没人会愿意出版……我写的这本书，故事背景是一段无人知晓的历史，用的是无人能理解的语言，书里还有一个可怕的中心人物。绝对不可能有人愿意和它扯上关系，但我不在乎！”[55]由于无法吸引出版商的兴趣，他众筹出版了这本书——由众筹出版公司Unbound出版。《卫报》随后评论了这本书，称其为“文学上的胜利”。[56]尽管没有资格获奖，这本书还是被列入了布克奖的提名名单，而布克奖是最重要的文学奖项之一。[57]

Sergio de la Pava在纽约当律师时，写了一本678页的书，名为《裸奇点》（A Naked Singularity）。这本书讲述了Casi的故事，“她是哥伦比亚移民的孩子，住在布鲁克林，在曼哈顿担任公设辩护人——她从未输过一场官司，从来没有。在书中，我们看到当她的正义感以及她的自我意识开始崩溃时会发生什么，以及她的世界是如何慢慢退化的”。[58]

由于找不到出版商，de la Pava于2008年在Xlibris自助出版了这本书。这本书在许多网站上获得了好评，包括《对话季刊》（The Quarterly Conversation）。芝加哥大学出版社（University of Chicago Press）——一家一般只出版非虚构的学术著作的出版社——在2012年出版了这本书。[59]2013年《裸奇点》获得美国笔会奖的处女作奖，并得到了2.5万美元的奖金。这个奖是颁发给那些“处女作小说或者短故事集可以代表突出的文学成就并预示第二部小说有巨大前景的才华出众的小说家”的。[60]

这些奇闻轶事表明，自助出版的作品有可能获得艺术上的成功。但是，我们能找到系统的证据表明，自助出版的书籍正在突破文学合法性的门槛吗？要回答这个问题，我们需要知道两件事。首先，从长期看，哪些作品是重要的新作品？其次，在所有的重要作品中，有多少（如果有的话）作品最初是以自助出版的形式向公众发行的？

我们可以看看现代文库的评委会所列出的21世纪最优秀的100部小说，但这份榜单是在1998年编制的，因此没有对任何出现在数字时代的图书进行评估。《时代》杂志2005年发布的1923年以来出版的100部最佳小说排行榜也存在类似问题。

解决这个问题的办法之一是每年发布一系列“最佳图书”排行榜，如《华盛顿邮报》的“十大最佳图书”或《纽约时报》的排行榜。自2004年以来，《纽约时报》每年都会发布一份由《纽约时报书评》（the New York Times Book Review）编辑评选出的100部值得关注的图书名单，这些图书被称为“年度小说、诗歌和非小说类图书”（2004年以前，该榜单包含的图书数量每年都略有不同）。与《时代》杂志“年度人物”既包括好人也包括坏人不同，《纽约时报》的“值得关注的图书”都是根据成绩来评选的。在2004—2016年排行榜上的1 300本书中，没有一本是自助出版的，也没有一本最初是以自助出版图书的形式进入市场的。

因此，除了《守灵》和《裸奇点》那令人惊叹的经历之外，还没有系统证据表明自助出版从文学层面上给图书业带来了一场数字文艺复兴，这与它在商业产品层面的表现恰恰相反。

5.11 新书是重要的“产品”，但它们是否降低了文化的价值？

许多著名的传统出版商都把文学价值看得比商业价值更重要。兰登书屋的编辑Andre Schiffrin支持这种模式。兰登书屋旗下有一个“赚钱从来都不是重点”的出版社叫万神殿书局（Pantheon Books），在那里，Schiffrin出版了一系列具有文化、社会和政治意义的小说和书籍，这些书的作者大多是高雅的左翼作家。[61]他冒了险，但也赔了钱，1990年他被解雇，后来创办了非营利性的“新出版社”（The New Press）。他在2000年出版的回忆录中对出版业的商业化表达了哀叹：“如今，书籍只是大众传媒世界的附属品，提供轻松的娱乐，并向人们保证，在这个世界上，在这个存在所有可能的世界中，一切都是最好的。”[62]从20世纪90年代开始，人们就担心商业主义会将文学和其他专业书籍赶出市场，这种担忧在今天仍然存在。

人们不再阅读Tolstoy、Margaret Atwood，甚至Tom Clancy的作品，而是阅读幼稚的作品。文化批评家们对于此种困扰毫不讳言。

由于许多有思想的人不仅把图书当作大众消费品，还把它当作文化艺术品，所以了解数字时代对图书在文学和文化领域的地位有哪些影响，将是有所裨益的。

我们怎样才能评判，“野蛮”业余爱好者的进入是否正在让出版业和文学消费变得粗鄙？在理想情况下，我们应该按照文学价值排序列出一个每年的出版列表。我们可以把最畅销的书——也就是人们真正购买且阅读的书——和有文学价值的书进行比较，然后看在畅销书中找到了多少本有价值的书，再看这个数字如何随着时间的推移和“野蛮”业余者的进入而发生变化。

我们可以将《纽约时报》最受关注图书榜单与《今日美国》畅销书榜单进行比对来回答这些问题。在每年的100部值得关注的图书中，有多少出现在《今日美国》畅销书榜单上？2004年和2005年都有22部图书既受关注也很畅销。2006年，这一数字降至20，然后在2007年又升至30。如图5-2所示，这个数字随时间波动，但并没有系统性地下降。2013年，该数字曾达到31的峰值，此后一直在15~23之间波动。因此，自2004年以来，这些受关注的图书的受欢迎程度没有改变。我们所消费的新的高雅文学著作和以往一样多。

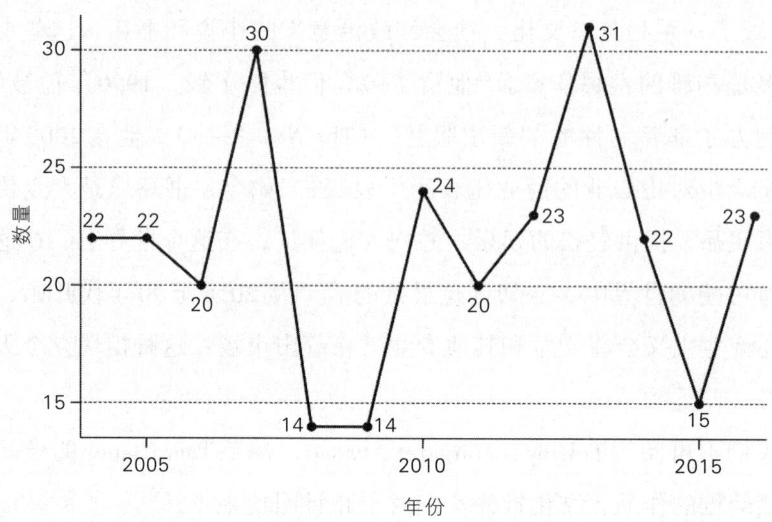

图5-2 《纽约时报》榜单中的图书也在《今日美国》畅销书榜单上的数量

资料来源：作者基于《今日美国》和《纽约时报》的榜单数据计算绘制。

表5-4展示了2013年广受好评的作品，当时有31部《纽约时报》列出的值得关注的图书也登上了《今日美国》的畅销书榜单。Donna Tartt的《金翅雀》(The Goldfinch) 荣登榜首，并连续85周荣登《今日美国》畅销书排行榜。Stephen King的《睡眠医生》(Doctor Sleep) 以27周的停留时间位居第二。

表5-4 2013年《纽约时报》"最值得关注图书"榜单中的畅销书

作者	书名	在《今日美国》畅销书排行榜上停留的周数
Donna Tartt	《金翅雀》	85
Stephen King	《睡眠医生》	27
Kate Atkinson	《生命不息》(Life after Life)	23
Elizabeth Gilbert	《万物签名》(The Signature of All Things)	15

续表

作者	书名	在《今日美国》畅销书排行榜上停留的周数
Amy Tan	《奇幻山谷》(The Valley of Amazement)	13
Ayana Mathis	《十二族》(The Twelve Tribes of Hattie)	11
Doris Kearns Goodwin	《白宫》(The Bully Pulpit)	10
Meg Wolitzer	《乐在其中》(The Interestings)	8
Sonia Sotomayor	《我至爱的世界》(My Beloved World)	8
Jhumpa Lahiri	《低地》(The Lowland)	8
Herman Koch	《命运晚餐》(The Dinner)	7
Eleanor Catton	《发光体》(The Luminaries)	7
George Saunders	《十二月十日：故事集》(Tenth of December: Stories)	7
Scott Anderson	《阿拉伯的劳伦斯》(Lawrence in Arabia)	7
Rick Atkinson	《黎明的炮声》(The Guns at Last Light)	6
Philipp Meyer	《德州长子》(The Son)	6
Dave Eggers	《圆圈》(The Circle)	5
Alice McDermott	《某人》(Someone)	4
Sheri Fink	《纪念医院的五天》(Five Days at Memorial)	3
Claire Messud	《楼上的女人》(The Woman Upstairs)	3
Jo Baker	《朗伯恩》(Longbourn)	2
Ari Shavit	《我的应许之地》(My Promised Land)	2
Joyce Carol Oates	《被诅咒者》(The Accursed)	1
Robert Kolker	《失踪的女孩们：一个未解的美国谜团》(Lost Girls: An Unsolved American Mystery)	1
Margaret Atwood	《疯癫亚当》(MaddAddam)	1
Thomas Pynchon, Amanda Lindhout, Sara	《嗜血边缘》(Bleeding Edge)	1

续表

作者	书名	在《今日美国》畅销书排行榜上停留的周数
Corbett	《苍穹庇护所》（A House in the Sky）	1
Jane Ridley	《法定继承人》（The Heir Apparent）	1
David Rakoff	《爱，耻辱，结婚，死亡，珍惜，灭亡》（Love, Dishonor, Marry, Die, Cherish, Perish）	1
Eric Schlosser	《命令与控制》（Command and Control）	1
Andrew Sean Greer	《格雷塔·威尔斯不可能的生活》（The Impossible Lives of Greta Wells）	1

资料来源：作者基于《今日美国》和《纽约时报》的榜单数据计算。

我们也可以评估相反的问题：畅销书有多重要？要回答这个问题，我们需要知道“值得关注的图书”在总销量中所占的比重，或者至少在畅销书列表中所占的比重。虽然《今日美国》的榜单只包含每周排名前150名的图书的名字，而不是销售数量，但是众所周知，销售数据倾向于遵循幂定律，即排名第二的图书的销量是第一名的1/2，排第三的图书的销量是第一名的1/3，以此类推。[63]根据这条经验法则，我们可以粗略估计出在每周销量前150名的图书中，《纽约时报》“值得关注图书”所占的销量比重，[64]也可以估计自助出版图书的销售份额。

估计结果如图5-3所示。“值得关注的图书”销量份额在5%左右。自助出版图书的销量占比从2006年的零上升到2013年的11%，在2016年又下滑到5%。在排名前150位的书中，绝大多数作品都既不是“值得关注的图书”，也不是自助出版图书。批评家们也许有理由抱怨，自助出版图书在大众生活中所占的比例越来越大，但这并没有挤占好东西的销量。相反，它所挤出的可能只是传统出版业的培育加投资模式所带来的常规产品。

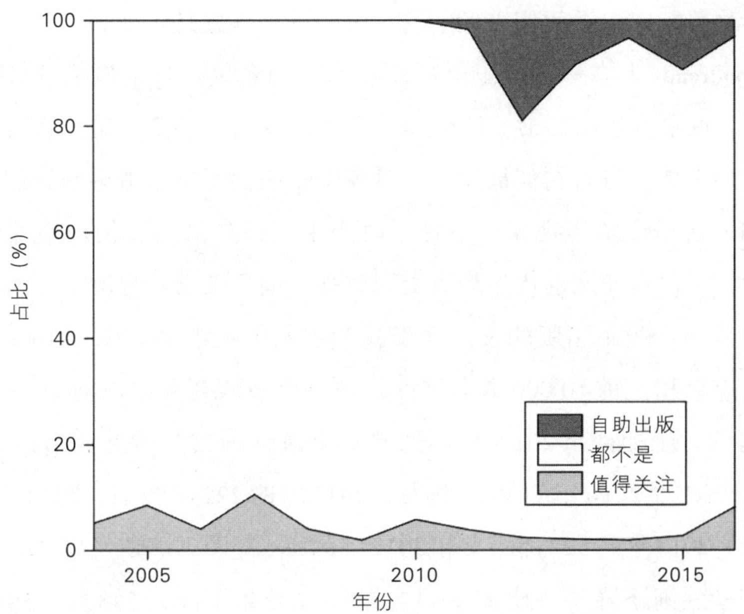

图 5-3 《今日美国》2006—2016年畅销书中自助出版图书及“值得关注图书”的销售份额

资料来源：作者根据《纽约时报》和《今日美国》的榜单计算得出。

5.12 近年出版的作品对评论家和消费者有吸引力吗？

在近年来取得商业成功的图书作品中，自助出版作品占了很大的比重。那么和其他文化产品类似，我们需要问的另一个问题是，从吸引读者的角度来看，和之前的书相比，近年来出版的书好吗？

幸运的是，读者评估是存在的。Goodreads是Amazon旗下的一个网站，上面有数百万条用户评论和评级数据，它在这方面所掌握的数据规模是最大的。用户在这个网站上提供评级（五星级，没有半星级可用）及文字评论。因此，Goodreads可以为每本书提供三个方面的信息：首先，它告诉我们给这本书打分的读者人数；其次，它告诉我们有多少读者给出了评论；最后，它告诉我们人们给这本书的平均评分是多少。

Goodreads上有一份“史上最佳图书”的名单，其中包括一长串由约17.5万名投票者选出的书。评估图书品质演变的一种方法是，看看这些评价极高的书单，看看它们最初出版时属于哪一类图书。考虑到我们之前观察到的“音乐贬值”现象（在任一时点上，旧作品的被使用率都更低），当代的作品很可能比近代作品更受到重视。而且在某种程度上，书单上的书都会偏向于当下出版的书。如果我们按照出版年份对Goodreads“史上最佳图书”榜上前10 000本书进行整理，会发现年份越久远，上榜图书数量越多。比如截至2017年6月，“史上最佳图书”榜上，包括2017年的16部图书、2016年的80部图书、2015年的222部图书、2014年的340部图书、2013年的524部图书和2012年的596部图书。但是再往前，图书的数量就逐渐下降了，比如2011年的图书开始下降到548种，然后逐年减少。

对这种模式的一种解释是，在2012年之前，书籍的质量一直在提高，但自那以后质量就一直在下降。但是这种解释有些牵强附会。更可信的解释是，有两种力量在起作用。第一，一本书在出版后需要一段时间才能被很多人阅读和评价，因此，在2017年的榜单上，2015年上榜的经典图书比2016年多。第二，对于2017年的读者来说，在2012年之前的时间范围内，老书不如新书引人注意。因此，“史上最佳图书榜”的总体格局所呈现的可能更多的是对图书知晓度的排行，而不是对图书质量的当前评价。

有没有一种方法可以从数据中提取出关于高质量图书发展状况的信息？这10 000部图书的平均星级分布是一条好看的钟形曲线——中位数和均值都是4.05星。在评分曲线的顶峰，第99分位数是4.69（意味着这些有史以来最好的书中只有1%的平均评分高于4.69）。第95分位数是4.42，第75分位数是4.21。而在底部，第25分位数是3.88，第5分位数是3.63。

使用这些数据的一种方法，是承认榜单上出现的总体数字反映的是质量和知名度的结合。然后我们可以通过问一个稍微不同的问题来获得对不同图书的评价。比如，在最初出版于1997年的图书当中，有多少本的平均评分高于所有图书的前25%或前5%？然后我们应该把注意力集中在那些有足够评分数量的书上，这样才能保证它们的平均星级不是侥幸获得的，我们应该只观察那些至少有1 000个评分的书。经过这样的处理，1990年以来出版的图书只剩下6 016种。

以这种方式使用这些数据就等于承认，在人们迄今所阅读的所有图书当中，年代越久远的书，人们能记住的越少。因此，我们预计名单上的旧书会更少。但在那些人们记得足够多、足以列入榜单的“葡萄酒”中，每一款佳酿的份额，相对于绝对数量来说，是更大还是更小呢？图5-4中的点显示了在最佳图书列表排名前5%的图书中，每个出版年份所占的比重，而线是平滑波动的平均值。该数据显示，在所有排名在前5%的图书中，各年份图书所占比重随时间而呈现波动状态，从1990年的近8%下降到2005年的4%左右，到2006年降到3%，2007年为2%。但在2007年之后——2007年也正是人们随着Kindle的出现开始进入数字时代的年份——这一份额稳步上升，在2008年为4%，在2011年为7%，在2014年为12%。图5-4显示，至少在Goodreads会员眼中，最近几年中，他们认为非常有吸引力的图书的份额在超比例地提高。

很难精确地确定“史上最佳图书”榜单中的哪些图书最初是自助出版的。但是我们可以准确地看到，哪些图书的作者和出版者是同一个人，这个数据表明，确实有少量的图书是自助出版的，但这些书都是在2007年之后出版的。用这种方法我们发现，得到点评数量最多的自助出版类图书包括Jamie McGuire的《美丽的灾难》(Beautiful Disaster)(该系列第一册)，Colleen Hoover的《猛烈抨击》(Slammed)(该系列第一册)，以及Abbi Glines的《堕落太远》(Fallen Too Far)(该系列第一册)。这一发现至少提供了强有力的证据，表明消费者，尤其是Goodreads的用户，更加喜欢数字时代作品，而不是更早期的作品。

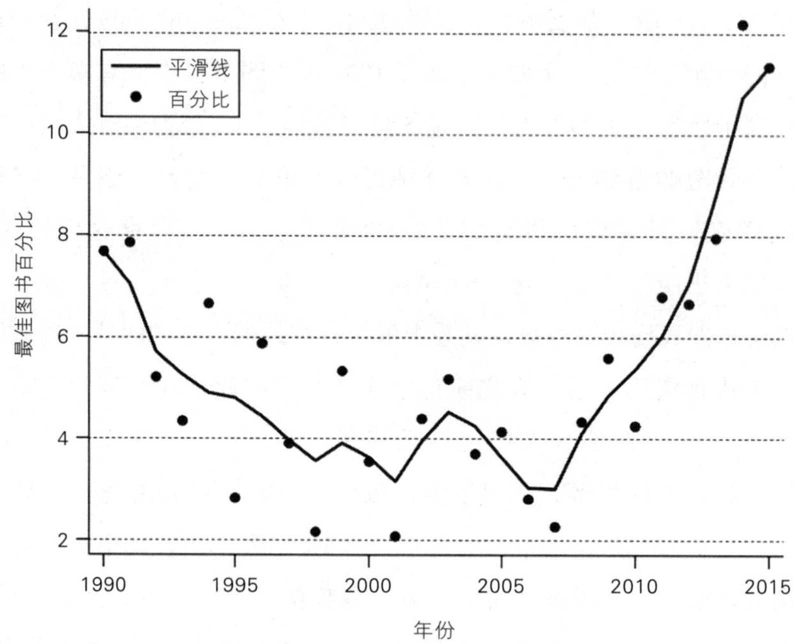

图5-4　1990—2005年Goodreads最佳图书排名中各年图书所占的份额

资料来源：作者根据Goodreads最佳图书排名计算。

数字化使图书行业发生了革命性变化，对消费者可以获得的书籍以及从中获得的乐趣方面产生了明显的正面影响。这些书不仅包括《火星救援》和《依然爱丽丝》，还有成千上万本其他的书。数字化对于文学的更严肃的影响，目前还很难看到。有关自助出版作品在文学方面获得的成功，出现了一些值得关注的案例（如《守灵》和《裸奇点》），但是到目前为止，还没有系统的证据表明数字化导致文学作品的质量有所提升。不过也没有任何证据表明我们的文化出现了普遍退化。

第6章　更多领域的数字化：摄影、旅行社及其他

对目前已经讨论过的创意产业——音乐、图书、电影和电视剧——来说，数字化带来的影响取决于两个因素：成本降低和这些产品的“无人知晓”特性。在摄影领域，数字化带来的影响主要是通过降低成本来实现的。诚然，许多摄影师在按下快门时并不知道哪张照片会拍得好，业余爱好者和新手也是在一个“无人知晓”的情境下工作。但是也有一些相关工作是不难预测照片效果如何的，如婚纱摄影，此时数字化的主要作用是降低成本。在创意领域之外的行业，数字化的影响也主要通过降低成本来发挥作用。较早面临数字化影响的旅行社行业就是一个很好的例子。

摄影与之前谈过的音乐、电影、图书和电视剧有许多相似之处。数字技术降低了成本，带来大量的新作品，专业人士对业余从业者嗤之以鼻，中介机构提供平台允许新进入者销售产品。

下面我们来看看到底发生了什么，首先看摄影行业，再看旅行社行业。

6.1　从胶片到数字图像的过渡

在20世纪的大部分时间里，要获取一个图像并在图书、报纸或杂志

上发表，需要几个明确的步骤。第一步，编辑或创意总监派摄影师去执行一项任务。第二步，摄影师——专业摄影师——出去拍摄一些精心构图的照片。第三步，摄影师把曝光的胶片交给冲印室，大约一个小时后，照片就准备好了，可以发表在实体出版物上。

没有内部冲印室的摄影师等待的时间会更长一些，一般至少要等几天。Fotomat是一家使用小型冲印室作为零售场所的照片冲印连锁店，它提供隔夜冲印服务，改变了摄影爱好者对摄影的体验。在1980年的鼎盛时期，Fotomat在美国各地经营着4 000个冲印室。[1]但是Minilab出现后，Fotomat就过时了。Minilab是20世纪70年代末出现的一种设备，可以在一个小时内完成照片冲印过程。[2]很快各个杂货点及其他零售场所都放上了Minilab。

随后，数字化彻底改变了图像的创作和传播过程。像许多重大的技术变革一样，它开始得很慢。1969年，贝尔实验室的George Smith和Willard Boyle发明了一种100×100像素的“电荷耦合器件”（CCD），这是一种固态图像传感器，可以将光转换成电信号。[3]1981年，索尼推出了Mavica，这是一款分辨率为72万像素的摄像机，可以将图像记录到软盘上。事实上，Mavica并不是一台数码相机，而是一台电视相机，它可以将照片保存到磁盘上。[4]虽然这些技术发展是惊人的，但与高质量的胶片相机相比，它们仍然很笨重，图像也很模糊。例如，100万像素的数字图像在视频显示器上显示已经算是优秀，但它的分辨率在胶片领域却只相当于4×6英寸的图像。[5]

1991年，柯达发布了第一款以记者为目标消费者的专业数码相机。这款售价1.3万美元的产品结合了130万像素的柯达CCD图像传感器和尼康F-3的相机机身。1999年，尼康发布了一款数码单反相机，拥有274万像素的图像传感器，使用传统尼康镜头。尼康D1的售价为6 000美元。[6]变化的步伐在加快，价格在下降，画面也在变好，但是在某些应用上仍不如胶片照片。

到2002年，数码相机作为高质量摄影的工具已经与胶片相机不相上下，甚至可能已经超过胶片相机。[7]2006年，尼康停止制作胶片相机。所有的新型数码相机都允许用户即时拍摄、即时传输和分享照片。[8]由于这些相机将图像存储在无须处理的可重复使用的磁性介质上，因此拍照成本大幅下降。一个几乎没什么摄影技术的用户也可以在无冲印成本的情况下拍摄数百张照片，即使大多数图片都很糟糕，但许多图片还是会吸引大多数观众，包括报纸和杂志的读者。

数码摄影的另一个里程碑是相机功能被纳入智能手机，这使得许多人可以随身携带一台功能越来越强大的相机。iPhone的发展很好地记录了这一点。iPhone于2007年推出，拥有200万像素的后置摄像头，但没有用于自拍的前置摄像头。其随后的型号改进了后置摄像头，并增加了用于自拍的低分辨率前置摄像头。到2015年，iPhone 6S配置了1 200万像素的后置摄像头和500万像素的前置摄像头，可以拍摄高分辨率照片和清晰的自拍照。[9]

另一个并行出现的重要发展是照片共享平台的出现，这允许人们毫不费力地将自己的照片分发给朋友和陌生人。Instagram是最突出的例子。2010年10月，Kevin Systrom和Mike Krieger推出了一款照片分享应用Instagram，该应用短短两个月就拥有了100万用户。还不到一周年的时候，他们就庆祝了第1.5亿张照片的上传，以及第1 000万个用户的注册。[10]2012年4月，Facebook斥资10亿美元收购了Instagram，当年7月底，该应用拥有8 000万用户。到了2017年年末，Instagram已经有6亿用户，每天分享9 500万张照片。[11]除了很容易进行照片分享之外，Instagram还允许照片被编辑，包括应用各种滤镜，其中一些滤镜“能让数码照片看起来像去年用玩具相机拍的快照”。[12]

6.2 技术与工艺

摄影——新闻摄影——有着“高贵”的历史。首先，摄影传统上是一门需要技术和技巧（如灯光照明和照片冲印）的工作，拍摄者要具备艺术眼光来安排构图。拍摄一张适合出版或有商业用途的照片，特别是肖像，是Instagram用户这样的业余摄影者不可能做到的。其次，从美国南北战争时期的摄影师Mathew Brady开始，摄影记者就需要勇敢地面对各种挑战，如拍摄生动的战场照片，向国内公众展示战争的真实情况。[13]想想那些标志性的照片，如Joe Rosenthal拍摄的海军陆战队在硫磺岛升起美国国旗的照片，[14]或Eddie Adams拍摄的《西贡行刑》（Saigon Execution），就可见一斑。[15]

专业的摄影师拥有业余爱好者所缺乏的精妙技巧。纽约视觉艺术学院的Katrin Eismann认为，训练有素的摄影记者“知道如何讲故事——他们知道他们不是来歪曲、解释或给出偏见的”。[16] Eismann认为“摄影师可以让一个集会看起来像只有10个人参加，也可以让它看起来像有1 000个人参加”。她“不相信一个业余爱好者能理解视觉交流是多么重要”。[17]

专业的摄影师，无论是摄影记者还是婚礼摄影师，都在哀叹摄影行业面临的“危机”。印刷机构正在削减开支，为摄影提供平台的高端媒体越来越少。杂志和报纸不再以“每天底薪250美元外加费用”的待遇给摄影师派任务。[18]相反，任何事件结束几分钟后，就有业余爱好者拍摄的照片被上传到网站上。“以拍摄新闻为生”的摄影师们称之为危机。[19]

以优良数码相机形式出现的技术变革，使几乎任何人都可以制作出可用于新闻及其他商业用途的摄影作品。专业婚礼摄影面临着手握高品质数码相机的新手的竞争。老手们嘲笑新手竞争者为“数码黛比”（digital debbies）。《纽约时报》的一篇关于摄影师困境的文章指出，通过拍摄大量数码照片，“概率定律也能让新手拍出一些像样的照片”。[20]我觉得这句话说得真是再好不过了。

Darryl Backal是纽约的一名摄影师，他曾经经营一家生意兴隆的婚纱摄影公司。他每场婚礼收取3 000~5 000美元的费用，每年给家里带来约90 000美元的收入。[21]但是现在一些新入行的摄影师要价2 000美元，这使Darryl的收入大大下降。

Keith Marlowe也是一名摄影师，他的作品曾出现在《疾驰》(Spin)和《滚石》杂志上。他忧伤地说：“过去只有真懂怎么用照相机的人才能做摄影师……如果你搞砸了一卷胶卷，你就没办法让你拍摄的音乐会再重开一次。”[22]但是有了新的数码相机，摄影师可以边拍摄边调整相机设置。而事态的这种发展所引发的危机就是“出现大量相当不错的照片”。[23]

6.3 洪水来了

进入照片销售行业的门槛已大幅下降。40岁的Sharon Pruitt开始在网上发布度假照片时还是一个6岁孩子的母亲，这些用99美元的柯达数码相机拍摄的照片被盖蒂图片社（Getty Images）选中了。盖蒂图片社会购买数以千计的已拍好的照片——或者说是“库存照片”——再卖给报纸、杂志和网站。截至2010年，Pruitt每月卖照片的收入“足以带全家出去吃饭，有时几乎足以支付房贷”。[24]截至2014年，她的照片被美国有线电视新闻网络、《纽约时报》、英国广播公司、赫斯特数字媒体公司和美国在线等众多网站使用。[25]

Pruitt并不是独一无二的。许多由数码相机爱好者制作的照片都被用于商业用途。盖蒂图片社的联合创始人兼首席执行官Jonathan Klein表示，1995年当盖蒂图片社刚刚成立时，库存图片（而不是委托出版的新图片）被视为“摄影行业的腋窝”。[26]

盖蒂图片社之所以发现了Pruitt，是因为其在2008年与照片分享网站Flickr达成了一项协议，“允许盖蒂图片社编辑人员筛选Flickr用户的照片，并与业余摄影师达成协议”。[27]2005年，盖蒂图片社得到了140万张预先拍好的商业照片的授权。2009年，该公司得到授权的照片量达到2 200万张。盖蒂首席执行官Klein说，所有的照片数量增长都来自业余摄影师。他认为，“现在获得许可的成像质量实际上与委托拍摄的图像没有什么区别”，而价格只是专业图像成本的一小部分。[28]

简而言之，“危机”在于很多人都能拍出像样的照片，而且有一大批业余摄影师“乐于提供他们的照片，只要给一点点报酬就行”。虽然这种“危机”对全职摄影师来说是个问题，但对照片用户来说却是件好事。

对于摄影记者来说，更严重的是，愿意为图片新闻支付传统价格的实体媒体纷纷倒闭了。许多报社和杂志社的规模也缩小了。报纸和杂志的印刷页数减少了。另外，正如Klein所说，“多亏了网络，现在有数十亿个网页可供摄影师展示作品”，尽管“价格更低”。[29]

我理解专业摄影师们的痛苦，因为我也在一定程度上促成了这一痛苦。我是一个喜爱篮球的爸爸，有一个很好的数码相机。因为许多篮球比赛都是在室内进行的，所以光线常常不足。对于一个想找借口买小玩意的人来说，这种情况需要一个昂贵的固定口径变焦镜头，我买的是佳能EF 70-200mm f/2.8L USM镜头。有了这个镜头和佳能70D机身，新手也可以像一个不错的摄影师那样干活儿。我为女儿的篮球队进行的拍摄贯穿了她的整个高中生涯。

我小女儿在大学打篮球，我住得很近，可以去看比赛。在第一场比赛中，我并不是唯一的摄影师。有另一名男子，他显然与任何一名球员都没有关系，也没有受雇于任何参赛球队，可他也在使用类似于我的设备拍照。当时我还想，这家伙是谁？他为什么对我投以白眼？几周后，我得知他是一名自由摄影师，通过拍摄大学篮球比赛的照片来谋生，他在自己的网站上出售照片。我对那家伙有些同情，我们就人性化一点，称他为“摄影师Phil”吧。我的照片还过得去，也许和Phil的一样好，但我有无与伦比的价格优势——免费。我想他不会再来参加大学运动会了。结果就是，没有人可以再通过出售比赛照片来赚钱。

对Phil来说，这显然是一种刺激，甚至是危机。但这对整个社会来说这是一场危机吗？当然不是。Phil在删除了一些模糊且构图糟糕的照片后，每场比赛还能有几百张照片。我也是。Phil对每张照片收费5美元。虽然我不确定，但我怀疑他的大部分照片都卖不出去。就算他的照片很好，也没有得到使用，而我的照片是免费分发的，所以，无论是我女儿、我女儿的队友，还是他们的父母都可以毫无障碍地使用我的照片。假设Phil平均每场比赛卖出6张照片，而我们两个每人都拍了200张照片。然后Phil的退出使得每场比赛“消费”的照片从206张（他们从Phil那里买来的6张和从我这里免费得到的200张）减少到200张。Phil每场比赛少赚了30美元，消费者则失去了他们愿意购买的6张照片，但还可以免费得到另外200张过得去的照片。

6.4 数据告诉了我们什么

轶事听起来都是有趣的，但是数据呢？摄影行业到底发生了什么？随着业余爱好者进入摄影行业，专业摄影师的数量发生了什么变化？根据美国劳工统计局的数据，从事摄影工作的人数从1999年的66 000人降至2012年的56 000人，在2016年降至48 600人。[30] 在美国，出售摄影服务的机构数量从2007年的19 600家下降到2011年的17 500家，再到2013年的17 167家。[31]专业摄影师正在减少。

那么这些图片呢，相对于那些创造它们的人呢？让我们暂时忽略Instagram，专注于商业图片。尽管专业摄影师和专业摄影机构的数量有所减少，但可供商业使用的图片数量却大幅增长。两个最大的库存图片来源是盖蒂（Getty）和科比斯（Corbis）。盖蒂图片社的照片是按它们最初拍摄的年份编入索引的。使用盖蒂网站的高级搜索功能，你可以查询1960年1月1日至1960年12月31日期间创作的所有创意图片和编辑图片，共有76 248张。通过对自1960年以来的每一年执行这个查询，我们看到了一个趋势——从1960年到2000年，每年大约有5万张图片，此后每个年份的新图片数量迅速增加，在2002年超过100万张，在2009年超过500万张。2012—2014年，盖蒂的库存每年增加700多万张新图片。简而言之，专业摄影师的数量在下降，但新摄影作品的数量却在急剧上升。

价格随供应的增加而下降。盖蒂图片社现在由两家公司运营：一家是提供专业摄影师拍摄图片的Getty Images，另一家是提供包括业余摄影师在内的各类摄影师拍摄图片的iStock。在盖蒂，“标准编辑权”包括15年的全球使用权和一张25 MB大的图片，其2017年的价格是575美元。[32]在iStock，“标准许可证”允许买家使用高分辨率图像“用于广告、营销、应用程序、网站、社交媒体、电视和电影、演示、报纸、杂志和书籍，以及产品包装的内容”，售价12美元。[33]

如果你认为今天业余爱好者对专业摄影师的所作所为是不公平的，那么想想150年前摄影对绘画的影响。1839年，Louis Daguerre在巴黎发明了一种简易照相机。当画家Paul Delaroche看到他的第一张银版照片时，他宣称：“从今天起，绘画就死了。”博学多才的Samuel F.B.Morse是一位颇有成就的画家，也是一位反移民的政治家，同时是电报和莫尔斯电码的发明者，他对Daguerre的发明也印象深刻。[34]他把这些版画称为“伦勃朗的杰作”，于是他放弃了绘画，在纽约建立了一家银版照相馆。技术变革对在职者来说是个挑战，摄影行业的数字化也不例外。

Instagram上每天出现近1亿张照片，其中肯定有一些不错的照片。2016年，企鹅出版社出版了一份由Stephen Bayley编辑的长达300页的Instagram照片摘要。正如Bayley所说，你可以“在Instagram上找到惊奇和恐惧，也可以找到美丽和辛酸、幽默和恐怖”。他的结论是：“照片共享网络实际上已经变成了摄影。”[35]

6.5 创意领域之外的数字化：旅行社

1975年，安排航空旅行的主要方法是打一个电话，和坐在与注册系统相连接的计算机终端前的代理通话。[36]打个电话可能要15分钟，因为代理要对可用的航班和票价进行查询和解释。这一制度是有成效的，旅行社的工作成果在20世纪70年代末航空公司放松管制后航空旅行数量的惊人增长中得到了明显体现。从1975年到2000年，美国航空客运量增加了2倍多，付费旅行规模从每年2亿人次增至6.4亿人次，同时旅行社的数量也从45 000家增加到了124 000家。[37]旅行社在经济中发挥着重要作用，成为消费者和航空公司之间的中介，帮助消费者在纷繁复杂，甚至令人眼花缭乱的航班中做出选择。

大约在2000年，一件不寻常的事情发生了：旅行社开始消失，至少是以旅行社身份存在的机构开始消失。在2001年的就业统计数字中，旅行社员工的数量减少了10%，到2002年又减少了6%。到2010年，2000年还存在的旅行社中有43%的工作人员已经从就业数据中消失了。[38]

消失的原因不难解释。20世纪90年代末，当互联网开始在企业和家庭中普及后不久，消费者就可以访问一些旅游网站了（包括Travelocity、Expedia、Priceline和Orbitz）。[39]航空公司也推出了出售机票的网站。消费者迅速转向这些网站，而不再给旅行社打长途电话，相当大一部分机票是通过航空公司的在线网站被预订的。[40]

在2000年前，旅行社在帮助旅行者发现市场方面扮演着不可或缺的角色，基于此，人们可能会认为，旅行社的消失会给机票市场带来一些振荡，但事实上这种振荡并没有发生。尽管“9・11”事件之后旅游人数有所下降，尽管旅行社消失了，但航空旅行次数继续飙升，在2007年达到

7.4亿人次。

旅行社在消失之前并非毫无抵抗。为了抗议互联网的入侵，它们在2000年说服国会成立了一个“确保航空行业消费者信息和选择的全国委员会”（National Commission to Ensure Consumer Information and Choice in the Airline Industry）。该委员会负责研究“旅行社的财务状况是否恶化”，并被告知要“特别注意年收入低于100万美元的旅行社的状况”。最后，委员会被要求“提出必要的建议来改善旅行社的状况”。[41]

在线预订系统会给实体旅行社带来经济困难，这一点也不令人惊讶。但这对社会来说是个问题吗？另外，这是需要政府纠正的问题吗？至少在今天，答案似乎很明显是否定的——在线网站降低了成本并促进了销售。正如Robert Atkinson在进步政策研究所（Progressive Policy Institute）的发言中所说，“航空公司应该被允许向Orbitz这样的网站提供最低票价，因为与Orbitz打交道不像与旅行社打交道那样成本高昂”。在线票价的意义在于可以鼓励消费者使用互联网订票，因为这是一个低成本的渠道。[42]

说到底，我们并不在意旅行社的衰落，因为旅行社只是达到目标的一种手段。它们之所以有用，是因为它们可以帮助消费者购买机票和制订旅行计划。如果人们找到了更好的方法来获得机票和进行预订，那“不再依赖旅行社”就不是问题了。事实上，在旅游网站出现之后，即使旅行社消失了，旅游活动仍然在继续增长。

6.6 改变

新技术的到来往往是痛苦的，数字化带来的改变并非是第一次。1811年，从英格兰的诺丁汉郡开始，纺织工人们就反对电力织布机的普及，因为电力织布机可以以更低的成本完成工人的工作，所以工人们“给雇主们发恐吓信，闯入工厂，破坏宽幅织布机等新机器”。[43]这群工人后来被命名为“路德派”（Luddites），以反对新型工作方式而获得了永恒的名声。

尽管“路德派”心存恐惧，但19世纪早期——第一次工业革命——的新发明最终还是提高了人们的收入和生活水平。尽管也有人抱怨，但是工业革命的成果最终对企业和消费者都有好处。几千年来，人们一直维持在勉强糊口的生活水平，工业革命使西方国家的收入水平、营养水平和预期寿命都得到提高，对于富人和穷人都是如此。[44]发生在20世纪初的所谓的第二次工业革命中出现的创新（电力、内燃机和随之而来的汽车和家电）改变了发达国家人们的生活，也为Edison（爱迪生）、Ford（福特）、Maytag（美泰克）等企业家带来了财富。

那么20世纪末的重要技术创新——如计算机和互联网——怎么样呢？Robert Gordon在《经济增长的兴衰》（Rise and Fall of Economic Growth）一书中有一段著名的论述：与之前大技术变革相比，数字化技术就是一个泡沫。[45]在他看来，数字化技术没有带来多少有形的好处，当然也不可能和汽车、洗衣机所带来的革命性影响相提并论。他认为20世纪下半叶和可预见的未来是经济增长缓慢的时期。

表面上看，Gordon的观点在文化产业层面上有所体现。数字化带来的一些最显著的影响，如音乐盗版的发展和最近的音乐流媒体，使产业收入下降。而收入下降意味着，按照通常的国内生产总值（或者叫GDP，指一个经济体生产的所有商品和服务的收入）标准衡量，经济增长将会放缓。但是在衡量消费者福利方面，GDP有可能是一个误导性指标。

并不是所有提高人类生活水平的创新都体现在收入和利润上。有些创新带来的福利直接为消费者所享受。许多由技术带来的产品改进具有减少行业收入的矛盾效果。为什么呢？假设人们过去花1美元下载1首歌，后来发生了一些变化，人们只需要支付过去支付的1/4就可以听这首歌，如果购买这首歌的人数没有变化，收入就会将下降75%。即使购买歌曲的人数翻了一番，收入仍将下降50%。[46]但是，我们所说的整个社会的福利却可以大幅度增长。我们想要强调的是，收入减少和随之而来的GDP增长率的下降，本身并不能证明社会变糟了。

旅行社、摄影师和“路德派”有一个共同点——他们都受到数字化的威胁。的确，被新技术取代的工人——如2000年的旅行社的工作人员——面临着严峻的挑战。适应这些变化可能需要在培训和教育方面进行大量投资。[47]但是，其他人经历的却是更容易进行航空旅行，以及在音乐、电影、电视、图书和摄影方面高质量作品数量的爆炸性增长。

第7章 数字文艺复兴的价值:“长尾”理论及其他

7.1 什么是数字文艺复兴?

在这本书的一开始,我们就定义了“数字文艺复兴”,即大量有价值的新创意作品的出现,这些作品吸引了消费者,而它们在没有数字化的情况下是不会被创造出来并提供给消费者的。那么我们都看到了哪些新作品呢?

在音乐领域,每年发行的新歌数量已经增加了2倍,而最畅销的歌曲越来越多地来自独立唱片公司的艺术家。这些艺术家或唱片公司难以通过传统的方式即传统广播被消费者熟知。此外,尽管唱片业收入大幅下滑,但以历史标准衡量,数字化后还是出现了一些佳作。我们正在经历一场音乐的数字文艺复兴。

据统计,每年被制作出来的电影数量增加了10倍,每年市面上可以观赏到的新发行的电影数量大约增加了5倍。评论家最爱的电影当中,独立制作的电影占比不断上升。广受好评的独立电影的数量——如烂番茄评分在90分以上的电影——也从每年10部增加到了每年100部。我们正在经历一场电影的数字文艺复兴。

在电视节目方面，随着发行渠道的成倍增长，电视作品和观众可获得的内容都有了巨大的增长。这些来自 Netflix、Amazon 等非传统观看渠道的电视节目不仅受到观众的喜爱，还在奖项中占据了主导地位。此外，最近制作的好节目的数量与早期相比更多。我们目前所经历的人们所谓的“电视节目黄金时代”正是电视节目的数字文艺复兴。

数字化使许多新书可供消费者阅读，其中许多是由那些曾被传统出版商限制的作家撰写和自助出版的。这些外围作品深受读者喜爱，在畅销书中约占 1/10，在言情类畅销书中占比甚至近 1/2。许多自助出版的作品后来也被传统出版商出版。读者发现，与早年的作品相比，近些年的作品甚至更好。至少在商业上，我们正在经历图书的数字文艺复兴。

摄影已经无处不在。数码照片的制作成本很低，大多数人的智能手机上都带配置了不错的相机，而且许多新图像正在找到有价值的用处。

显然，我们正在经历一场数字文艺复兴。

7.2 复兴的规模有多大?

数字化将许多有吸引力的作品从潜在创造者的想象中和书桌抽屉中解放出来。此外，与早期的优质作品相比，最近的数字化文化产品的质量也很好。所以，数字化是一笔大买卖。但如果以美元计算，它的规模到底有多大呢？很大？相当大？还是超级巨大?

数字化给消费者带来两种广泛存在的好处：一是现有产品的可用性；二是新产品的创新性。让我们从传统方法说起，研究人员传统上认为，提供广泛的产品选择是互联网带给消费者最主要的利益。无论身在何处，只要能上网，你就可以在 Spotify 的 3 000 多万首歌曲、JustWatch 的 4 万多部电影和 Amazon 的 300 多万种图书中进行选择。对世界上任何地方的人来说，这样的选择都是非常多的。即使在纽约这样选择丰富的地方，在以拥有“18英里图书”而著称的Strand书店里，可供选择的实体产品数量与在线产品数量相比也相形见绌。[1]对于没有太多线下选择的地方，如偏远地区的中小城镇，线上的大量选择给人们带来的好处巨大。

一个简单的框架有助于说明互联网对于消费者的可获得性优势——互联网提供了几乎所有现存产品的访问权限，而不仅仅是本地商店中相对较少的产品。为了简单起见，假设一家正常规模的实体书店有10万种图书（大多是最流行、最畅销的图书），而在线零售商店可容纳100万种图书。因此，数字化的好处是使消费者可以访问其他90万种图书，这有时也称为“长尾”产品。Chris Anderson在他2006年出版的《长尾理论》（The Long Tail）一书中提出了这一观点，并使其通俗化。这个想法不仅仅是关于图书的，更是关于更广泛地获取产品多样性的好处。

图7-1展示了消费者通过访问在线零售商的无限制货架空间，可获得的额外好处。横轴显示了从销量第一到倒数第一（第100万）的图书；纵轴显示累计销量（以百分比表示）。在横轴上的任一销售排名上，曲线的高度显示了该排名之上的所有图书销量占总图书销量的比例。该图描述了一个假设的例子，其中排名前10万的图书占总销量的77%。数字化使消费者可以接触到无限制货架空间的零售商品，通过长尾产品可以实现更大范围的消费，而这种长尾产品占目前消费量的23%。

阅读额外的图书，或者所谓的“长尾”产品具有重要意义。Erik Brynjolfsson、Jeffrey Hu和Michael Smith早在2003年就试着回答了“买卖有多大”这个问题。[2]在2000年，通过观察在图书市场Amazon对消费者的影响情况，他们提出了两个问题：首先，消费者可以通过Amazon网站购买多少在当地商店买不到的图书？其次，消费者的剩余价值是多少？所谓“价值”指的是消费者获得产品的额外利益。例如，如果我推出一款定价为25美元的新产品，这个新产品的消费者剩余价值就是人们承认的该产品价值（也就是说，他们愿意支付的最高价格）减去它的价格，至少对于

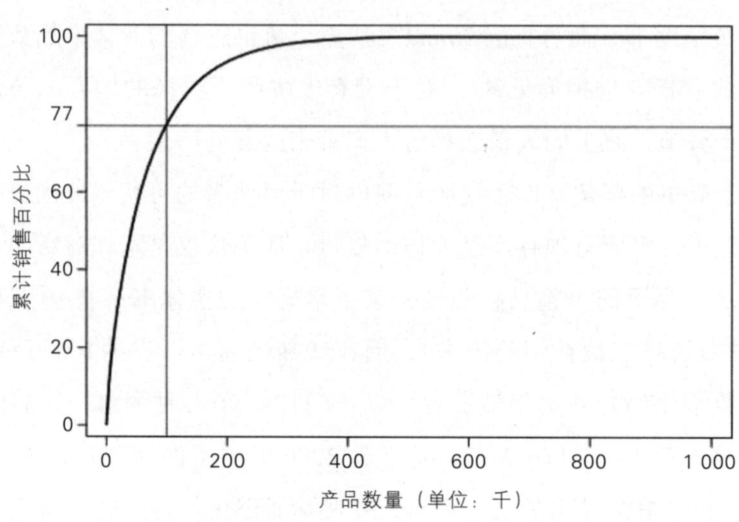

图7-1　传统的长尾效应

资料来源：作者基于说明性假设数据计算。

那些购买它的人来说是这样。对于那些不愿意支付25美元的人来说，该产品的可获得性并没有带来任何价值。

即使在2000年，Amazon也能够向消费者提供100万种图书的选择，而研究人员估计当时在本地市场只有5万种图书。假设当地的书店里有5万种最畅销的书，最大的问题是，对于消费者来说，获得剩下的95万种书有什么价值？Bryn-Jolson Hu和Smith发现，对美国消费者来说，长尾图书的可获得性每年大约价值10亿美元。无限货架空间带来的额外多样性就可以价值10亿美元，远远超过了较低的在线价格带来的利益。

对于地理位置偏僻的消费者来说，当线下选择不能满足需求时，在线产品多样性就能带来更大的好处。在20世纪90年代和21世纪初撰写的一系列论文中，我记录了少数产品偏好不同的人——如少数族裔——更有可能发现市场上的产品对他们的吸引力较弱。例如，黑人和白人对电台频道的偏好截然不同。能够吸引大约2/3黑人听众的电台频道，只能吸引百分之几的白人听众。但只有当你周围有足够多共同偏好的人时，你才能获得符合你口味的电台频道。我曾在2007年出版的《市场的暴政》（The Tyranny of the Market）一书中探讨了这一现象，书中指出，在黑人人口较少的美国大都市地区，很少或根本没有以黑人为目标市场的广播电台和当地报纸，当地报纸往往对黑人读者没有吸引力。但互联网可以是部分“解药”。虽然少数族裔上网的可能性较低，导致了所谓的“数字鸿沟”问题，但对于在当地市场中所占份额特别小的群体来说，这种差距要小一些。[3]因此，尽管黑人上网的可能性低于白人，但在黑人人口较少的大都市地区，这种差距要小一些。

简而言之，长尾理论指的是互联网提高了各种各样产品的可获得性，互联网就像拥有无限货架空间的商店一样。这种权限的获取，尤其是对小众消费者来说，是一个非常重要的进步。

7.3 等等，可能不止如此

尽管无限空间货架的长尾效应很重要，但并非故事的全部，它甚至可能不是最大的组成部分。我在本书中讲述的案例，将那些与技术相关的新产品上市的成本削减和高盛法则——即“无人知晓”哪些产品会成功——结合在一起，就可以从数字化中挖掘更大的利益。

要了解原因，我们首先假设产品的成功在投资时是完全可以预测的，或者电影制片厂、唱片公司和出版商可以准确地预测它们即将推出的产品在市场上的表现。进一步地，我们假设市场上已经存在10万种产品，然后成本下降，生产商可以生产90万种额外的产品。由于具备完全可预测性，每种新产品的销量都低于前10万种现有产品的销量。

如果我们通过累积销售图表来描述数字化对消费者消费体验升级的影响，我们得到的结果与图7-1完全相同。在降低成本之前就已经存在的产品占总销量的77%，新产品占剩余的23%。因此，对消费者来说，数字化的好处在于有了占总消费额23%的新产品，好处既包括这些新产品的存在，也包括人们对这些产品的可获得性。

现在将不可预测性添加到设置中。为了说明清楚，假设产品的吸引力是完全不可预测的。在这种情况下，添加新产品并不意味着添加比现有产品更糟糕的产品。相反，平均而言，添加的新产品与现有产品一样好。每10万种产品都将占到100万种产品总销量的10%，且这100万种产品是在成本下降后另外90万种产品进入市场后产生的总量。因此，产品的销售，以及消费者从中获得的利益，将从图7-1所示的横轴和纵轴的交点开始，沿斜线上升。图7-2比较了消费者在完全可预测和“无人知晓”的情况下，从不同数量的产品中获得消费体验的收益。

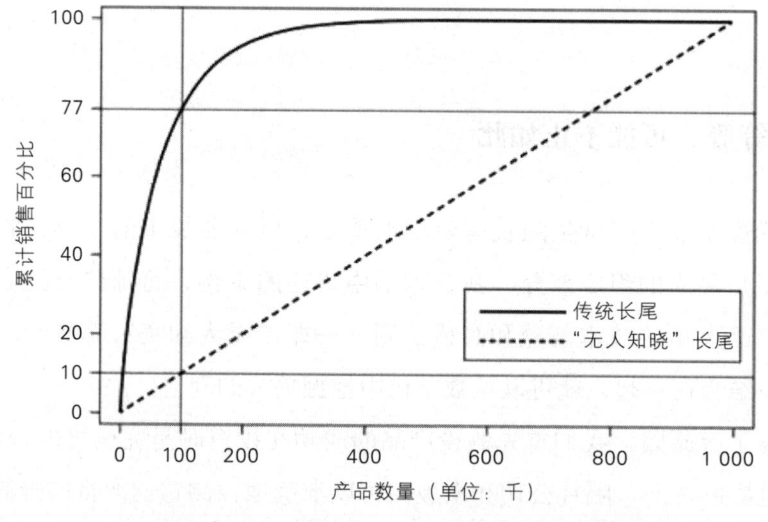

图7-2　传统长尾理论与“无人知晓”理论的对比

让我们从传统的长尾理论开始说起。如图7-1所示，图7-2显示了前10万种产品的销量占总销量的77%。因而，新增90万种产品的销量占总销量的23%，这个结论要么是基于新产品的质量完全可预测，要么是基于传统的、可用性的长尾理论。但当在“无人知晓”的情况下，这些额外的90万种产品占了总销量的90%。换句话说，如果数字化允许产品的数量增加，并且新产品就平均而言与旧产品一样好，那么在我们举的例子中，增加到10倍数量的产品所获得的收益将4倍（90/23）于所添加新产品价值低于最初可用产品情况下的收益。简而言之，与基于创造出质量无法预测的新产品（即随机）的长尾效应相比，标准（即传统）的长尾效应小得多。

7.4 你看，还有更多

Luis Aguiar和我对唱片行业中随机长尾的相对收益进行了量化分析，并将其与传统无限空间货架的长尾进行比较。[4]2000—2010年，进入市场的新产品数量成倍增长，2010年的新歌数量是2000年的3倍。如前所述，有两种方法可以衡量每年新增产品所带来的好处。一种方法是询问消费者从传统长尾效应中——在推出的产品中，至少有2/3是受欢迎的——获得多少收益。这种方法给出了最初的估计，即Amazon的100万种图书销售为美国消费者带来了10亿美元的收益。

另一种方法是确定如果没有数字化，我们所获得的新产品中，有哪2/3是不会被推出的。如果生产商拥有完美的预见能力——“所有人知晓所有事”，那么降低成本就会带来一堆新增产品，且所有这些产品的价值都低于现有产品中价值最低的那些。所以，通过完美的预测，增加的新产品将是销量最低的产品。而且新产品的消费者收益将与标准的长尾一样。但在不完全可预测的情况下，新产品可能会好得多。

让我们从标准长尾方法开始分析，也就是弄清楚处于最底层的2/3的产品给消费者带来了多少收益。歌曲销售的分布是高度不均衡的，比图书销售的不均衡要严重得多。在2011年发布的美国歌曲中，排名前1/3的歌曲的销量占歌曲总销量的99.5%。换句话说，只有0.5%的销售收入来自排名后2/3的歌曲。如果数字化的效果是让消费者能够接触到最底层的2/3的歌曲，那么数字化带来的好处相当于音乐带来的好处的0.5%。

在另一个极端，假设没有可预测性，那么前1/3的歌曲将简单地从总歌曲的1/3中随机抽取。对于"底层"2/3的歌曲，就像集合中任意2/3的歌曲，将获得2/3的销量。因此，如果新歌曲的出现使得现有歌曲数量增至3倍，那么2/3的销量将来自这些新歌曲。因此，数字化将为消费者带来他们从音乐中获得的2/3的收益。在这种情况下，数字化带来收益的相对规模将是2/3比0.5%，即133。也就是说，数字化的收益将是标准长尾收益的100多倍。多么令人惊叹！

数字化的这种巨大好处是建立在完全不可预测的基础上的，所以平均而言，新产品质量和现有产品的质量一样好。"无人知晓" 虽然是一个有用的口头禅，但显然言过其实。可以肯定的是，U2的新专辑销量很有可能会超过某位不知名歌手的新专辑销量。没错，任何一张专辑都可能让人失望或惊喜。但是艺术家和唱片公司对于什么项目会成功，多少还是"知晓一些"的。问题是他们"知晓到什么程度"。

Luis Aguiar和我通过研究新歌销量与发行时已知艺人特征之间的关系来探究这个问题。这些特征包括同一艺人的歌曲过去的销量、艺人的年龄和唱片公司。我们能够从统计学上解释新歌销量变化的35%。简而言之，我们的研究结果强烈反对"无人知晓"的字面解释，"无人知晓" 这句话只是一种华丽的修辞，更准确的说法是，我们"知道的没那么多"。

利用我们对2011年美国发行的歌曲的收入预测，我们将预测收入排在前1/3的歌曲，当作在没有数字化的情况下也会发布的歌曲。因为成功多少是可以预测的，根据成功的预测，排名前1/3的歌曲收入超过总收入的1/3。事实上，它们的收入约占总收入的90%。那么对后2/3的歌曲的预测成功吗？这些产品占到销量的10%。我们可以把根据预测排在后2/3的歌曲视为那些没有数字化就不会发行的歌曲。这样，歌曲通过数字化进入市场并占10%的销量。这个数字远低于2/3，但还是远远高于“完全可预测”情况下的0.5%的销量。

我们可以用另一种方式表述这个结果。根据歌曲的实际销量，排名靠后的2/3的歌曲占到了总销量的0.5%。而根据我们对销售成功可预测性的最佳猜测，我们估计数字化的影响（使新歌数量翻三倍）占总销量的10%，或者说，与最不具吸引力的2/3的歌曲所带来的好处相比，消费者从中获得的好处大约是前者的20倍。这里的具体数字很容易受到质疑，因为音乐专辑生产商的预测能力可能比我们数据显示的要好，但毕竟业界一致认为预测还是很困难的，所以我们的数字应该不会很离谱。虽然随机长尾效应是普通长尾效应的10倍或5倍，但似乎可以肯定地说，某种“巨大”事物的5倍就是“超级巨大”。

传统的长尾效应被观察者们应用到互联网的无限空间货架上，这种效应就是巨大的，对于那些消费偏好与周围人不一致的消费者来说，它尤其宝贵。但“无人知晓”的影响更大，也许数字化最重要的好处（数字文艺复兴的引擎）是通过给许多创新者一个进入市场的机会，而使许多好的新产品有机会获得成功。

除了带来新的作品，我们还可以从其他方面看到数字化的好处。消费曾经受到地点或时间的限制，现在就不再受到束缚。以前人们必须在特定的时间、特定的地点（客厅或书房）看电视；听音乐也需要拥有实体磁盘——存有同一位艺术家的十几首歌曲，在家用电器上播放（索尼推出随身听就是一个巨大的进步，使人们可以随身携带包含整张专辑的磁带或后来出现的CD）；电影只能在电影院里观看；书籍是实体产品，需要去书店或图书馆购买或阅读。

数字化在许多方面解放了消费。在音乐领域，消费者不仅不再需要购买实体产品，而且不再需要一次购买十几首歌，也不再需要笨重的设备。消费者通过使用Netflix或Spotify的服务，不需要额外付钱即可换取其他歌曲或视频的访问权限（如我们在第二部分进一步讨论的那样）。在大多数情况下（可能不是全部情况），数字文艺复兴的收益是通过手机实现的，尽管它并不是收看、收听和阅读的最理想方式。

简而言之，我们生活在一个数字文艺复兴时代，新产品和便利性给消费者带来的好处是非常巨大的。

第二部分

即将到来的景点：农场队伍、捆绑、海盗、维京人和巨魔

第8章　数字农场系统和捆绑销售的前景

虽然数字化已经带来了文艺复兴，但它的影响依然没有完全显现。数字化对消费者来说大部分是有利的，但是对传统媒体公司却构成了威胁。不过，本章将探讨数字化为传统媒体公司提供的两个新机会。

8.1　数字农场系统解决“无人知晓”问题

人们很难预测一个十八岁的孩子在美国职业棒球大联盟中的表现，为了在一定程度上解决这个问题，美国职业棒球大联盟在一个“农场系统”中经营了一个“小联盟球队”（Minor League），由这个“农场系统”来决定哪些球员最终会被招募到大联盟球队之中。在统计学家的追踪观察下，运动员们通过努力训练展示自己的能力，如果他们打得足够好，就会被提拔到大联盟球队，如由明尼苏达州双子城队运营的纽约州的AAA级球队红翼队、田纳西州的AA级球队守望队、佛罗里达州的A级球队奇迹队、艾奥瓦州的A级球队内核队，以及3支新秀球队。[1]小联盟球队可以同时观察并培养年轻的天才选手，如果一个球员表现出足够的潜力，俱乐部可以给他露脸的机会。

即使是很伟大的球员在被征召之前也要在小联盟球队中训练。Ted Williams在来到芬威球场[2]之前在AA级的波士顿红袜队打了3年球；Barry Bonds在A级的匹兹堡海盗队打了一个赛季，然后在其AAA级球队又打了半个赛季。[3]

如果媒体公司也能够经营“农场队伍”，就可以有效地确定哪些有创造力的“球员”将有较大赢面进入“职业大联盟”。在某种意义上，这一现象已经出现。在自助出版图书、自助发行音乐（以及通过少数小型唱片公司发行音乐）、使用数字渠道销售低价相机拍摄的电影等方面，数字化已经在创造一些新的“小型联盟”。

过去，因为“无人知晓”，一个无名的创作者很难获得媒介机构（如唱片公司或出版社）的签约和投资。但是有了数字化技术，创作者可以低成本地自助出版或发布作品，再生成一个成绩记录，如YouTube上的观看次数或自助出版图书的销售情况等。

如果新的艺术家或作者表现很好，他们与投资者的谈判情况可能会大不相同。创作者和投资机构可能实现双赢。创作者由于已有的成功纪录而获得待遇更好的合同；而“看门人”也会认为，“既然你已经有部分追随者，我们可以为你提供更多帮助”。虽然投资机构需支付更多签约费，但它们签约的是一个已经出名的创作者。出版商与其将昂贵的赌注押在其中可能只有1人能成功的20位作者上，不如在有一半成功概率的情况下签下10份合同。

8.2　数字农场系统之自助出版

Amazon是迄今为止最大的自助出版平台。成千上万的作者已经通过Amazon的Kindle直接出版程序进行撰写并出版图书。但这项服务相当于一个开放的露天集市，任何人都可以参与。可以说，整个环境仍处于一种“无人知晓”的状态中，Amazon不进行编辑控制，也不参与艺术家的发展。尽管有销售排名和买家留下的评论，但消费者能够获得的信息是有限的。即使在这种充满挑战的环境中，自助出版仍取得了很多成功，如

Amanda Hocking和Hugh Howey。

Amazon利用平台获得作者的已有成绩和发展前景等信息，并且正在扩大其业务范围。除了向作者提供可以发布和销售图书的平台之外，Amazon还进军了出版业。Amazon出版公司——“Amazon的全方位出版服务部门”——已经成为小说和非小说类图书的纸质版、电子版和音频版的主要出版商。它的使命是“创造更好的方式来连接作者和读者”。[4]例如，Amazon旗下的Lake Union Publishing出版社专门出版历史小说和回忆录，Thomas & Mercer出版社专门出版神秘、惊悚和悬疑小说，Montlake Romance出版社则专门出版言情小说。Amazon还经营着另外10个出版社，分别专注于青年小说、基督教小说、科幻小说、翻译作品和其他类型的图书。

这些出版社主要发挥什么作用？它们执行传统的出版功能，在潜在的作者中寻找有前途的作者，并进行投资，为作者的出版物进行一些营销工作。

为什么Amazon不接受没有邀约的手稿呢？因为Amazon可以直接获取读者反馈和所有参与其小型联盟项目——Kindle直接出版平台——的作者的销售统计数据。观察到哪些作者的作品找到读者之后，Amazon可以邀请作者通过其旗下的一个出版社发行他们的下一部作品，或重新发行出版现有作品。

以Carol Bodensteiner的经历为例，她于2014年在Amazon自助系统出版了小说《回家》(Go Away Home)，该作品广受好评，并在最初几个月收到了50多篇在线评论。被自助出版6个月后，Amazon的Lake Union出版社的一位策划编辑联系了Bodensteiner，他被“大量好评所吸引”，希望为Lake Union出版社获得该书的出版权。Bodensteiner聘请了专业人员来对她自助出版的原稿进行“审稿、校对和封面设计”。而Lake Union出版社能够提供“专业大联盟出版商”式的服务：资深策划编辑、文字编辑和校对员一起将她的作品转化为她所描述的“优美、紧凑且有力的版本”。[5]

Amazon出版社精选图书的市场表现如何？因为Amazon并没有公布销

售数据，所以难以引用准确数据。但各种第三方追踪服务，如Novelrank网站可以跟踪特定的书名和其在Amazon的销量排名。一旦有人将书名添加到追踪服务中，Novelrank网站就会根据图书销量排名的水平和浮动估算销量。不过，如果从图书销售期的中途开始追踪，那么Novelrank网站将低估总销量。截至2016年8月，Novelrank网站从Amazon的Lake Union出版社出版的图书中追踪了136本Kindle图书，它们的平均销量为15 000本，中位数约为8 000本。

15 000本是多还是少呢？这很难说，但我们可以将Novelrank网站所追踪图书的销量与未经筛选的自助出版图书的销量进行比较。iUniverse是大型自助出版商之一，它将自己描述为“一个帮助作者实现作家梦想的自助出版公司”。iUniverse出版社声称，它提供“各种经济实惠的出版、编辑和营销服务”来帮助作者“将手稿从书桌转移到市场上，且快于传统出版公司”。[6]Lisa Genova就是成功案例之一，她最先在iUniverse平台上发表了《依然爱丽丝》以及另外20部作品，后来这些作品被主流出版商收购。[7]

Novelrank网站追踪了iUniverse平台上出版的209本图书的销售历史。与Lake Union出版的图书相比，iUniverse平台上的图书的销售表现如何？iUniverse出版的图书的平均销量为65本，中位数为3本。换句话说，经过Amazon平台筛选的图书的销量是iUniverse的200倍。所以，这种投注潜力股的方式是有价值的。

Amazon并不是唯一采用数字农场系统的出版商。全球最大的出版商之一——哈珀柯林斯出版社，创建了一个名为Authonomy的在线文学写作网站。该网站绕过了传统的“看门人”，允许作者上传他们的作品，读者发布评论，而哈珀柯林斯出版社的编辑阅读每个月评论数排名前五的图书。[8]虽然作家Cory Doctorow嘲笑这种方式为“开放式淤泥堆”，但Authonomy网站已将47部作品发布到正式出版物上，其中包括Miranda Dickinson、Steven Dunne和Kat French等人的作品。[9]Authonomy网站于

2015年关闭，但哈珀柯林斯现在经营的Harper Impulse出版社，也是同样是一家数字出版服务公司。[10]

Amazon出版公司和哈珀柯林斯出版社的筛选工作都证明了数字化——挑选有潜力的作者，并培养和营销他们的作品——提高了传统出版活动的效率。此外数字化也增加了获得更多利润的可能。[11]

8.3 数字农场系统之独立唱片公司

数字化给传统音乐媒介带来的大部分都是坏消息，如盗版的威胁和新独立唱片公司的竞争等。但是，数字化是否也为各大主流唱片公司创造或扩大了一个农场系统？其实在数字时代到来之前和期间，我们也可以看到唱片业农场系统的运作方式：大量艺术家从独立唱片公司跳槽到主流唱片公司。表8-1列出了一些优秀典范，包括R.E.M.乐队（从I.R.S.唱片公司跳槽到华纳兄弟娱乐公司）、Arcade Fire乐队（从梅尔杰唱片公司跳槽到索尼唱片公司）、Tegan and Sara乐队（从Vapor唱片公司跳槽到华纳唱片公司），以及Modest Mouse乐队（从Up唱片公司跳槽到索尼的子公司）。

表8-1　　从独立唱片公司跳槽到主流唱片公司的艺术家

艺术家	唱片公司首张专辑	主流唱片公司（母公司）	前唱片公司
Arcade Fire	《现在的一切》（Everything Now）	索尼哥伦比亚	梅尔杰
Brand New	《魔鬼和上帝在我心中肆虐》（The Devil and God Are Raging inside Me）	美国环球	Triple Crown
Built to Spill	《从现在开始完美》（Perfect from Now On）	华纳兄弟	Up

续表

艺术家	唱片公司首张专辑	主流唱片公司（母公司）	前唱片公司
Death Cab for Cutie	《计划》（Plans）	大西洋（华纳）	Barsuk
The Decemberists Drive Like Jehu	《鹤妻》（The Crane Wife）	美国环球	Kill Rock Stars
Green Day	《杜基》（Dookie）	Reprise（华纳）	Lookout
Grizzly Bear	《彩绘遗迹》（Painted Ruins）	RCA （索尼）	Warp
Jawbreaker	《亲爱的你》（Dear You）	DGC（美国环球）	The Communion Label
Modest Mouse	《月球与南极》（The Moon & Antarctica）	Epic （索尼）	Up
Nine Inch Nails	《恶性循环》（The Downward Spiral）	大西洋（华纳）	TVT
Nirvana	《没关系》（Nevermind）	DGC（美国环球）	Sub Pop
Queens of the Stone Age	《限制级》（Rated R）	Interscope （美国环球）	Loosegroove
R.E.M.	《绿色》（Green）	华纳兄弟	I.R.S.
The Replacements	《提姆》（Tim）	Sire（华纳）	Twin/Tone
Sonic Youth	《Goo》（Goo）	DGC（美国环球）	Enigma
Tegan and Sara	《非法地带》（The Con）	Sire（华纳）	Vapor
TV on the Radio	《回到曲奇山》（Return To Cookie Mountain）	Interscope （美国环球）	Touch and Go
Uncle Tupelo	《镇痛剂》（Anodyne）	Sire（华纳）	Rockville
Yeah Yeah Yeahs	《口无遮拦》（Fever To Tell）	Interscore （美国环球）	Toy's Factory

资料来源：Hogan（2017）；Madden 等（2015）；MusicBrainz .org.

音乐产业的农场系统为许多艺术家提供尝试创作音乐的机会。对于主流唱片公司来说，达到顶端的艺术家是值得投资的，它们通过主动且昂贵的方式向大众推销它们的艺人。

如果数字化导致音乐农场系统不断拓展，我们将看到主流唱片公司签约的艺人越来越少。具体地说，它们将不再签约“新人”，即没有过往成绩记录的艺人。它们将更仔细地审查签约艺人，因此，我们可以预期，获得发行的作品成功的比例会更高。

那么实际情况如何呢？我和Mary Benner在2016年进行的一项研究恰好验证了这个问题。[12]利用1990年至2010年间发行的6.3万张专辑的数据，我们发现了几个模式，它们与主流唱片公司之外的数字农场系统一致。

首先，主流唱片公司缩减了艺术家名单，发行的唱片数量大幅减少。当然，正如我们已经知道的，新音乐发行总量还是在增长，所以独立唱片公司唱片的增加数超过了主流唱片公司唱片的减少数。

其次，主流唱片公司将注意力转向了成功概率更高的艺人。它们不再对未经测试的新手进行探索性的押注，而是转投已经经过大众检验的艺术家。在1999年数字音乐时代来临前夕，主流唱片公司发行的专辑中，大约有1/10是来自已经进入Billboard每周排行榜前50名的艺人。到2010年，这一比例已跃升至1/4。

这些数据与业界的说法相符。一位独立唱片公司的高管认为，唱片巨头们“承受的压力巨大，它们必须证明每笔投资都是合理的，并将其与即时回报挂钩”。因此，“主流唱片公司只关注白金艺人”，对新艺人的发展并没有什么兴趣。[13]

这一战略似乎非常成功。2000年之前，在主流唱片公司发行的唱片中，大约有1/5的唱片销量能够进入Billboard每周排行榜的前200名，但到2010年，这一比例已升至1/2。在数字化之后，所有唱片公司发行的音乐总数量增加了2倍，因此总体的成功率下降了，但越来越挑剔的主流唱片公司的成功率却有所上升。

我们很难知道更高的艺术家（确切地说是热门歌曲）成功概率能否

抵消整体销量下降（从而降低了与任何特定排名相关的销量）带来的挑战。但利用“小联盟”的记录来塑造主流唱片公司艺术家名单的能力，本身就是一股推动唱片业更高效发展的力量。这是一个重要的潜在利好，即使对传统企业来说也是如此。

8.4 电影农场系统中的“突围者”

电影制作成本的降低使大批想成为电影人的追梦者可能从事电影制作，其中有些电影脱颖而出获得好评，使其创作者获得“大联盟”的青睐。“小联盟”的“突围者”是指一部制作成本很低，但却赢得评论界关注的电影，它可能会使创作者就此进入“大联盟”。据互联网电影数据库报道，在1980—2016年上映的美国电影中，有7 403部的制作成本低于10万美元，其中20部在Metacritic影评网站中取得突破性成绩，得到了50分以上的高分。

其中一些电影是在20世纪90年代制作的，包括Richard Linklater的《都市浪人》(Slackers)、Daniel Myrick和Eduardo Sánchez的《女巫布莱尔》，以及Ed Burns的《麦克马伦兄弟》(The Brothers McMullen)。正如图8-1所示，这些“小联盟”的突围电影数量在数字时代大幅增长，在1990年至1994年间有2个，在1995年至1999年间有4个，在2000年至2004年间有5个，在2005年到2009年这段时间增加到16个，在2010年到2014年间有10个。

表8-2列出了1990年至2014年间制作的预算小于10万美元的电影，大量好评使这些电影出现在Metacritic上，并且取得了50分以上的成绩。数字时代“突围者”的例子有：导演Ava DuVernay，她在2014年执导了《塞尔玛》(Selma)，并在2018年执导了大预算电影《时间的皱纹》

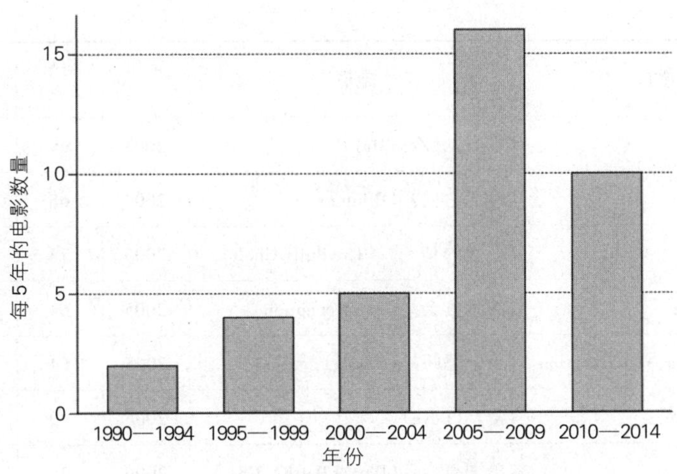

图8-1　1990—2014年独立电影突围数量

资料来源：作者基于互联网电影数据库的数据计算。

(Wrinkle in Time)；Lena Dunham，她为HBO创造了突破性的成功和文化试金石——电视剧《都市女孩》(Girls)。

表8-2　"小联盟"的突围者：预算低于10万美元但Metacritic评分高于50分的电影

导演	电影	年份（年）	得分（分）	预算（美元）
Richard Linklater	《都市浪人》	1991	69	42 956
Robert Rodriguez	《杀手悲歌》(El Mariachi)	1992	73	12 625
Edward Burns	《麦克马伦兄弟》	1995	73	41 064
Neil LaBute	《男人最贱》(In the Company of Men)	1997	81	37 863
Darren Aronofsky，Daniel Myrick，Eduardo	《圆周率》(Pi)	1998	72	87 000
Sánchez	《女巫布莱尔》	1999	81	83 106
David Gordon Green	《华盛顿传》(George Washington)	2000	82	55 887
Eric Eason	《曼尼托》(Manito)	2002	71	31 072

续表

导演	电影	年份（年）	得分（分）	预算（美元）
Ben Coccio	《零日》（Zero Day）	2003	69	25 186
Shane Carruth	《命运之门》（Primer）	2004	68	8 494
Jay Duplass	《肥大的椅子》（The Puffy Chair）	2005	73	17 612
John G.Young	《欲乱宴会》（The Reception）	2005	64	5 871
Neil Dela Llana，Ian Gamazon	《来电恐吓》（Cavite）	2005	64	8 219
Vladan Nikolic	《爱》（Love）	2005	79	58 705
Aaron Katz	《美国舞会》（Dance Party，USA）	2006	54	3 431
Cam Archer	《我所认识的凶猛老虎》（Wild Tigers I Have Known）	2006	52	57 180
Joe Swanberg	《开怀大笑》（LOL）	2006	63	3 431
Mike Akel	《粉笔》（Chalk）	2006	70	11 436
So Yong Kim	《彷徨尘世间》（In Between Days）	2006	75	68 616
Alex Holdridge	《寻找午夜之吻》（In Search of a Midnight Kiss）	2007	64	28 090
Chris Eska	《仲夏夜》（August Evening）	2007	68	39 327
David Bruckner，Dan Bush	《信号》（The Signal）	2007	63	56 181
Nick Gaglia	《跨越乔治华盛顿大桥》（Over the GW）	2007	53	33 709
Oren Peli	《灵动：鬼影实录》（Paranormal Activity）	2007	68	16 854
Barry Jenkins	《忧郁的解药》（Medicine for Melancholy）	2008	63	14 650
Daryl Wein	《分手事件》（Breaking Upwards）	2009	56	17 386
Ava DuVernay	《我会跟随》（I Will Follow）	2010	71	56 523
Lena Dunham	《微型家具》（Tiny Furniture）	2010	72	73 480
Evan Glodell	《风铃草》（Bellflower）	2011	72	18 915

续表

导演	电影	年份（年）	得分（分）	预算（美元）
Jonas Mekas	《一千零一无眠夜》（Sleepless Nights Stories）	2011	54	55 632
Dan Sallitt	《难言之隐》（The Unspeakable Act）	2012	76	54 422
Chad Hartigan	《这是马丁·邦纳》（This Is Martin Bonner）	2013	71	44 960
Ruben Amar，Lola Bessis	《游走的小鱼》（Swim Little Fish Swim）	2013	54	74 933
Shane Carruth	《逆流的色彩》（Upstream Color）	2013	81	53 524
Joe Swanberg	《圣诞快乐》（Happy Christmas）	2014	70	73 198
Joshua Overbay	《宛若天堂》（As It Is in Heaven）	2014	71	16 731

资料来源：作者从互联网电影数据库中选择的电影。

在一个“无人知晓”的环境中，“小联盟”的业绩允许投资者（工作室、出版社、唱片公司）预测可能成功的艺术家。尽管新技术产生的许多影响对传统媒体公司构成了威胁，但是它也带来了更多的信息，并影响巨额的投资，这对新行业和传统行业的参与者都是有益的。

8.5 Netflix、Spotify及捆绑销售的前景

传统上，消费者购买书籍、电影和音乐的方式是单独点餐式的，即一次只买一种产品，而不是自助餐式的。观影者会购买某一部电影的票，音乐爱好者会购买某张专辑或CD，而读者则会购买某一特定作者的图书。当然，他们可以同时购买多个产品，但也必须为每个产品单独付费。即使在数字时代的早期，歌曲也可以在iTunes上单独销售，然而，在千禧时代的最初10年的最后几年里，数字化发展使传媒产品销售商有机会将大量

产品捆绑销售。

例如，人们只需每月支付固定费用，就可以访问Spotify的歌曲库，其包涵超过3 000万首歌曲，几乎涵盖了所有录制的歌曲。Netflix对其囊括近3 400部电影和近750部电视节目的整个资源库（截至2016年）[14]每月收取一次性使用费。Amazon和Hulu视频网站也提供类似服务。尽管图书捆绑销售不像音乐和电影/电视节目那么受欢迎，但Scribd文件共享网站仍提供图书的捆绑销售服务。Amazon网站的Kindle Unlimited程序允许用户以每月10美元的价格阅读70万本书。[15]

当音乐以实体产品（黑胶唱片、磁带或CD）为载体时，除了单点式地销售唱片，没有其他选择。提供额外一个实体专辑是昂贵的，所以“自助餐式”的定价方案是不可行的。如果有捆绑销售的选择，许多客户会说：“我都要了。”让这种自助餐模式盈利的唯一方法，是收取足够高的费用，以支付生产和交付大量实物产品的成本，并将剩下的部分支付给版权所有者。

数字化时代消除了向其他消费者提供一首音乐、一部电影或一本书的成本，甚至向另一个消费者提供所有东西的成本也可能为零。数字化使得大规模销售音乐成为可能，而不仅仅是“按单点菜”。直到2005年，这个想法看起来还是革命性的，但它确实具有吸引力。然而，截至2015年，音乐的捆绑销售在很大程度上带来的还是失望和相互指责。例如，被《纽约时报》称为“歌手、词曲作者和竖琴手，以及独立音乐的领军人物之一”的Joanna Newson，将Spotify描述为“唱片公司的邪恶阴谋集团”，认为它的建立是“唱片公司抢劫自家艺术家的一种方式”。[16]Taylor Swift、Adele和Prince有时甚至拒绝让自己的新歌被收录进Spotify。

这是怎么回事？对艺术家和版权所有者来说，捆绑销售又是一记技术的耳光吗？还是说它为苦苦挣扎的行业带来了希望？要仔细探究这些问题，首先要从理论上讨论捆绑销售给卖家带来什么好处，然后再转向最近的实际收益经验。

8.6 捆绑销售的好处

下面我们来快速地讲讲复杂定价经济学。同学们注意了，这些内容可能会在考试中出现。

想象这样一个世界：有两个消费者——Lola和Max，还有两首歌——Carpenters乐队的经典歌曲《靠近你》（Close to You）和AC/DC乐队的《地狱之路》（Highway to Hell）。让我们来比较一下单独点餐式的销售和自助餐式的捆绑销售的盈利能力，看看捆绑销售可能给卖家带来的好处。当然，现实世界中不止有两个人和两首歌。不过，这个例子清楚地阐明了捆绑销售对盈利情况可能带来的影响。

为了从卖家的角度展现捆绑销售的魔力，我们需要知道两名消费者愿意为每首歌支付的最高金额。我们将表8-3所示的这些金额称为保留价格。

表8-3　两个消费者对于两首歌单独或捆绑销售的保留价格　单位：美元

	《靠近你》	《地狱之路》	两首歌捆绑销售
Lola	0.70	1.00	1.70
Max	1.20	0.80	2.00

Lola偏爱硬摇滚风格的音乐，她最多愿意为《靠近你》支付0.70美元，但她愿意为《地狱之路》支付1.00美元。Max倾向于轻松舒缓的音乐，他最多愿意为《靠近你》支付1.20美元，但只愿意为《地狱之路》支付0.80美元。

假设你将《靠近你》以单独点餐的方式卖给一个只有这两个粉丝组成

的市场。注意该产品是数字化的，将其销售给其他消费者是没有成本的。因此，你只需关心在每种可能的价格下所能获得的收入。你应该要价多少？而你能赚多少钱？你必须为这首歌选择统一的价格并向两个消费者收取费用。如果你为《靠近你》定价1.20美元，Max会买，而Lola不会，所以你的收入是1.20美元。如果你收取0.70美元，那么Max和Lola都会购买，你的收入将是1.40美元。因此以单独点餐的方式销售《靠近你》的最佳定价是0.70美元，产生1.40美元的收入。

《地狱之路》应如何定价呢？通过同样的分析我们得出这样的结论：《地狱之路》的最佳售价是0.80美元，既能吸引消费者购买，又能带来1.60美元的收入。因此，如果你对这两种产品采取单独点餐式的销售，你能产生的最大收入是1.40美元（出售定价为0.70美元的《靠近你》）加上1.60美元（出售定价为0.80美元的《地狱之路》）。你的总收入将是3美元。

现在魔法显灵了，假设不单独销售产品，而是将它们放在一起捆绑销售，这是一顿你能吃到两种美味佳肴的自助餐。相比于单独点餐式地销售产品，你能产生比3美元更多的收入吗？

第一个问题是：每个消费者愿意为这个套餐包支付多少钱？因为Lola愿意花0.70美元买《靠近你》，花1.00美元买《地狱之路》，所以我们假定她愿意花1.70美元买这个套餐包。[17]同样，我们可以假设Max愿意为这个套餐包支付2.00美元。那么，你应该对捆绑产品收取的利润最大化价格是多少？如果你收取2美元，只有Max购买，你会得到2美元的收入。但如果你收取1.70美元，两个消费者都会购买，我们现在的收入是3.40美元。这比你以单独点餐方式销售产品所获得的最高收入（3美元）还要多。

因为具体数字是人为编造出来的，因此收益的大小（3.40美元和3.00美元）没有意义。但是这个例子的意义在于它的一般性，即捆绑销售有可能增加收入。考虑到产品数字化之后，为额外客户提供服务的成本（即边际成本）为零，捆绑销售可以在不增加成本的情况下增加收入，因此可以提高利润。除了降低创造新产品的成本外，数字化带来的捆绑销售应该能让数字产品的销售商获得更多的收入。

8.7　这是怎么做到的?

捆绑销售增加收入的可能性带来一个问题：捆绑销售什么时候能起作用？即捆绑销售什么时候能增加收入，什么时候不能？

注意，不同消费者对歌曲的估值模式是不同的，Lola更喜欢AC/DC乐队，而Max更喜欢Carpenters乐队。因此，Lola愿意为《地狱之路》支出更高的价格，而Max的支付意愿恰恰相反。如果消费者偏好没有不同，捆绑销售就不会那么有效。

在表8-4中，我们交换了两个数字。Max的心理价位仍然和以前一样。但现在，Lola的心理价位发生了逆转：她愿意花1.00美元买《靠近你》，花0.70美元买《地狱之路》。

表8-4　两位消费者可接受的单曲的价格与两首歌捆绑销售的价格　单位：美元

	《靠近你》	《地狱之路》	两首歌捆绑销售
Lola	1.00	0.70	1.70
Max	1.20	0.8	2.00

在这种估值模式之下，《靠近你》的最佳单点价格是1.00美元，收益为2.00美元。而《地狱之路》最好的单点价格是0.70美元，收入为1.40美元。因此，单点模式就能产生3.40美元（2.00+1.40）的收入。而捆绑销售模式下又会发生什么？捆绑销售不会产生更多的收入。最好的捆绑价格

是1.70美元，产生3.40美元的收益，与非捆绑模式的收益相同。

这里的经验是，只有当Lola与Max的产品偏好不同时，捆绑销售才会对收入产生神奇的影响。在这个包含两个消费者和两个产品的简单示例中，如果两个消费者都更偏好一个产品，那么销售商就不能从捆绑销售中获益。但更普遍的经验是，即使消费者对同一种产品的估值更高，只要它们的估值不是完全正相关的，捆绑销售就能帮助提高收入和利润。[18]

为了理解基本逻辑，假设消费者的偏好是随机的，现在有1 000个人，每个人对每首歌的估值都是1美元加上或减去一个随机价格，且这个随机价格的取值区间在0到1美元之间。

因此，每首歌的定价几乎都在0到2美元之间，歌曲的每个定价都有相同数量的人愿意支付。所以，1 000人中有100人愿意支付1.80至2美元购买这首歌，另外100人愿意支付1.60至1.80美元，以此类推。

那么，靠出售一首歌能赚多少钱呢？如果定价为1美元，1 000人中有500人会买，收入是500美元。单靠出售一首歌就能赚很多钱吗？事实证明不能。如果将价格定在1美元以上，比如定价为1.10美元，那么有450人会购买，收入是495美元（因为2到0美元之间的每个价格都有相同数量的人愿意支付，所以在1 000人中有45%的人愿意支付1.10美元）。假如定价为0.90美元，那么有550人会买，但收入只有495美元。因此，单靠出售一首歌最多能赚500美元，单价为1美元。

现在考虑将歌曲捆绑在一起销售。捆绑100首歌对每个人来说值多少钱？假设每个人愿意为每首歌支付的价格相同，也就是说，如果一个人愿意为一首歌支付2美元，那么他愿意为100首歌都支付2美元。这个人愿意为捆绑的100首歌最多支付200美元。假设在200美元到0美元之间的任一价格，都有相同数量的人愿意支付。然后，按照上面的逻辑，每首歌定价1美元，捆绑销售的收入最大，100首歌的价格是100美元。在100美元的价格下，一半的人（500人）愿意购买，收入是50 000美元（100×500）。

以上数据表明，捆绑销售对销售额没有影响。因为捆绑销售的100

首歌的收入与按单首歌销售100首歌的收入相同，即50 000美元。

但是，如果每个人愿意为每首歌支付的价格不同呢？假设每首歌的价格是1美元，愿意为捆绑的100首歌曲支付的价格总和为100美元。“每个人愿意为每首歌支付的价格不同”意味着一个人愿意为一首歌曲支付更多的钱，并不意味着他愿意为其他歌曲支付更多。而且，由于人们对歌曲的付费意愿是随机的，且与歌曲是不相关的，所以付费意愿在不同的歌曲中都是平均的。例如，Susie愿意为歌曲1支付1.25美元，为歌曲2支付0.80美元，以此类推。对于捆绑销售的100首歌曲，她愿意为每首歌曲支付的平均价格是1美元。根据每首歌的平均价格可知，Susie（和1 000名消费者中的每一位）愿意支付100美元购买此捆绑销售的歌曲包。因此，面对100美元的价格，基本上每个人都会购买，捆绑销售可以让卖家获得10万美元的收入。如果按单首歌出售这些歌曲，每首歌赚500美元，总共5万美元。因此，捆绑销售将使卖方的收入翻番。

以上两个案例——捆绑销售使收入翻倍的案例和对收入没有影响的案例——之间，有很大的空间。也就是说，如果愿意为歌曲1支付更高价格的消费者也愿意为歌曲2支付更高价格，那么与按单首歌销售相比，捆绑销售仍然存在提高收入的空间。

8.8 但究竟能增加多少收入呢？

但是，捆绑销售比按单首歌销售能增加多少收入呢？要回答这个问题，我们需要知道每位消费者愿意为每首歌支付的价格。这是一项艰巨的任务，但在2011年，我与Benjamin Shiller进行了相关研究，试图找到答案。[19]我们在宾夕法尼亚大学调查了大约500名学生，向他们提问：“对于iTunes上排名前50的歌曲，你愿意为每首歌支付多少钱？”我们让学生们认真对待这项调查，将其作为管理经济学课程的一项作业。调查结果见表

8-5，虽然与表8-3和8-4中的假设信息相似，但是表8-5涵盖了50首歌曲和500名实际消费者，而不是2首歌曲和2名虚拟消费者。

表8-5　2008年iTunes上排名前50的歌曲及其估价　单位：美元

歌曲名称	均价	第25百分位的价格	中间价	第75百分位的价格
Apologize	2.37	0.59	1.39	2.67
Big Girls Don't Cry	1.16	0.08	0.53	1.22
Bubbly	1.47	0.08	0.68	1.73
Clumsy	0.78	0.04	0.29	1.01
Crank That	2.00	0.28	1.01	2.10
Crushcrushcrush	0.58	0.01	0.13	0.71
Cyclone	1.29	0.08	0.56	1.45
Don't Stop the Music	1.40	0.11	0.63	1.44
Feedback	0.63	0.01	0.11	0.57
The Great Escape	1.11	0.05	0.44	1.25
Hate that I Love You	1.30	0.10	0.55	1.47
Hero/Heroine	0.77	0.02	0.26	1.00
Hey There Delilah	2.02	0.15	0.94	2.02
How Far We've Come	1.41	0.10	0.69	1.47
Hypnotized	1.15	0.06	0.48	1.12
I Don't Wanna Be in Love	1.06	0.06	0.47	1.20
Into the Night	1.49	0.09	0.71	1.53
Kiss Kiss	1.45	0.12	0.85	1.70
Love Like This	1.04	0.06	0.43	1.06

续表

歌曲名称	均价	第25百分位的价格	中间价	第75百分位的价格
Love Song	1.02	0.05	0.37	1.07
Low	1.60	0.11	0.88	1.93
Misery Business	0.69	0.01	0.17	0.90
No One	1.59	0.13	0.83	1.86
Our Song	0.81	0.01	0.12	0.80
Over You	1.22	0.05	0.47	1.12
Paralyzer	1.11	0.03	0.34	1.17
Piece of Me	0.77	0.01	0.11	0.85
Ready，Set，Don't Go	0.59	0.00	0.09	0.58
Rockstar	1.39	0.06	0.50	1.47
S.O.S.	0.68	0.01	0.15	0.76
See You Again	0.68	0.00	0.09	0.59
Sensual Seduction	1.18	0.04	0.29	1.07
Shadow of the Day	1.24	0.07	0.52	1.23
Sorry	0.64	0.00	0.13	0.76
Start All Over	0.47	0.00	0.08	0.32
Stay	0.64	0.00	0.10	0.59
Stop and Stare	1.05	0.07	0.44	1.10
Stronger	2.79	0.87	1.74	3.04
Sweetest Girl （Dollar Bill）	1.79	0.14	0.88	1.98
Take You There	1.37	0.13	0.78	1.58
Tattoo	0.94	0.04	0.39	1.00
Teardrops on My Guitar	0.92	0.01	0.17	0.93

续表

歌曲名称	均价	第25百分位的价格	中间价	第75百分位的价格
Through the Fire and Flames	0.73	0.00	0.11	0.90
Wake Up Call	1.55	0.17	0.87	1.92
The Way I Am	0.91	0.02	0.26	0.97
The Way I Are	2.24	0.42	1.13	2.61
When You Were Young	1.61	0.17	0.90	1.98
Witch Doctor	0.69	0.00	0.08	0.43
With You	1.34	0.08	0.49	1.14
Won't Go Home without You	1.43	0.17	0.86	1.57

注：该榜单是2008年1月11日iTunes上排名前50的歌曲，受访者表示，以上价格为他们愿意为每首歌支付的最高价，并且为歌曲唯一的收入来源。

资料来源：Shiller and Waldfogel （2011）.

这些数据让我们了解到不同的消费者对不同歌曲愿意支付的价格不同，以及消费者对2008年排行榜上的歌曲的怀旧情怀。大学生群体最喜欢的歌曲包括Timbaland的两首歌曲（Sorry和The Way I Are）和Soulja Boy的Crank That。这些歌曲的平均价格至少为2美元。价格最高的歌曲是Kanye West的Stronger，达2.79美元。相反，Misery Business和Start All Over等歌曲的价格最低，均价不到0.75美元。每首歌曲的价格因人而异。

受访者与歌曲价格的相关性如何？也就是说，愿意以较高价格购买某首歌的学生是否也愿意为其他歌曲支付较高的价格？如果相关系数为1，也就是说，如果Hannah比Sarah愿意为一首歌多支付15%，两首歌多支付两个15%，那么捆绑销售对收入没有影响。这种关系在不同的歌曲组合中有所不同，但总是正相关。这些相关系数的平均值为0.38，大多数在

0.25~0.55之间。相关性越强，捆绑销售的效果越差。所以虽然捆绑销售对我们有些帮助，但不应指望它会带来奇迹。

我们计算了两条关键数据：首先，计算了按单首歌销售所能获得的最大收入（iTunes音乐商店在运营的前几年，所有歌曲都以0.99美元的单价在美国出售）；其次，计算了如果将50首歌进行捆绑销售，能获得的最大收入。我们发现，与按单首歌销售相比，捆绑销售可以为卖家带来1/6到1/3的额外收入。

这个结果可能是个挑战。但要实现这一目标，唱片公司需要转变思维方式：不应该是消费者每花1美元购买一首歌，版权所有者赚一大笔钱，而是粉丝每听一首歌，版权所有者都会得到一小笔钱。

假设一个月的订阅费是10美元。如果一个消费者在一个月内听100首不同的新歌，即使每首歌只听一遍，在销售单首歌模式下，也需要购买100首歌曲。如果一个消费者买了100首歌，卖家会从每首歌中得到1美元。当然，购买这么多歌很不常见。喜欢购买单首歌的听众通常购买和收听的新歌远远少于100首。

相比之下，在订阅模式中每个消费者都可以听数千首歌。消费者当月可能会从歌曲列表中选100首歌听。录制这100首歌的歌手和唱片公司分享每月10美元的订阅费，这意味着平均每首歌将获得0.10美元。从表面上看，平均每首歌的价格为0.1美元而不是1美元，似乎是对歌手创作的严重贬值。但在唱片公司和歌手结束谈判前，有必要对捆绑销售下可能出现的更高的收入进行深思。在旧的购买模式下，消费者可能在一个月内购买了5首歌曲。如果一首歌的价格是1美元，5位歌手每人都能得到1美元。而在提供订阅服务的模式下，潜在的更高的收入将由100位歌手分享。显然，有95位歌手在订阅模式下比在购买模式下生活得更好，因为他们也获得了一些收入。至于其他5位歌手，可以选择其中任何一种方式获得收入。

8.9 现实世界中发生了什么?

Spotify的创始人Daniel Ek得出了一个悖论:"人们听的音乐比历史上任何时候都多,但音乐行业却越来越糟。听众对音乐内容的需求还是存在的,只不过商业模式不同了。"面对这种现象,Daniel Ek产生了捆绑销售流媒体音乐服务的想法,但他花了很长时间才说服唱片公司加入Spotify。2006年,Daniel Ek向音乐公司提出了一个大胆的想法:出租音乐,而不出售音乐。唱片公司十分谨慎。正如《卫报》所言,"这款新产品(Spotify)看起来像是音乐产业的杀手,而不是像创始人所宣称的那样是救世主"。[20]

Daniel Ek最终说服了唱片公司将音乐放到Spotify上。唱片公司之所以决定加入Spotify,是因为盗版带来的绝望。"音乐产业正处于困境,"Daniel Ek说,"他们还能有什么损失呢?最重要的是,我真的睡在他们办公室外面,每周都去用自己的论点打压他们的观点。"Spotify也参加了打击盗版网站的行动,让音乐爱好者有更多选择去探索合法渠道。正如Ek所说,人们"发现了Spotify,并意识到它比盗版更好"。[21]

Spotify于2008年10月在斯堪的纳维亚半岛、英国、法国和西班牙发布(仅受邀发布),于2009年在英国被广泛推出,于2010年在荷兰被推出,于2011年同时在美国、奥地利、比利时、丹麦和瑞士被推出。截至2012年12月,Spotify拥有500万付费用户,每位用户每月支付10美元就可以在手机上无限制地播放音乐。截至2014年年底,Spotify拥有1 250万付费用户;到2016年3月,拥有3 000万付费用户;到2018年1月,拥有7 000万付费用户。[22]活跃用户的数量,包括免费使用的广告用户,大约是付费用户的3倍。[23]

8.10 捆绑式音乐：交互与非交互

Spotify对消费者和流媒体服务商来说都是非常有利的。但是，它对版权所有者有何影响呢?

Spotify提供的服务——捆绑产品，与传统获取音乐的方式——购买CD和从iTunes（音乐播放器）下载线上的歌曲——是并行存在的。捆绑产品为版权所有者提供了新的收入来源。现在，艺术家们不再只从卖CD、iTunes下载量和音乐会门票中赚钱，他们通过流媒体播放也能赚钱。从表面上看，这似乎是积极的。但新的收入来源并不一定能提高整体收入。新的消费方式可能会取代旧方式——随着人们通过流媒体播放更多的音乐，他们可能会减少购买音乐。如果是这样，那么流媒体对收入的最终影响取决于流媒体的新收入能否抵消传统销量的损失。

了解流媒体服务对收入的影响需要有行业背景知识。流媒体服务有两种，一种刺激销售，另一种抑制销售，它们对销售歌曲的作用各有不同。第一种类型提供“非交互式”服务，如Pandora，播放听众喜欢的音乐。Pandora的用户根据他们喜欢的歌手或歌曲建立一个“电台”。然后，Pandora会为用户推荐他们感兴趣的种子歌手和种子歌曲。但重要的是，就像老式的广播一样，Pandora并不会按听众点播来播放歌曲，而是播放与听众要求类似的歌曲，偶尔推荐种子歌曲或种子歌手的歌。Pandora就像老式电台的一个高度专业化的版本。

流媒体服务的第二种类型提供为个人点播歌曲的“交互式”平台。Spotify是最典型的例子，Deezer（音乐播放平台）和iTunes等流媒体服务平台也是这种类型。Spotify将用户选择的歌曲下载到固定或移动设备上。[24]因为用户可以选择播放的歌曲，所以这项服务是购买歌曲的一个很好的选择。事实上，一旦人们能够无限制地播放数百万首歌曲，包括大多数流行歌曲，购买音乐就没什么意义了。

Spotify这样的交互式播放平台似乎可以替代听众购买音乐，但非交互式播放平台更像是广播，音乐公司对音乐播放器能够刺激歌曲销量充满信心，长期以来也一直愿意为此付费，所以才出现了第2章中Pandora的案例。但是，其实很难确定音乐播放器是否真的刺激了歌曲销量的增长（即音乐播放器和销量增长之间是否存在因果关系）。虽然新歌发布后，音乐播放器和歌曲销量同时急剧增长，但也可能是因为促销活动导致两者同时增长的。假设歌手发行了新专辑，唱片公司做了广告，这位歌手出现在《吉米·法伦今夜秀》（The Tonight Show Starring Jimmy Fallon）或《周六夜现场》（Saturday Night Live）上，获得巨大好评，之后粉丝们就大量购买这首歌，各大广播电台也争相播放，那么音乐播放器和歌曲销量是相关的，但是音乐播放器并没有刺激歌曲销量增长。实际上是因为这首新歌越来越受欢迎，所以音乐播放器和歌曲销量都同时急剧增长。

Pandora的数据分析师们认识到，研究Pandora歌曲播放量的增加对歌曲销量的影响是一项挑战，于是他们做了一件聪明的事。他们做了一个实验，随机地选择了一些区域，并停止向这些区域的听众播放某一组歌曲。在此郑重说明：我虽然参与了Pandora的这个实验的设计，但是没有参与数据的最终分析。

他们发现，Pandora歌曲的播放量刺激了这些歌曲的销量，这种效果对新旧歌曲（或“列表中有特定价格的歌曲”）都有效。在Pandora的平台上，一首新歌播放600次，会导致这首新歌被额外销售一次；而包含某歌曲的列表每播放12 000次，就会导致这首歌产生额外一次销量。总的来说，Pandora播放歌曲将新歌销量提高了2.31%，把歌曲放入列表将歌曲销量提高了2.66%。从字面上看，数据表明，如果Pandora停止播放该歌曲，歌曲销量将下降2%~3%。[25]据我所知，这是关于音乐播放器对歌曲销量影响的第一个实验，其提供了丰富的信息，更确切地证实了非交互式流媒体对歌曲销量的刺激作用。

即使某些歌曲在音乐播放器上的播放提高了其销量，但是要得出结论，说电台播放和网上播放歌曲会普遍提高歌曲的销量，依然是一个挑战。假设流媒体或电台提供了足够的音乐娱乐，于是有的听众就不再购买音乐了，但“死忠粉”还是会坚持购买歌曲，他们会买什么呢？一种可能是，“死忠粉”会去购买在电台上播放过的歌曲，这样音乐播放器将会对这些歌曲的销量产生正向影响，但音乐的整体销量却会因为音乐播放器的播放而下降。

要测试音乐播放器是否会对录制音乐的销量产生影响，最理想的实验是让所有的无线电台停止播放歌曲一年左右，然后观察歌曲的销售情况。如果想要毫无干扰地进行这个实验，最好是在流媒体出现之前的某个时间进行。事实证明，无线电台的历史提供了一个类似于这个理想实验的时间间隔。Liebowitz（2004）记录了美国录制音乐和无线电台广播行业的早期历史。基本上，到1920年，美国的录制音乐行业已经发展得很好了，1921年商业广播的推出为我们提供了一些我们想要的类似理想实验的东西。从1920年到1935年，随着有收音机的家庭的比例增长到17%，平均每张唱片的销售额从13美元下降到2美元（以上价格按2013年不变价值美元计算）左右。这些数据似乎表明，收音机是录制音乐的替代品——随着越来越多的家庭拥有了收音机，唱片的销量直线下降。[26]

所以，如果电台播放音乐影响了唱片销售，那么唱片公司可能需要向电台收取播放音乐的费用。但是在我们改变谁欠谁的看法之前，应该看看接下来发生了什么——1935年后无线电台的普及率与录制音乐销量之间的负相关关系逆转了。从1935年到1980年，唱片的销量和收音机的普及率都增长了。看来，要确定无线电台对录制音乐销量的影响，仅仅有20世纪早期的经验是不够的。

8.11 David Bowie和Prince提供了歌星去世后歌曲销量的自然实验

最后我们来看看当代学术研究，以确定流媒体是否会取代歌曲销量。我们从一些英年早逝的流行歌手去世后的“自然实验”开始。David Bowie和Prince去世后，他们唱片销量的实验提供了充足的证据证明Spotify等交互式流媒体取代了歌曲的销量。[27]

众所周知，当艺人去世时，他们的作品销量会大幅增长。最著名的例子是Michael Jackson，他去世后一年的歌曲销量比去世前几年的歌曲销量都高。

流行音乐的两大巨头David Bowie和Prince都于2016年去世，他们去世后歌曲的销量为研究流媒体对歌曲销量的影响提供了微型实验。Prince没有接受流媒体，因此，Spotify无法播放他的歌。只有通过购买CD或者下载数字音乐（如通过iTunes）才能购买Prince的歌。相比之下，David Bowie的歌既可以通过CD和数字音乐方式购买，也可以在Spotify等流媒体平台上播放。Prince去世后，歌迷们只能通过购买单曲和专辑来表达对他的思念。David Bowie去世后，歌迷们可以收听流媒体音乐，也可以购买歌曲。因此，接下来发生了什么呢？

在David Bowie去世前几周，其在美国每周售出约45 000张唱片；而在Prince去世前几周，其每周售出约64 000张唱片。[28]在Prince去世后的一周，竟然售出了720万张唱片；而在Bowie去世后的一周，只售出350万张唱片。Prince在去世前比Bowie出名，所以我们预料到Prince的唱片会卖得更多。Prince的唱片销量增长至原来的约112.5倍（7.2/0.064）。按照这个倍数，Bowie去世后，其唱片的销量应该增加到520万张，比其实际的销量多170万张。非常合理的解释是，人们还可以通过流媒体收听他的歌，而不仅仅只是购买唱片。事实上，在Bowie去世后的一个星期里，他的歌曲被大量播放。他的许多歌曲都出现在Spotify美国每日排行榜的前

200名，而且排名前200名的歌曲在美国被播放了1 270万次。据报道，Bowie的歌曲还在YouTube和其他平台上播放了数百万次。

我们不能说Bowie那170万“消失”的唱片销量换来了多少次流媒体播放，但是看起来交互式流媒体确实是取代了唱片销量。

8.12 流媒体对版权所有者收入的影响

要弄清流媒体如何影响版权所有者的收入，仅仅知道流媒体是否会取代歌曲销售是不够的。版权所有者的收入包括专辑收入、永久下载收入（如从iTunes商店售卖歌曲），加上他们从流媒体播放平台获得的收入。所以他们的收入是每张唱片的销售收入乘以出售的数量，加上流媒体平台播放的每首歌的收入乘以播放歌曲的数量。因此，流媒体对歌曲版权所有者收入的影响取决于3方面：（1）版权所有者通过唱片销售获得的收入；（2）版权所有者通过流媒体平台获得的收入；（3）由于流媒体平台播放音乐导致唱片收入的减少。

让我们从第三点开始，确定流媒体对唱片的销售的影响在原则上是容易的。我们可以从Prince和David Bowie去世后的自然实验中得到一些启示：流媒体对唱片销售的影响是负面的。但如果想要一个更全面、更准确的计算，可以找一个流媒体开始流行的时间段，统计唱片的销量。如果在流媒体平台增加最多的时候，唱片销量减少得最多，即有证据表明流媒体取代了部分唱片的销量。此外，我们还可以计算取代率。如果歌曲被流媒体平台播放的次数增加了1 000次，唱片销量会下降多少？

近几年历史的某些方面——尤其是流媒体的迅速发展——为上述设想提供了很好的条件。Spotify于2008年在斯堪的纳维亚半岛推出后，于2011年7月在美国推出。到2013年，交互式、点播式音频流媒体（主要是Spotify）在美国达到了490亿次播放量，随后加速增长，在2014年达到

790亿次播放量，在2015年达到1 450亿次播放量，在2016年达到2 520亿次播放量，在2017年达到4 000亿次播放量。然后，我们再计算这段时间内唱片销量下降了多少，以确定交互流媒体的影响。

但是真实情况要更复杂一些。类似于Spotify的流媒体，也被称为点播音频，是三种主要流媒体之一，另外两种是视频点播（主要是YouTube）和非交互式流媒体（在美国主要是Pandora）。2013年，非交互式流媒体Pandora让其他两种媒体相形见绌，Pandora拥有2 500亿次播放量，而Spotify和YouTube的播放量分别是490亿次和570亿次。

从表8-6可以看出，从2013年到2014年，音频点播量和视频点播量分别增长了300亿次和280亿次，而Pandora（非交互式流媒体）增长了510亿次。尽管唱片的销量下降了4.13亿张，但交互式与非交互式流媒体的总销量增加了1 090亿次。由于唱片销量在2011年之前一直在增长，在2011年之后（包括2013年）一直在下降，所以从总体上看，2014年的流媒体音乐的播放取代了部分唱片的销量。

表8-6　　2013—2017年美国流媒体播放量（十亿次）和唱片销量（百万张）

年份	交互式：音频点播平台（Spotify）	交互式：视频点播平台（YouTube）	非交互式：Pandora	唱片销量（百万）
2013	49	57	250	4 230
2014	79	85	301	3 817
2015	145	172	317	3 344
2016	252	180	329	2 605
2017	400	218	309	2 094

注：假设一首歌曲时长为4分钟，Pandora播放量为收听歌曲的小时数乘以15。

资料来源：Nielsen (various years); Pandora (various years); Recording Industry Association of America (RIAA) (various years).

在接下来的2015年，交互式音频和视频播放量依旧迅速增长，分别增长了660亿次和870亿次，而Pandora的播放量增长较慢，仅增长了160亿次。从2014年到2015年，流媒体的播放总量增长了1 690亿次，而同期的唱片销量下降了4.73亿张。这些变化进一步证明，2015年，流媒体的播放量取代了部分唱片销量。

2016年，类似于Spotify的“点播式”流媒体（与一般流媒体不同）的点播量也为以上结论提供了证据。2015—2016年，音频点播量增长了1 070亿次，而其他主流形式的流媒体播放量的增长幅度放缓。视频点播量仅增长了80亿次，Pandora播放量仅增长了120亿次。所以美国流媒体播放总量增长了1 270亿次，其中点播式的流媒体的播放量占主要份额。在2015年到2016年之间，唱片销量又下降了7.39亿张，这表明可点播的音频比其他流媒体对唱片销量的影响更大。2017年的数据结果与此类似。美国点播式的流媒体的播放量增长了1 480亿次，其中视频点播量仅增长了380亿次，而Pandora的播放量实际上还减少了200亿次。流媒体音乐播放量的增长再次被点播式的流媒体所主导，而同类型的唱片销量又下降了5.11亿张。

有几件事似乎很清楚。首先，流媒体正在取代唱片。随着2016年流媒体播放量升至7 610亿次（2 520+1 800+3 290），唱片的销量大幅下滑。2017年也是如此，美国流媒体播放量增加了9 270亿次，而唱片销量减少了5亿张。其次，允许用户选择音乐的流媒体（即交互式流媒体，如Spotify）似乎比非交互式流媒体具有更强的取代力。最后，2016年音频点播流媒体（Spotify）在美国爆红。

8.13 录制音乐的收入如何？

流媒体取代唱片销量并不意味着流媒体减少了版权所有者的收入。与销售唱片一样，流媒体也会给版权所有者带来收入。流媒体需要向版权所有者支付两种报酬。首先，它们向录音制品的版权所有者支付报酬，这部分收入由唱片公司和歌手分享。其次，它们向作词人支付报酬，当然有可能是歌手自己作词。在流媒体音乐的费用中，录制费用占了绝大部分，约为90%。[29]

为了确定流媒体是否为版权所有者带来更多收入，我们需要知道唱片销量下降使收入减少了多少，我们还需要知道流媒体使收入增加了多少。虽然非交互式流媒体（如Pandora）的费用有固定费率（每播放1 000次支付1.7美元），但其他流媒体服务商每次的销售费用都是保密的，因此很难确定流媒体对版权所有者有利还是有弊。Spotify公开宣称，每播放1 000次需要支付6~8.4美元的费用。[30]

话虽如此，美国唱片业协会公开了3种流媒体形式——音频交互、视频交互，以及声音交换——的年收入数据，声音交换是由唱片公司赞助的一项业务，负责从Pandora和卫星电台流媒体那里收费（声音交换数据反映的是使用录音制品的费用，但不单独统计支付给词曲作者的费用）。

2013—2014年，随着流媒体业务的增长和唱片销量的下降，美国唱片业协会报告的各种形式的流媒体总收入从14.49亿美元增加到18.68亿美元，增长了4.19亿美元，但还不足以抵消唱片销量下降带来的损失。因此，美国录制音乐的总收入略有下降，从70亿美元降至69.5亿美元（见表8-7）。第二年（2015年），随着唱片销量的再次下滑，流媒体流量继续上升，流媒体支付额比上一年增加了5.39亿美元。同样，其他收入的减少也超过了流媒体带来的收益。唱片总收入继续下降至68.7亿美元。

因此，如表8-7所示，在几年中，流媒体带来的新收入被表8-6中记录的唱片销量减少造成的损失所抵消。2013—2014年，流媒体收入增加了4.19亿美元，而流媒体以外的其他音乐收入下降得更多。因此，录制音

表8-7　　流媒体的收入　　单位：百万美元

年份	付费订阅	声音交换	点播广告	美国唱片业协会报告的流媒体总收入	唱片总收入
2013	639	590	220	1 449	7 005
2014	800	773	295	1 868	6 951
2015	1 219	803	385	2 407	6 869
2016	2 508	884	489	3 962	7 486
2017	4 092	652	659	5 665	8 723

资料来源：Recording Industry Association of America （various years）.

乐的总收入从70.05亿美元下降至69.51亿美元，减少了5 400万美元。那么Spotify对版权所有者来说是好是坏呢？许多消费者订阅了流媒体服务，每月支付10美元，而不再偷窃。这至少是一个道德上的胜利，因为偷窃行为减少了。

但如果版权所有者的收入没有增长，那么这场胜利还是有点空洞。回想一下，通过捆绑销售零边际成本的产品，有望提高收入。每当消费者对一首歌存在支付意愿，但其愿意支付的价格低于单曲销售模式下的定价——如1美元——的时候，这个行业就会错失一个“将该支付意愿转化为收入”的机会。捆绑销售允许像Spotify这样的服务商代表版权所有者利用这种支付意愿。因此我们预计收入会增加。

但收入并没有增加，这意味着流媒体的成功要小于理论预测。流媒体未能恢复版权所有者的财富，关于这一点，很多人已经意识到了。许多艺术家都公开对流媒体提出了异议。例如，Beck就曾质疑“这种模式如何能够维持？因为Spotify付给我的报酬还不足以支付我所合作的音乐家或制作人的报酬”。他的结论是，“这种模式行不通，所以我们必须想办法让人们免费创作音乐，或者至少以低得多的价格来创作音乐”。但目前的方法行不通，必须有人牺牲。[31]Talking Heads乐队的前主唱David Byrne曾预测："不可避免的结果似乎是，互联网将把创造性内容从整个世界吸走，什么都不剩。"[32]

其他艺术家则直接表达了他们的担忧，拒绝向Spotify提供音乐。当Taylor Swift的新专辑《1989》在2014年首次亮相时，她拒绝向Spotify提供这张专辑，反对向未订阅Spotify的用户提供音乐。她认为"音乐不应该是免费的"，并预测"艺人个体和唱片公司有一天将决定一张专辑的价格"。她希望同事们不要"低估自己，也不要低估艺术"。[33] Swift并非唯一如此表态的艺人。Adele承认"流媒体音乐是未来的趋势，但它不是消费音乐的唯一方式"。此外，截至2015年，她还不能"宣誓效忠我尚不了解的事情"。[34]

在2016年发生了很不一样的事情。我们在表8-6中看到了熟悉的模式，即唱片销量继续下降，流媒体播放次数继续上升。但这一次，流媒体收入增长了近3倍，即14亿美元，主力军是音频交互流媒体（Spotify）。收入的增长使唱片销售下滑带来的损失相形见绌，美国音乐总收入增长了9%，达到75亿美元（见表8-7）。这对于一个自Napster推出以来收入已经减半的行业来说是一个具有里程碑意义的发展。观察家们为这"显著的增长"欢呼。[35]这种增长是由付费用户的大幅增长，以及越来越多的付费用户对音频点播流媒体服务的付费驱动的。2017年，美国的音乐总收入奇迹般地增长了17%，达到87亿美元。

尽管数字化给内容产业带来了种种挑战，但也带来了很明确的礼物——使捆绑成为可能，其有望为内容产业带来更多的利润。微观经济学的奇才们承诺捆绑销售将为整个行业带来收益，不过需要一段时间才能实现，而奇迹从2016年已经开始出现了。

第9章　知识产权制度的双城记：好莱坞和宝莱坞的教训

到目前为止，我们基本上忽略了潜伏在数字化时代角落里的一只800磅重的“大猩猩”。那只大猩猩就是盗版。有人说它是爱好和平的食草动物，但它肯定会摧毁创意产业。我们该怎么办?

尽管有这么多有关数字化的好消息，但是盗版仍然是一个问题，我们要将它的重要性作为一个政策问题去考虑。盗版有可能减少与任何特定产品相关的收入，并对这些产品的数量和质量造成负面影响。正如我们所看到的，媒体公司经常声称需要受到强有力的知识产权保护。同样，它们还指出，收入受到（如盗版导致的）威胁会进而威胁到文化产品的持续生产。至少在原则上，评估它们的主张的一种方法是进行实验。1978—1979年间有一季《周六夜现场》节目令人难忘，它探讨了这样一个问题：“如果Eleanor Roosevelt（美国总统罗斯福的夫人）能飞会怎么样?”经济学家也想探讨类似的不太可能的假设：如果电影业的收入在未来几年减半，会发生什么？这些影响会使电影质量和数量发生什么变化？如果电影行业的收入增加了1倍或2倍，又将发生什么？会有更多更好的电影出现吗?

正如喜剧作家无法让已故的第一夫人飞起来一样，经济学家通常也无法进行“无所不能的计划”实验。如果我们想知道收入的重大变化如何影响电影产业，最好的办法就是浏览历史，寻找类似情节。那我们能不能找到这样一段历史情节：特定系列电影在一段足够长的时间内的收入下降了50%，足以让人们看到电影产业对新情况的反应？或是特定系列电影在一段时间的内收入以100%的速度增长？

答案是肯定的。有两个适用的历史事件：在20世纪80年代中期袭击印度电影的盗版浪潮，以及我们在第3章中讲过的，在地球另一边放映窗口（电影按照影院、家庭录像、电视的时间窗口顺序放映）的影响下好莱坞收入的增长。印度盗版电影似乎将任何一部特定电影的可获得收入削减了一半，而时间窗口制度的发展让好莱坞的实际收入增长了4倍。这两个对收入的冲击都发生在数字化之前，所以我们可以看到在成本条件相对稳定的情况下，收入变化会带来什么影响。

9.1 宝莱坞：1985—2000年

印度有着悠久的电影制作传统。如果用影院上映的电影数量来衡量，那印度电影产业长期以来都是世界上规模最大的。2006年，美国制片商发行了500部电影，而印度制片商发行的电影数量是美国的2倍。虽然印度电影产量最多，但其投资相对较低。《银幕文摘》（Screen Digest）的数据显示，2010年，美国制片商在754部电影上投资了92亿美元，而印度制片商在1 274部电影上投资了4.79亿美元。好莱坞平均每部电影花费1 500万美元，而印度平均每部电影花费38万美元。（请注意，《银幕文摘》的数据包括了所有在影院上映的电影，而不只是平均预算约为1亿美元的大制片厂的电影）

20世纪80年代中期和90年代初期，印度电影业曾经面临由录像机和有线电视两项新技术所导致的盗版浪潮。首先，独立的有线电视运营商在未经授权的情况下通过有线电视系统播放新电影，并没有向版权所有者支付任何费用。其次，20世纪80年代还出现了一个庞大的录像厅网络销售和租赁盗版录像带，后来还出现了DVD。那么在20世纪80年代和90年代，印度电影制作发生了什么？[1]

关于这两种未经授权的发行渠道对电影消费数量的影响，我们没有精确的数据，但当时的一些记录可以表明盗版的猖獗。在有线电视普及后不久，印度就有了成千上万的影厅和盒式磁带商店，提供盗版的最新印度电影。[2]到20世纪90年代中期，有3万家有线电视运营商争夺客户，其中大多数运营商规模较小，且不受监管。大多数有线电视运营商每天播放2~3部无许可证的电影。

如果未支付的消费侵蚀了销售，那么我们预计授权电影的票房收入将会下降。不幸的是，印度这段时期的总票房数据无法获得。然而，从1960年到2010年的票房排名前20部印地语电影和1981年到2010年的票房排名前50部印地语电影的收入都是可以获得的。[3]印度是一个多语种的国家，生产的电影也是多语种的，印地语电影（“宝莱坞”）所占比例最大，其次是泰米尔语和泰卢固语电影。

Rahul Telang和我收集了近半个世纪里近2 000部电影的发行数据，这半个世纪是包含盗版时期的。我们的目标是衡量在1985—2000年的“盗版流行”期间，对于所有特定收入层级的电影，每年的收入发生了什么变化。[4]图9-1中的圆圈显示了与1961年相比，每年电影的实际收入水平。由于年度数据存在波动，所以我还加入了一条平滑曲线来描述平均趋势。图9-1的主要结论是，从1985年到20世纪90年代初，每部电影的收入与之前已经形成的趋势相比下降了40% ~50%。考虑到这段时期的盗版活动，收入下降可以成为盗版活动减少授权电影收入的有力证据。

收入下降对电影制片人来说显然是个坏消息，但正如我们所知，对其他人和公共政策来说，相关问题并不是“收入如何”，而是“对新电影制作有什么影响”。如果考虑版权的目的，我们关心的不是收入本身，之所以关心收入，是因为收入可以为新电影制作提供资金支持。

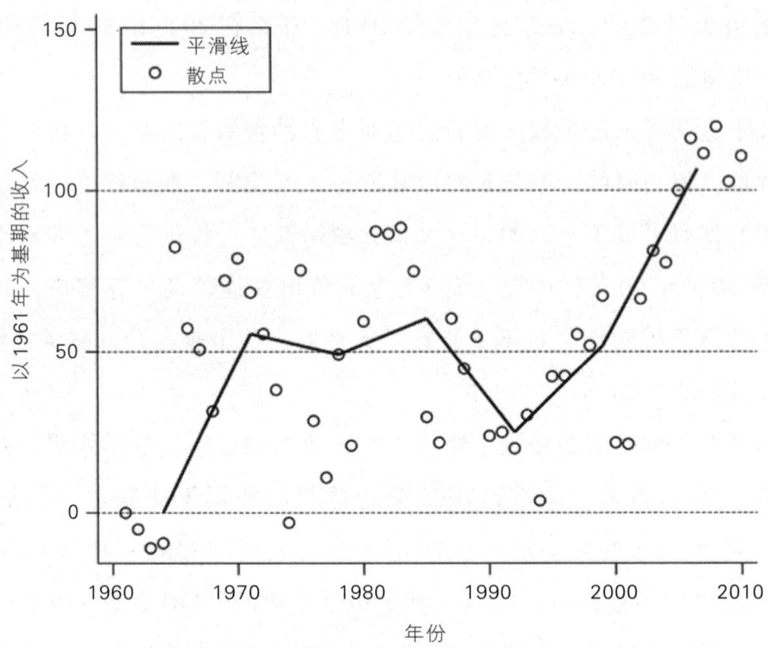

图9-1　1961—2010年印度每部电影的收入变化情况

资料来源：Telang and Waldfogel （2014）.

印度每年制作的电影总数可以从几个不同的来源获得。其中之一是互联网电影数据库，该数据库显示，从1960年到1985年，印度电影产量稳步上升，随后，电影数量从1985年约550部的峰值降至20世纪90年代末的300部。印度电影审查委员会批准的电影数量数据证实了这一模式和时间，尽管具体数值不同。审查委员会的数据显示，从1960年到1982年，得到批准的电影数量稳步上升，但是在1983年达到800多部的峰值后就开始下降到20世纪90年代末的不足400部。如图9-2所示，直到2005年，电影数量才再次超过20世纪80年代初的峰值。这两个数据来源都显示，从1985年到2000年，电影产量大幅下降，而且这个时间点与盗版时期相吻合。值得注意的是，在此期间，大多数其他国家的电影产量并没有下降。

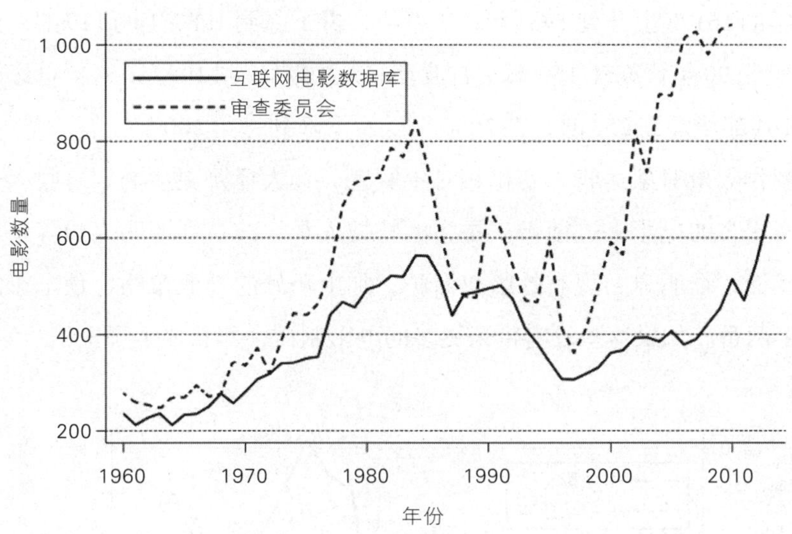

图9–2　印度电影制作的2项指标

资料来源：Telang and Waldfogel （2014）.

从原则上讲，盗版活动可能会中断供给，这一点早已很清楚。原理很简单——产业需要收入来弥补成本，而随着可用收入的减少，产业不能为这么多的产品融资。但一直以来所预测的对电影制作的这种影响完全是理论性的。印度的案例表明，盗版对供给的负面影响不仅仅是理论上的可能，它在一个有着庞大且成熟的电影业的国家也实际发生过。

9.2　好莱坞：1950—2000年

正如我们在第3章中所看到的，在1950年到2000年间，好莱坞找到了从电影中获取更多收入的方法，使电影实际收入翻了两番。那么实际收入翻了两番对好莱坞的电影产量带来什么影响呢？首先，随着时间的推移，大型电影公司发行的电影数量没有收入变化那么大。如图9–3左侧纵轴所示，从1980年到2005年，各大电影公司的电影发行数量每年都在波动：从

1980年的161部上升到1983年的190部，再下降到1987年的129部，然后在20世纪90年代初在160部左右波动；从1993年到1997年，新电影的数量从161部增加到253部，在2000年以后下降到每年200部左右。乍一看，电影制作数量对票房收入变化相对不敏感，让人怀疑更多的票房收入是否会带来更多的电影，进而带来更多的特技人员、演员和照明人员等工作岗位。然而，很明显，现有的版权保护，加上巧妙的商业策略，使电影的收入翻了两番。如果这些没有带来更多的电影制作，那么钱去哪里了？

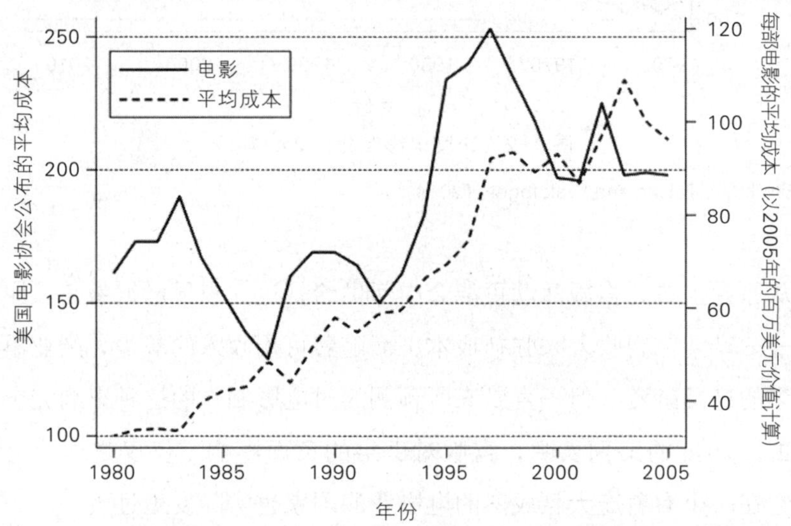

图9-3　1980—2005年主流电影公司的发行成本（左）和每部电影的平均成本（右）

资料来源：Vogel （2007).

随着时间的推移，电影公司单部电影的总投资一直在快速增长。如图9-3右侧纵轴所示，在1980—1982年间，主流电影公司制作一部电影的平均成本为3 500万美元（以2005年的美元计算）。从1983年到1995年，每部电影的平均成本从3 400万美元快速增长到7 000万美元。1995年后，成本增长加速。1997年，主流电影公司制作一部电影的平均成本升至9 200万美元，并一直维持到2001年。2003年制作电影的平均成本跃升至

1.09亿美元。2005年是美国电影协会决定公布电影制作平均成本的最后一年，这一年主流电影公司制作电影的平均成本为9 600万美元。[5]

好莱坞电影成本上涨是否意味着随着时间的推移，从吸引观众的角度来说电影变得更好了呢？也许是，也许不是。随着时间的推移，电影制作成本可能会变得更高，因为它们的制作需要更多投入（如大规模的演员阵容，或一系列昂贵的场景设置），或这些投入的成本会上升。电影成本的一个重要组成部分是付给关键人员的工资。根据一些统计，付给演员、导演、编剧和制片人的报酬占到电影制作总预算的1/3到1/2。[6]

为什么人才的价格会随时间的推移而上涨？有能力扩大电影对观众吸引力的演员只是少数。假设，相对于选择次优演员，让Brad Pitt出演一部电影会将这部电影的潜在观影市场份额从10%提高到13%。如果市场上有1亿美国人在看电影，票价是10美元，加入Brad Pitt的演员阵容将使收入增加3%，相当于10美元票价乘以1亿潜在观众的3%，即3 000万美元（现实中制片方要与放映方分享收入，同时制片方还要从家庭录像和电视中获得收入，我这里只是举个例子来说明观点）。在这种情况下，与吸引力排名第二的演员相比，给Brad Pitt多支付300万美元是值得的。

假设随着时间的推移，市场规模会翻倍，这或许是由于国际营销或家庭录像规模的增长。现在，潜在观众不再是1亿人，而是2亿人。因此，知名演员的价值将会上升，因为他的参与对电影收入的影响也是以前的2倍。如果Brad Pitt对国内家庭录像的观众和国际观众的吸引力不亚于他对国内影院观众的吸引力，那么他对这部电影3%的市场份额的贡献现在是6 000万美元，而不是3 000万美元。

制片方为什么愿意支付Brad Pitt更高的报酬呢？是因为某一特定观众觉得Brad Pitt的作品更好或更吸引人吗？不是的。是因为有更多的观众愿意花钱欣赏他的作品。也就是说，Brad Pitt拥有一种罕见的品质或能力，而且现在这种品质和能力可以传播给更多的观众。

因此，资金的一个流向可能是人才。随着时间的推移，演员的薪酬

（“投入价格”）增加了吗？演员薪酬的数据通常比电影预算数据更难找。但是，由于影迷们对电影很痴迷，他们可以从各种来源获得薪酬数据。其中一个来源是Pal-zoo名人网站，[7]另一个来源是互联网电影数据库。我已经找到了1950年至2000年间演员们参与2 000多部好莱坞电影制作的薪酬数据。当然，主演的收入要比小角色多，所以为了做到具备可比性，我也收集了每部电影中每位演员在演员表中的排名，这个信息是从互联网电影数据库中每部电影的演员表中获得的。

通过这些数据，我可以看到在这段时间里，经通胀因素调整后的主演薪酬发生了什么变化。[8]主演片酬从1980年的每部400万美元涨到了1990年的每部600万美元，从20世纪90年代末开始涨到了1 000万~1 500万美元。在过去20年里，顶级明星的薪酬几乎翻了两番。是的，很明显，好莱坞的投入价格上涨了。

几个顶级薪酬的例子说明了这一点，我们将数据换算成2010年的固定美元。1965年，Elvis Presley因出演《春满众香国》（Tickle Me）获得了520万美元的片酬。同年，Julie Andrews凭借在《音乐之声》（Sound of Music）中饰演Maria赚了160万美元。1975年，Gene Hackman凭借在《幸运女士》（Lucky Lady）中的角色获得了510万美元的片酬。10年后，最高工资开始上涨。1985年，Roger Moore和Arnold Schwarzenegger分别因《杀手与突击队员》（A View to A Kill and Commando）拿下了1 000万美元和400万美元的片酬。1995年，Val Kilmer和Geena Davis获得了最高片酬，他们凭借《永远的蝙蝠侠》（Batman Forever）和《杀手岛》分别获得了1 000万美元的片酬。到2005年，片酬更高了，4个主演通过角色获得的片酬超过2 000万美元：John Travolta在《扮酷》（Be Cool）中的角色，Will Ferrell在《踢、尖叫》（Kicking and Screaming）和《被施了魔法》（Be Witched）中的角色，Brad Pitt在《史密斯夫妇》（Mr.& Mrs.Smith）中的角色。2005年以后，2 000万美元的片酬又开始显得过时了。2009年，Tom Hanks凭借《达芬奇密码》（The Da Vinci Code）的续集《天使与魔鬼》（Angels and Demons）中的角色获得5 000万美元的片酬；Daniel Radcliffe凭借《哈利·波特与死亡圣器（下）》（Harry Potter and the Deathly Hallows，Part II）获得3 000万美元的片酬；《长大成人》（Grown Ups）中的Adam Sandler得到了2 500万美元的片酬。在30年的时间里，顶级演员的收入增加了3倍。

我们看到，电影主要演员的薪酬普遍有所增加，但是还是有所谓顶级片酬的明星，这就说明，不同的演员的片酬还是存在档位区别的。我们对739个第一番位演员的片酬分析显示如下：在20世纪70年代初，第一番位演员片酬的90分位数大约是500万美元，而中位数大约是350万美元，10分位数大约是100万美元；30年后，90分位数的片酬增长到4倍，达到2 000万美元，中位数增长3倍，达到1 000万美元，10分位数的片酬仍保持在100万美元左右。

好莱坞表示，如果收入受到威胁，就需要削减投资，此外，工作机会也会受到威胁。但当好莱坞的收入增长了4倍时，它又做了什么呢？大型电影公司所制作的电影数量并未增长4倍，也没有因此雇用了4倍数量的照明工、摄影器材助理和制片主任。相反，各大电影公司在每部电影上花的钱更多，主要是因为大牌明星的价格被越抬越高。

如果这种描述是准确的，那就说明收入减少对好莱坞的威胁是一幅截然不同的图景。好莱坞不会因此而停止制作电影，也不会因此减少制作电影；更直接的威胁将是，Brad Pitt和Tom Hanks需要适应每部电影片酬是500万美元，而不是2 000万美元。

看来，好莱坞对明星影响力的投资不会影响电影质量或电影的数量，而只会使John Travolta拥有一架波音707。不过在得出上述结论之前，我们应该考虑这样的可能性，即好莱坞的投资增长使电影更具吸引力。[9]在第3章中，我们看到证据表明电影的质量从1980年到2005年有了提高。因此，至少有一些证据表明，随着时间的推移，年投资总额的增加产生了更具有持久吸引力的电影佳作。

9.3 好莱坞和宝莱坞有什么不同？

为什么宝莱坞和好莱坞在1980年后的经历会有所不同？原因很难确定，但一个明显的可能性是，印度电影的发行成本平均只有美国电影的5%，在需求下降的情况下，没有削减成本的空间，而好莱坞电影可能会这样做。

如果好莱坞的收入下降，那么电影公司就会试图与人才进行不那么慷慨的交易。只要最终达成的协议为演员们提供的报酬超过了他们次优职业（如舞台演员、星巴克的咖啡师、大学老师）的收入，Brad Pitt和他的演员伙伴们就还是会向剧组报到。瞧，电影还是会被制作出来，只不过成本更低了。按照这种逻辑，即使出现收入缩水的情况，好莱坞的主流电影公司每年似乎也会继续制作150~200部电影，在院线大规模上映。

在印度，电影制作的总成本大约是好莱坞电影成本的5%，在1985—2000年期间，印度演员的报酬，可能已经与他们的次优职业的报酬相当，因此也没有将其报酬再降低的谈判余地，这也解释了为什么20世纪80年代末的收入减少导致电影数量减少。由于没有讨价还价的余地，电影行业收入减少的必然影响是电影数量减少。

当然，也不能说在收入减少的情况下好莱坞还会继续让电影像现在这样吸引人，这种说法有失偏颇。如果美国消费者对知识产权非常不尊重，那么电影产业投入的资金就会大幅减少，好莱坞的电影产量就会发生根本性的变化。但是，美国目前似乎还远远没有这种危险。

我们可以区分私人组织的反盗版行动和政府的反盗版行动的优先次序。媒体公司和版权所有者通常有很好的理由采用商业策略来打击盗版、鼓励合法购买。Michael Smith和Rahul Telang在《流媒体、分享、盗窃》（Streaming，Sharing，Stealing）一书中概述了许多这样的策略，如确保内容在方便的法律平台上可用，这些策略显示了巨大的潜力。[10]我本人是一名权利持有人，我赞赏为增进权利持有人利益而采取的私人行动。

在政府方面，打击盗版也有很好的理由，简单讲就是产权保护和尊重法治。也许这些都是老套的理由，但是即使是一个版权左派分子，也希望警察能在他的普锐斯轿车被盗时提供帮助。如果更严格的反盗版规定或执法行为是为了确保有吸引力的新电影源源不断地上映，那么目前的情况似乎还不太紧急。如果好莱坞的知识产权出现了“9·11”式的紧急事件，这对Brad Pitt的影响会更大，但是对那些默默无闻的电影界人士——照明工、摄影器材助理、制片主任——持续就业前景的影响会很小，对普通观众的观影机会的影响也很小。

第10章　数字化、法国人，以及维京人的回归

国际贸易被广泛地认定为一种有益的力量，至少经济学家们是这样认为的。消费者可以获得更多种类的产品，生产商则有机会同时向本国消费者和其他国家的消费者销售产品。总体而言，在过去几代人的时间里，全世界都在朝着自由贸易的方向行进。

然而，文化产品却是个例外。世界各地——尤其是欧盟国家——的监管者和其他杞人忧天者，都将文化产品的自由贸易视为一种威胁。归根结底，监管者认为，文化自由贸易的主要威胁在于好莱坞电影和英语语种的音乐可能会对本国观众产生过大的吸引力，乃至转移他们对本国文化产品的注意力。认为本国文化会消失是最为冠冕堂皇的担忧，较为平常一些的担忧则在于本国生产商的收益会因自由贸易而变少。

对于许多决策者来说，外国文化产品的可获得性提高，威胁的不是向外国消费者销售本国产品的机会，而是国内的销售者和本国文化。法国总统François Mitterrand就曾明确表达过这样的看法：

“我们应当保持警惕。如果说，欧洲精神已不再受到强大极权主义的威胁，因为我们已经知道如何抵制它，那么，它将可能会遭受的是来自新主宰的更为阴险的威胁。这些新主宰包括经济主义、重商主义、金钱的力量，在某种程度上，技术也是其中之一……当前所争论的问题在于国家的文化认同，在于每个民族都拥有维系自身文化的权利，以及创造并选定自身形象的自由……一个把自身的表达手段让渡给他人的社会是一个受奴役的社会。”[1]

Mitterrand早在20世纪90年代就表达了这种关切，而数字化使外国产品变得无处不在，却是在那之后很久才发生的事情。

正如我们所看到的那样，数字化使文化产品的生产与分销变得更加容易。这种成本的降低也使跨国销售产品变得更加容易。法国人担忧法国产品面临外国产品的竞争时会表现不佳，所以他们感到恐惧。至少这是部分原因。而对于数字化，包括斯堪的纳维亚半岛国家在内的其他较小国家的创作者则持有不同的看法，他们可能正怀揣着重振北欧文化的雄心。自8世纪晚期起，来自今天的挪威、瑞典和丹麦的维京探险家们开始了长达300年的对欧盟大部分地区的贸易和掠夺。[2]但是到了1066年的诺曼征服，以及斯堪的纳维亚半岛广泛接纳基督教之后，北欧海盗就不再是一支强大的力量。除了沃尔沃（Volvo）、萨博（Saab）、北海石油公司（North Sea Oil）和ABBA乐队以外，在过去一千年里，斯堪的纳维亚半岛的文化出口基本处于沉寂状态。

对于高卢人的担忧、维京人的影响范围，以及盎格鲁-撒克逊人（英国血统的人）的文化主导地位，数字技术的发展到底起到了怎样的作用呢？

10.1　模拟时代的文化贸易

传统上，文化产品的贸易存在着两大障碍：法制规章等监管措施和向位于遥远目的地的消费者供给产品的成本。首先，监管措施通常明显偏袒本土文化产品，而非外国产品。例如，许多国家都对无线电广播规定了本土内容方面的必需条件。法国就规定，在法国电台播放的音乐中，至少要有40%是国内音乐。加拿大也有类似的规定，澳大利亚和新西兰也是如此。[3]对电影市场的干预更甚。欧洲国家倒没有直接限制进口，但却由政府对电影制作进行补贴。2004年，欧洲1/3的电影制作成本是由政府承担的。在有些国家，政府甚至负担了一半的费用。[5]

音乐贸易一直都比较麻烦，尽管它并不需要跨洋运输装满CD的集装箱。确切地说，如果一家美国唱片公司想在英国发行一张专辑，该公司就会与英国当地的某家唱片公司（通常是姊妹公司）签订合同，以便在目标国生产并分销该产品。与国内音乐零售业一样，音乐贸易往往成本高昂。除非生产商非常确定某产品具有跨境吸引力，否则它是不愿承担将该产品投向店面或剧院的成本的。当然，许多艺术家确实具有广泛的吸引力。20世纪60年代英国音乐的流行即所谓的“英国入侵”，就是由跨大西洋的贸易促成的。美国的Michael Jackson和Madonna，以及加拿大的Justin Bieber在全球的成功就是如此。但是，来自非英语母语的小国的音乐产品却很少能够被跨洋买到。

10.2 数字时代以前的贸易格局

流行歌曲排行榜或许提供了论证流行音乐贸易格局的最好方法。流行歌曲每周排行榜都会列出那一周最受欢迎的20首、40首或100首歌曲，长期以来，很多国家都有一份这样的榜单。如果能够运用某种巧妙的手段，那么，将流行歌曲排行榜转化为贸易统计数据并非难事。这需要两个步骤：第一，将排名转化为在总销售额中的占比；第二，弄清楚每位艺术家来自哪里。

根据历史经验，每周排名第二的歌曲的销量往往是排名第一的歌曲的销量的一半左右。排名第三的歌曲销量往往是排名第一的歌曲销量的1/3左右，以此类推。因此，当研究人员面对着流行歌曲排行榜，但却得不到其背后的销售数据时，就通常用这种方法来估算销量。比方说，就直接假定排名第七的歌曲的销量是排行榜冠军歌曲销量的1/7。弄清楚每位艺术家来自哪里是很费时的工作，但总的来说并不困难。在MusicBrainz、All-

Music和维基百科等网站上，就有大量的艺术家信息。

我们不妨从acharts.co的法国百强歌曲榜单中抽取2017年7月22日这一周的前10名，来说明我们是如何从流行歌曲排行榜中推算出贸易统计数据的。[6]如表10-1所示，Luis Fonsi和Daddy Yankee的《慢慢来》（Despacito）排名第1。如果我们把前10首歌曲姑且当作完整的歌曲列表，那么，排名榜首的歌曲在总销量中所占的市场份额就应当是34.1%，正如表中最后一列所示。[7]此外，还需要做出一些主观判定。比如，第6首歌曲是由Chainsmokers乐队和Coldplay乐队演唱的。尽管Chainsmokers乐队是美国的，Coldplay乐队是英国的，但我后续还是以居首乐队的所在国为准，将第6首歌曲算作美国作品。再如，第4首歌曲的主要演唱者Lartiste虽出生于摩洛哥，但8岁时就移居到了法国，而且由于他最初就是在法国开启商业化运作的，因此我们可以理所应当地将他的音乐算作法国作品。

表10-1　　2017年7月22日法国百强歌曲榜排名前十的歌曲

单位：百分比（%）

排名	歌曲	艺术家	所在国	在前十名歌曲市场销量中的占比
1	Despacito	Luis Fonsi，Daddy Yankee	美国	34.1
2	Feels	Calvin Harris，合作者Pharrell Williams，Katy Perry，Big Sean	英国	17.1
3	Shape of You	Ed Sheeran	英国	11.4
4	Chocolat	Lartiste，Awa Imani	法国	8.5
5	Wild Thoughts	DJ Khaled，合作者Rihanna，Bryson Tiller	美国	6.8
6	Something Just Like This	Chainsmokers，Coldplay	美国/英国	5.7
7	Tié La Famille！ Best Comeback	Bengous	法国	4.9
8	Attention	Charlie Puth	美国	4.3
9	Je Joue De La Musique	Calogero	法国	3.8
10	Réseaux	Niska	法国	3.4

资料来源：作者根据acharts.co的数据计算。

在前10名的歌曲中，我们可以按原产国逐一汇总其市场份额，进而计算出贸易统计数据。所以，举例来说，在当周法国排名前10歌曲的市场份额中美国艺术家占比50.9%，英国艺术家占比28.5%，余下的20.6%则属于法国艺术家。

最后，为了将这些原产国的市场份额转化为贸易量，我们需要依照目标市场的规模对这些市场份额进行等比例扩大。在本例中，目标市场就是法国。并非所有国家录制音乐的市场规模在所有年份的数据都是可得的，因此，我们可以利用一个简单的假设，即一国的音乐销售与其GDP成正比。对于美国和欧洲国家等收入水平大致相似的国家来说，这种方法是较为合理的。

Fernando Ferreira和我就是用这样的方法分析了22个高收入国家在音乐零售业数字化之前的半个世纪里（1960—2005年）的流行歌曲排行榜，从而证实了下述贸易格局。[8]首先，虽然美国是一个大国，其GDP在22个研究对象国家GDP总和中的占比约为1/4，但其音乐销售在世界贸易中所占的份额却略微低于这一比例。也就是说，美国虽大，但在音乐跨境贸易中所占的份额却（略）逊于其经济实力。

其次，在世界音乐市场中，又有哪些国家所占的份额能使其经济规模相形见绌呢？英国就一直是这样的国家，瑞典和澳大利亚有时也是。尽管“英国入侵”这个词语让人想起的是20世纪60年代的英国音乐巨头（甲壳虫乐队和滚石乐队），英国在全球音乐销售中的份额达到巅峰却是在20世纪80年代。1985年，当英国GDP占样本国家GDP的1/10左右时，其音乐所占的份额却是这一比例的几乎5倍。

但是，让我们把视线重新投向技术的发展及其对世界贸易的影响。虽然数字下载及流媒体等形式的数字化要再等上10年才会出现，但20世纪90年代通信技术的进步却使美国（或其他英语国家）的主导地位得以加强，这就难免对其他国家构成了威胁。这些进步既包括互联网的发展，也包括音乐电视的全球推广，即人们熟知的MTV。因此，François Mitterand

才有前文那番鼓动人心的陈述。在1993年的贸易谈判中，法国文化部长Jacques Toubon也曾有过慷慨激昂的言辞："我们绝不能让我们的灵魂窒息而死，绝不能让我们的眼睛失去光明，绝不能让我们的生意受到束缚。我们要自由地呼吸——呼吸我们自己的空气，呼吸滋养了世界文化的空气，而明天，人类就将面临失去这种空气的危险……让我们为这场生存之战动员起来。"[9]

或许有些令人惊讶，但在1990—2005年间，全球消费者对国产作品的关注度确实在提升。整体而言，世界各地的乐迷们并没有转向外国音乐或者特别沉迷于美国音乐，而是越来越多地消费本国音乐作品。在法国担忧英语国家会日益占据主导地位的背景下，这样的态势实在令人欣慰。尽管技术的变革使外国产品更容易被看到、被买到，国产作品却仍能立于不败之地。但考虑到即将到来的数字技术变革，Fernando和我所做的定论或许为时过早。

10.3 数字化与外国产品的可得性

除了已经被证明了的影响之外，数字化还彻底改变了文化贸易的可行性。音乐就是最明显的例子，音乐贸易的变化这出戏是分两幕上演的。这出戏的开场始于2003年迅速遍布全球的iTunes音乐商店。iTunes使一首歌在世界各地都能被听到的成本直线下降。唱片公司或艺术家不再需要外国唱片公司来发行音乐，而只需在每个国家不同的iTunes商店里提供歌曲即可。

凭借iTunes商店而构建的数字可得性在很多方面都是革命性的。一位艺术家或一家唱片公司只需极少的投资，就能让数亿消费者真正欣赏到一首歌曲。此外，每首歌曲都是单独销售的，消费者可以购买她想要的某一首或几首歌曲，每首单曲的售价仅为1美元或1欧元，他不用再花15美元买下一整张包括很多她并不想要的歌曲的专辑。鉴于将歌曲推向市场的成本大幅下降（包括总体成本和跨越国界的成本），许多艺术家也许就能找到新的市场和粉丝了。

等等，别急，好戏还在后面呢。在强劲的开场表演后，大牌明星——流媒体音乐——闪亮登场。随着音乐服务平台Spotify于2008年和2011年分别在欧洲和美国推出，世界各地的消费者都可以坐拥大型歌曲图书馆了，而且，注意，消费者们还可以额外听一首歌曲，而无须支付更多的钱。这意味着听众可以碰碰运气去听一首新歌，而不用在冒险花费1美元后发现自己买到的是一曲失败之作。

于是，仅通过小额投资，来自偏远地区的默默无闻的艺术家们就有了一举成名的可能。而他们的一举成名之地可能不只是国内市场，还包括国外市场。有这样一群艺术家就是借由Spotify平台才被全球听众所知，从而自然而然地成名的，他们之中有不少都来自维京人的土地。丹麦的Lukas Graham就是一个引人注目的例子。Graham的歌曲《7年》（7 Years）于2015年9月16日在北欧国家发行，并在约一个月的时间内登上了Spotify瑞典排行榜的榜首。在Spotify的美国病毒式歌曲排行榜上（专门收录迅速受到热捧的歌曲的榜单），这首歌在11月初就排在了首位。2016年1月，这首已经广受追捧的歌曲仍有着飙升的人气，其流媒体播放量始终保持强劲。截至2016年1月下旬，这首歌曲的累计播放量达到了1亿次，并在同年2月荣登英国40强歌曲排行榜的首位。截至2016年3月，这首歌曲在Spotify平台上的播放量已超过2.17亿次。

Graham并非个例。其他迅速火爆起来的北欧艺术家还包括瑞典的Tove Lo和Zara larsson。[10] 2016年3月，“在Spotify平台上，北欧出品的歌曲在全球范围内的播放量达到了14亿次，特别地，瑞典艺术家歌曲收听量的60%以上都来自瑞典之外的国家”。[11]正如一位唱片公司高管曾指出的，“成功可以来自任何地方，也可以发展到任何地方”，一个“流媒体主导的市场正在帮助艺术家们从任一地域脱颖而出”。[12]

10.4 对数字化背景下贸易的系统证据

维京人的轶事的确有趣，但是，在通过iTunes及随后的Spotify进行数字分销的时代，世界贸易的格局到底发生了怎样的系统性变化呢？

为了重新讨论数字零售时代世界贸易的问题，我收集了两组新的数据。首先，为了考查自iTunes出现以来贸易的演进，我收集了18个国家从2004年到2015年的流行歌曲排行榜。从这些榜单中，我们可以看出：（1）自音乐零售数字化以来，贸易格局是如何演变的；（2）已被证实的1990—2005年间对国内音乐有所提高的兴趣后来是持续下去了，还是逆转了。其次，为了考察流媒体是如何影响贸易格局的，我又拿到了2014年和2015年上述国家的Spotify平台播放数据。[13]

这些数据在很多方面并不完美。例如，虽然我想对数字音乐销售条件下的贸易格局与流媒体条件下的贸易格局进行一番理想化的比较，但流行歌曲排行榜的形成实际上并不仅仅基于音乐销量。Spotify平台数据的形成完全基于流媒体，但也因国家的不同而有所不同，而流行歌曲排行榜的形成除了基于音乐销量之外，还可能对流媒体或隔空播放予以部分考量。因此，将流行歌曲排行榜的数据与Spotify平台的数据进行比较，就会趋向于低估歌曲销售条件下的贸易格局与流媒体条件下的贸易格局之间的差异。即便如此，看看这些数据能给我们带来哪些发现还是很有益处的。

10.5 数字化会慢慢降低贸易成本吗?

经济学家通常将贸易障碍称为摩擦。为了对摩擦的含义能有一个直观的认识，请想象这样一个世界：潮湿的冰块就好比产品，光滑的花岗岩台面就好比地球的表面。要把一个湿冰块从法国（火炉附近）移到中国（水池附近），只需很少的能量，因为在台面与冰块之间几乎没有摩擦力。相比之下，如果冰块是干的，且台面是粗糙的、未经抛光的花岗岩，那么，移动产品就会变得很难。为什么？因为在冰块与粗糙的台面之间会有摩擦力。基于这种直觉，经济学家将任何阻碍产品长距离移动的障碍都视为摩擦。这些摩擦可以有多种形式，有些是基于运输产品的成本，有些则是基于产品产地的消费者与其他地方的消费者之间不同偏好背后的文化差异。

要探究数字时代的贸易摩擦是否有所减少，有一种最简单的方法，就是看国内音乐的消费趋势是如何随着时间的推移而演变的。如果消费者获得外国音乐变得越来越便利，而且随着时间的推移，他们越来越有可能选择购买外国歌曲，那么，国内音乐的消费份额就会下降。图10-1显示的是所有样本国家音乐排行榜国内份额的均值，且这一均值是相比于2004年而言的。这些国家包括美国、英国、其他主要欧洲国家，以及少数其他国家。图中纵轴显示的是相比于2004年数值的变动，这就意味着从2004年到2007年，音乐排行榜国内份额提高了30%以上。随后，从2007年到2015年，音乐排行榜国内份额一直在持续下降，并最终降至低于2004年的水平。

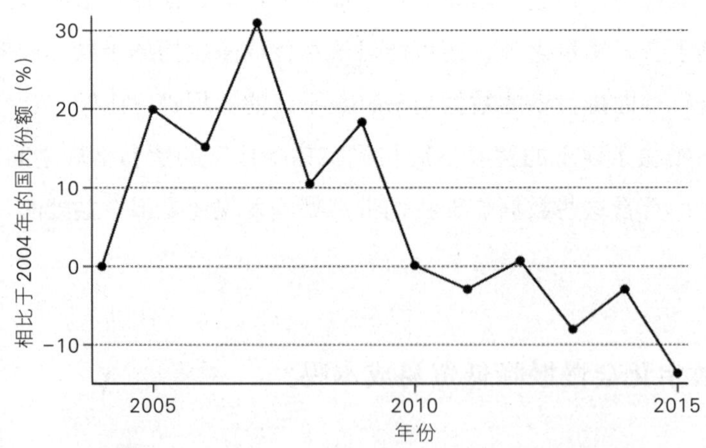

图10-1　1980—2015年流行歌曲排行榜中国内份额的演变

资料来源：作者对流行歌曲排行榜的数据进行分析计算的结果。

2006年以后国内份额的大幅持续下降与数字化对贸易障碍的削弱是一致的。从2007年到2015年，了解及购买外国歌曲变得更加容易了。因此，人们自然就购买了更多的外国歌曲。这与Fernando Ferreira和我所证明过的2005年之前数十年日益增长的本土偏好形成了大逆转。换言之，贸易壁垒的减少似乎证实了保护主义者的担忧，即新技术会让消费者远离国内产品与文化。

10.6　流媒体比数字销售更加无摩擦吗？

正如我们所看到的那样，音乐消费正在迅速转向流媒体。因此，我们在Spotify数据中看到的贸易格局也让我们得以一瞥未来流媒体成为常态时可能出现的贸易格局。从2014年到2015年，对于18个国家来说，流媒体歌曲排行榜和流行歌曲排行榜所反映的贸易格局有何差别呢？

为了回答这个问题，我们可以逐个国家地比较Spotify平台上的国内份额与流行歌曲排行榜上的国内份额。例如，Spotify平台上奥地利音乐消费的国内份额与奥地利的流行歌曲排行榜上的国内份额相比，孰高孰低？如果流媒体条件下的贸易与数字销售条件下贸易的难易程度一样，那么，我们期望看到，用流媒体及用数字销售两套数据所计算出来的国内份额是相同的。也就是说，我们进而可以预期，流媒体国内份额/流行歌曲排行榜国内份额这一比值等于1。

图10-2按国家显示了这些比值。在兼备Spotify数据及流行歌曲排行榜数据的18个国家中，有11个国家的这一比值低于1，这反映出在这些国家，流媒体条件下的贸易是更为容易的。有趣的是，在流媒体条件下，国家越大，国内份额却往往越小，也就意味着消费者对国外产品消费得更多。因此，对于美国、英国以及样本中较大的欧洲国家（德国、法国和西班牙）来说，Spotify国内份额比其流行歌曲排行榜的份额都要更低，

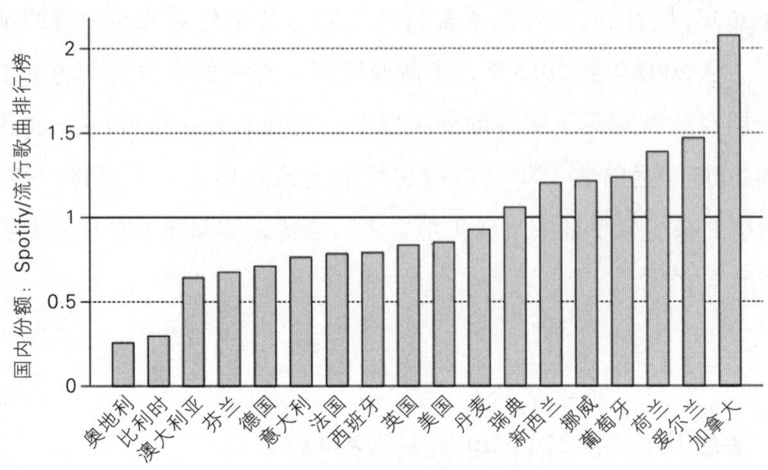

图10-2　Spotify国内份额与流行歌曲排行榜国内份额对比，2014—2015年

资料来源：作者基于流行歌曲排行榜和Spotify流媒体数据所进行的计算。

这意味着流媒体引导着这些国家的消费者消费了更多的外国产品。对于包括加拿大、爱尔兰、荷兰、葡萄牙、挪威、新西兰和瑞典在内的其他国家来说，基于Spotify平台的国内份额则要高于基于流行歌曲排行榜的份额。

10.7　数字化会把不同的国家都变成“复制娇妻”吗？

数字化使世界各地的消费者都能接触到更多的产品，但是，更广泛的选择是否会使各国的消费更趋相似呢？这一点尚不清晰。同样不清晰的问题是，更大的相似性或趋同性到底是件好事，还是坏事？不过，在一些观察人士看来，国家间越来越多的相似行为有种“复制娇妻”般的诡异。在欧洲文化保护主义者心目中，相比整体上的消费趋同而言，更为糟糕的是，这种趋同的中心是一只由原产于美国的产品居主导地位的消费

“篮子”。

探究这种消费趋同需要一种可以衡量各国消费模式之间相似性的方法。一种自然而然的研究手段就是根据音乐作品的原产国去考察各国音乐消费之间的相似性。下面这个简单的例子有助于解释趋同这个想法。假设世界上只有2个国家：美国和法国。同时，假设美国80%的消费来自国内，这就意味着另外20%的消费来自从法国进口的产品。相比之下，只有40%的法国消费来自美国，而其余60%来自法国国内。美国和法国的消费模式有多相似呢？答案就是图10–3中的“法国消费组合”点与“美国消费组合”点之间的距离。如果你是一个数学奇才，你就能知道，这两点之间的距离是0.566。[14]你也可以发现，两国消费模式之间最大的可能距离是1.414，即2的平方根。

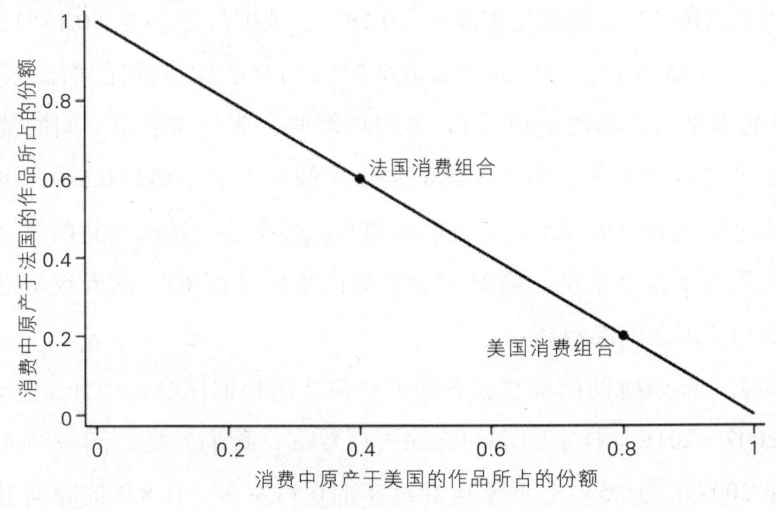

图10–3　对两国消费选择之间距离的说明

资料来源：作者基于说明性的假设数据进行计算。

在美国和法国之外的国家，音乐作品同样遍地开花，所以，现实情况要比图10–3更复杂一些。不过，我们仍然可以计算各国每年的消费“点”

之间的距离，并可以观察这些距离是如何随着时间的推移而演变的。为了做到这一点，我把研究集中在了2007—2015年之间数据连续可得的18个国家。参与这项计算的国家包括奥地利、澳大利亚、比利时、加拿大、丹麦、芬兰、法国、德国、爱尔兰、意大利、荷兰、挪威、新西兰、葡萄牙、西班牙、瑞典、英国和美国。

在开始探讨消费“点”间距离的演变之前，先了解一下这些距离所代表的含义是很有用的。为了找到那种距离很远的感觉，我们就以语言不同的西班牙和美国这两个国家为例，而且这两个国家还都有着大量的国内音乐作品。2007年，西班牙与美国在音乐消费选择上的距离为1.026，在整套数据里的国家间距离中，这几乎算得上是最远的距离了。法国与美国消费“点”之间的距离也差不多同样远，为0.929。在另一个极端，部分距离最近的情况则发生在地理上邻近并使用同一种语言的国家之间，如瑞士与奥地利（0.112）、美国与加拿大（0.183）、英国与爱尔兰（0.175）。

位于第75百分位数的距离是0.685（有1/4的国家间距离比之更远，有3/4的国家间距离比之更近），英国与瑞典、荷兰与法国之间的消费距离大致就是这个水平。中位距离即居于中间位置的距离是0.519，也就是说，比之更远的距离和比之更近的距离是同样多的，德国与新西兰之间的距离大致处于这个水平。第25百分位数的距离是0.362，这大致相当于澳大利亚与美国之间的距离。

那么，随着时间的推移，各国消费模式的相似性会发生什么变化呢？利用2007—2015年样本国家的连续可用数据，我们发现，国家间的平均距离从2007年的0.5左右下降到2011年的0.33左右。在8年的时间里，像德国与新西兰这样的国家之间已经变得像澳大利亚与美国在2007年时一样亲密了。因此，没错，消费模式在数字时代趋同了。

如果你担心受到外国文化影响的支配，那么现在你有两个选择：首先，随着贸易障碍的减少，世界各地的消费者在数字时代都开始远离国内音乐；其次，世界各地的消费者正在变得像“复制娇妻”一样，消费着与其他国家越来越近似的产品组合（就原产国而言）。至少从欧洲文化保护主义者的角度来看，唯一可能让情况变得更糟的，就是本国消费向一个美国产品占到最大权重的产品组合靠拢。

但事实并非如此。在数字时代，对各原产国产品的消费越来越趋向于平衡。并且，如果你仔细观察每个国家的消费组合，试图去揭示其他国家正在向哪个国家的产品靠拢时，你会发现，答案并不是美国。截至2015年，平均而言，与其他所有国家都最为接近的国家是葡萄牙和瑞士。需要澄清的是，这并不是因为这两个欧洲国家是文化霸主。相反，出现这种情况的原因无非是，这两个国家的国内音乐产业都很小，国内音乐消费因而也极少，于是，它们对其他地方音乐的消费恰好与其余国家的消费模式最为近似。

10.8 那么，获胜者是……

说到底，数字化是如何影响各个国家向全球市场销售的音乐数量呢？正如我们所看到的那样，数字化使保护主义者基于贸易成本所做的辩护不再奏效。以往，外国产品都比较难获得，故此，它们的产品历来处于有效保护之下。

尽管数字产品的全球可获得性让版权所有者感到恐慌，因为他们现在在国内面临的竞争对手更多了，但重要的一点是，正如本国的音乐现在受到的保护变少了一样，所有其他国家的音乐受到的国内保护也同样在变少。换言之，正如数字化让每一位艺术家在国内都有了更多的竞争对手一样，它也让所有艺术家都免不了在国外其他艺术家的地盘上成为更强大的竞争对手。并且，国内销售的减损并不一定意味着全球市场份额的下降。

有趣的是，随着数字化的发展，美国原创音乐在全球音乐市场的份额有所下降——从2004年流行歌曲排行榜上的60%下降到了2015年的40%。同期，英国和欧洲大陆国家的份额则有所提升。

未来又会怎样呢？对于小国和大国的音乐作品在全球市场的份额，数字化究竟会产生怎样的影响呢？通过比较Spotify与流行歌曲排行榜上各国音乐的全球市场份额，我们同样可以获得一些线索。

相对于作品在流行歌曲排行榜上的表现，在Spotify平台上表现最差的国家包括美国、欧洲大国（法国、德国和西班牙）及五个较小的欧洲国家。而相对于在流行歌曲排行榜上的表现，在Spotify平台上表现最好的国家则是英国及一些音乐市场意义上的小国：丹麦、瑞士、加拿大、荷兰和澳大利亚。位于这项排序顶部的国家是瑞典和挪威，如图10-4所示。

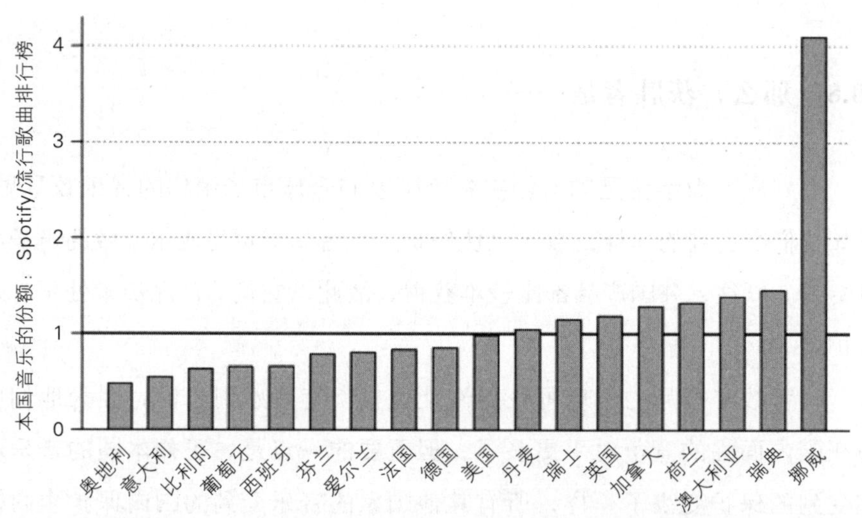

图10-4　2014—2015年本国音乐的全球市场份额

（基于Spotify与流行歌曲排行榜的对比）

注：纵轴显示的是Spotify份额与流行歌曲排行榜份额之比。因此，1表示两个份额是相同的，大于1的比值则意味着Spotify的份额更大。

资料来源：作者对流行歌曲排行榜和Spotify流媒体数据进行分析计算的结果。

这样的格局有点混乱，但如果说它们显示了任何规律的话，就在于它们揭示了这样一种趋势，即数字时代的贸易有望增加那些音乐小国的艺术家的财富。法国人对更通畅的文化贸易的担忧或许是有道理的。但是，在谁将夺走其市场份额这个问题上，他们却搞错了。这一次，掠夺者看起来更像是维京人，而不是美国人。

10.9 影视领域的大卫和歌利亚

在全球文化贸易中，音乐只能算是助兴表演，电影才是主要活动。数字化将如何影响电影产业的世界贸易格局呢？

我喜欢Mads Mikkelsen的电影。但是因为我住在美国，而且他的很多电影都是丹麦语的，所以我没有机会在我当地的电影院看到这些电影。美国人对Mikkelsen的了解大多来自电视剧《汉尼拔》（Hannibal），再有就是2006年由Daniel Craig主演的《007：大战皇家赌场》（Casino Royale）中的大反派Le Chiffre。Mikkelsen所饰演的角色是一个双料大坏蛋。他是一个金融家，而且更糟糕的是，他是一个效命于恐怖组织的金融家。影片中当他被问及是否相信上帝时，Le Chiffre的回答是："不，我只相信合理的收益率。"

作为一位演技精湛细腻的演员，Mikkelsen曾出演过不少丹麦语电影，包括2008年的《弗莱蒙与希特伦》（Flame and Citron）、2012年的《狩猎》（The Hunt）和2012年的《皇室风流史》（A Royal Affair）。《皇室风流史》获得了2013年奥斯卡最佳外语片提名。对我来说幸运的是，所有这些电影时不时都可以在美国的Netflix流媒体服务平台上观看。而且，当它们在Netflix上看不了时，也总可以在美国其他几十家流媒体服务平台上观看。数字化已经改变了电影产业世界贸易的模式，至少对我来说是这样：我可以观看丹麦电影啦。那么，数字化是否更普遍地促进了电影贸易呢？

这至少对于行业圈和政策圈来说是一个重要的问题。首先，对于好莱坞来说，这是个大问题。在一个消费者能接触到数以千计来自世界各地的新电影的市场上（不管电影的制作预算和影院发行如何），好莱坞电影仍会占据主导地位吗？其次，对于欧洲的政策制定者来说，这也是个大问题。2015—2016年，他们曾考虑过在欧洲创建一个“数字单一市场”的可能性，这个设想当时倘若付诸实施，任一欧盟国家的供应商都可以把电影和音乐等数字产品销售给另一个欧盟国家的消费者。欧盟各国电影产业的代表们由于害怕来自外国产品的竞争，担心市场营销的失控，否决了欧盟委员会的这一提议。

尽管欧洲的电影制作人对数字贸易持反对态度，但是，要想确切了解借助数字化才可能实现的新增贸易究竟是如何影响各国影片的，还是一件相当困难的事。首先，由于数字贸易是一个全新的现象，未来将会发生的事情尚未发生。其次，电影收入是绝密数据，虽然单部电影的票房收入是公开信息，但通过数字渠道发行的电影的收入和观影信息基本上是找不到的。不过，就像不需要气象学家去告诉你天要下雨一样，也并不需要数据学家去告诉你，数字化已经准备好要改变全球影视贸易的模式了。并且，无论有没有欧盟的数字单一市场，这种变化都可能正在悄然发生。

虽然我们并不知晓每个国家都有哪些电影正在通过数字发行渠道被观看，或者可以说，任何一个国家的此项信息我们都无从知晓，但我们可以看到全球数字发行平台的快速增长。通过搜索引擎JustWatch，我们能搜索出美国的37个电影平台、英国的22个电影平台、德国的24个电影平台。据JustWatch统计，美国的平台上共有47 559部不同的电影，英国的平台上有30 456部电影，德国的平台上有25 469部电影。JustWatch提供了31个主要国家的供应商数据，部分详情见表10-2。所以，没错，目前在世界各地，看起来很可能有大量的电影都是通过数字渠道进行分销的，这其中当然就包括大量的国产电影和外国电影。

表10-2　JustWatch数据显示的各国可供数字渠道发行的电影

国家	数字平台数量/个	电影数量/部
美国	37	47 559
英国	22	30 456
德国	24	25 469
法国	16	19 138
西班牙	14	15 230
丹麦	11	13 338
意大利	15	12 948
巴西	12	11 171
俄罗斯	9	9 746
韩国	9	9 625

资料来源：JustWatch截至2017年7月28日的数据。

但是除此以外，我们还能得出更多的论断吗？Netflix是一家专门从事全球电影发行的机构。它最初只是一家以邮寄方式进行运营的音像店，客户只需在线订购供租借的DVD，然后就会在自己的（实体）邮箱中收到DVD。2007年，由于意识到数字化带来的机遇，Netflix开始转型为一家在线提供内容的技术公司。它将业务拓展到了美国之外，2010年开启了对加拿大市场的服务，2012年开始服务于欧洲市场。根据unogs.com网站

2016年年初的数据，Netflix 2016年就已将其影视分销服务扩展到了244个所谓的国家销售区域。

从表面上看，Netflix似乎为许多电影和电视节目提供全球分销服务。实际上也是如此，但其中有一个问题：Netflix是一家管理规划程度很高的订购服务提供商，除了它自己制作或委托制作的“Netflix出品”的内容外，它必须购买特定国家的分销权。而且，由于Netflix致力于用内容吸引订购客户，它通常更倾向于获取独家分销权，即它总是想成为某部电影或电视剧在一个国家的唯一发行商。但是，版权所有者出售独家经销权时所要求的补偿金额是相当可观的。所以，Netflix为每个国家的市场都量体裁衣地定制了产品目录。

截至2016年年初，Netflix在全球各国共发行了14 250部电影和2 200部电视剧，每部影视剧的发行国的数目也各不相同。例如，挪威电影《猎头游戏》（Headhunters）只发行到了Netflix的160个市场，而加拿大电影《彩虹小马：小马国女孩》（My Little Pony：Equestrian Girls）则在243个市场都可以观看。中国香港特别行政区的《叶问2》只在103个市场发行。但是，大多数电影和电视剧的发行地区要远比这些数目少——少于10个。因此，Netflix的国别产品目录所包含的影视剧目各不相同，数量也各不相同，它们随每个市场的不同情况而定。到2016年年初，Netflix在美国发行了4 827部电影，但在其他国家的发行数量却较少：加拿大3 025部、法国1 758部、西班牙1 171部、印度604部。

无论Netflix的国别产品目录之间在内容上有何不同，最令人关切的是Netflix的发行业务所推广的是哪国的剧目。Netflix当然是一家美国公司，也正因如此，欧洲监管者的第一反应就是，将Netflix视为美国对欧洲文化的冲击，并提出了国内含量规则。欧盟委员会最开始提出了一项规定，要求原产于欧盟国家的内容在Netflix的欧洲分销平台上至少要占到20%。而后，欧洲议会于2017年5月又设定了30%的目标。[17]

你可以认为我守旧老派，但我认为在颁布新的规定之前，最好先了解一下Netflix推广的到底是哪个国家的内容。自2016年起，Luis Aguiar和我便着手解答这个问题。我们收集了Netflix上所有电影和电视剧的数据和一些相关信息，包括Netflix都是在哪里发行这些影视剧的，以及这些影视剧的内容都是在哪里制作的。截至2016年年初，无论在哪里发行，在Netflix上可以观看的电影和电视剧中，仅有一半多（52%）是美国出品的，9.9%来自英国，5.5%来自法国，4.3%来自加拿大，4.2%来自日本，其余产品则主要来自29个其他国家。

10.10 Netflix是否在推广美国影视作品？

虽然我们的统计数据显示，在Netflix所分销的产品中，美国的占比确实较高，但这些数据在两个方面可能具有误导性。首先，由Netflix发行到至少一个目的国的电影和电视剧中，虽然有超过一半的产品来自美国，但Netflix上的大多数影视剧仅涉及少数发行国。对于原产于美国的电影来说，其目标市场数目的中位数仅为5。所以，Netflix上过半的电影都是美国电影这一事实并不意味着在所有地方的可观看的电影中，都有一半是美国电影。其次，并不是所有的电影都同样重要。设想一下，假如Netflix满世界地发行1 000部美国电影，可这1 000部电影全都是特别不受欢迎的电影，压根没有人看，那么在这种情景下，Netflix对美国文化的推广作用就远远不如播放1 000部广受欢迎的美国电影那么大。

要算出究竟是原产于哪国的电影从Netflix的发行业务中获得了实惠，需要一种稍微复杂些的衡量方法，这种方法既要能反映特定电影的重要性（它们是广受观众欢迎，还是一点也不吸引人），也要能测度人口波及范围（这些电影的发行国人口在Netflix的244个销售区域中占到多大比例）。最后，为了能对Netflix推广的是哪国的剧目这个问题给出靠谱些的解答，除了对Netflix上各国产品的人口波及度进行衡量之外，将这种衡量方法与另一种类似的衡量方法比较一下也是很有用的，这种类似的衡量就是对通过影院发行的各国（地区）电影的人口波及度的衡量。

所以，要想了解Netflix是否在推广美国的影视产品，我们有三点需求：首先，我们需要一份每个原产国的电影列表；其次，我们需要度量每部电影的重要性；最后，我们需要知道都有哪些电影可以在哪些目标国家发行，既包括在影院里的发行，也包括在Netflix上的发行。

有关剧场发行的数据限制了我们所能完成的工作量。我拿到了23个国家2008—2014年的影院发行数据。这些国家的人口占到了世界人口的3/4以上。因为我们的目标在于通过比较去发现相对于影院发行而言，Netflix究竟使哪些国家的电影获利了，我只纳入了Netflix发行区域之内的国家，所以，并未纳入中国。

每部电影都有2个重要的指标。第一，每部电影在其原产国的电影中都有一个相对的经济重要性。我确定此重要性权重的方法是做一个除法：用该部电影在互联网电影数据库中所获得的评分数量，除以该部电影原产国所有电影的所有重要性权重之和。所以，对于每个电影原产国来说，这些重要性权重加起来就是1。第二，每部电影都有一个人口波及度，也就是在世界人口中，居住在该部电影得以发行的国家的人口占全球人口的比例。我把这个变量称为该部电影的人口覆盖率。

假设某原产国的所有电影都可以在Netflix上观看，并且这些电影也都分销到了Netflix的所有市场，那么，该国电影整体的人口覆盖率就是1。但是，一般而言，人口覆盖率应该在0~1之间。用每部电影的重要性权重乘以其通过一定的发行渠道所能达到的人口覆盖率，我们就可以确定该部电影总的波及度了。接下来，我们就对该原产国的所有电影的这一乘积进行加总。

表10-3演示了这个计算过程。假设有一个原产国（我们姑且称之为弗雷多尼亚）总共出品过三部电影：《鸭羹》（Duck Soup）、《歌剧院之夜》（A Night at the Opera）和《赌马风波》（A Day at the Races），其重要性权

重和人口覆盖率见表10-3。《鸭羹》在受欢迎程度方面占到了该国电影的52.6%，同时，它波及了50%的世界人口。将0.526和0.5相乘，就得到了表10-3最后一列中的0.263。将该原产国所有电影的这一乘积进行加总，就得到了该国电影总的波及度——0.554。

表10-3　对电影波及度的计算

来自弗雷多尼亚的电影	互联网电影数据库的用户评分数量（百万）	重要性权重	人口覆盖率	波及度=重要性权重×人口覆盖率
《鸭羹》	1.0	0.526	0.50	0.263
《歌剧院之夜》	0.7	0.368	0.72	0.265
《赌马风波》	0.2	0.105	0.25	0.026
总计	1.9	1		0.554

注：一部电影的重要性权重是指，在一国互联网电影数据库的评分数总量中，该部电影评分所占的份额。因此，在弗雷多尼亚全部电影的互联网电影数据库评分总数，即190万中，某部电影的评分数所占到的比例，就是该部电影的重要性权重。一部电影的人口覆盖率是指，在世界人口中，能看到该部电影的国家的人口所占的比例。

资料来源：Aguiar and Waldfogel.

用这种方法，我们就可以计算每部电影通过每一发行渠道所能达到的波及度，从而评估对于影院而言，有哪些国家或地区的电影通过Netflix这个渠道获得了提振。图10-5展示了影院发行渠道下各地电影的波及度。并不令人惊讶的是，美国以0.48的波及度领先。英国排名第二，波及度为0.36。德国、法国、西班牙和澳大利亚的波及度都在0.30左右，墨西哥波及度仅略高于0.20。

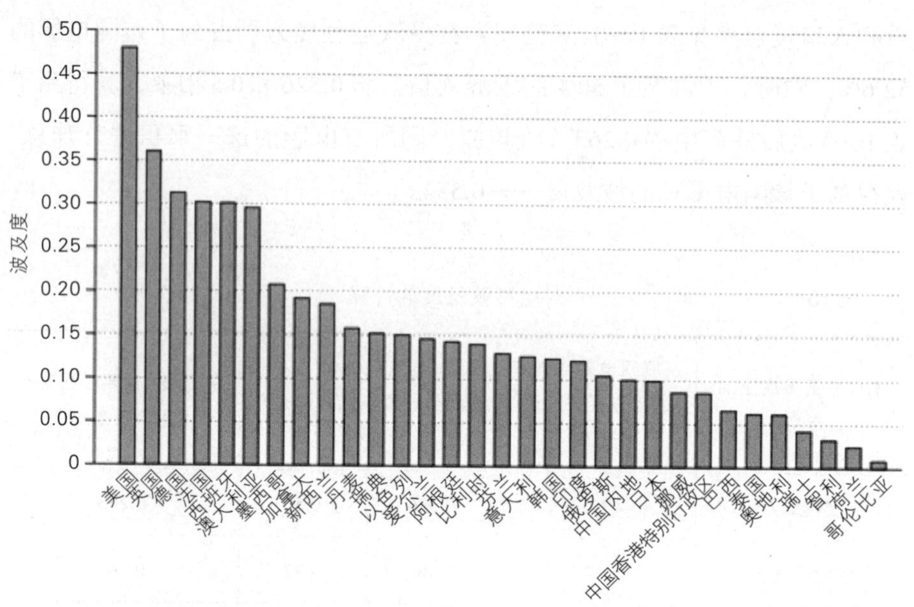

图10-5　2008—2014年各原产国（地区）的电影经影院渠道的人口波及度

注：所选取的国家或地区都必须至少有15部电影在Netflix上播放。

资料来源：Aguiar and Waldfogel.

在对同样数量的电影（那些最初在2008—2014年间上映的电影）和同样的国家或地区进行了同样的计算之后，我们发现，通过Netflix渠道发行的电影的波及度要低得多。如图10-6所示，美国仍然处于领先地位（0.175），紧随其后的是澳大利亚（0.164）、中国香港特别行政区（0.161）、墨西哥（0.125）和英国（0.116）。考虑到Netflix上的电影数量本来就如此之少，各地电影通过Netflix获得的波及度都比通过影院获得的波及度低也就不足为奇了。此外，Netflix往往不倾向于播放最流行的电影，即那些重要性权重最高的电影，这一事实也使得各地电影通过Netflix渠道获得的波及度更低。

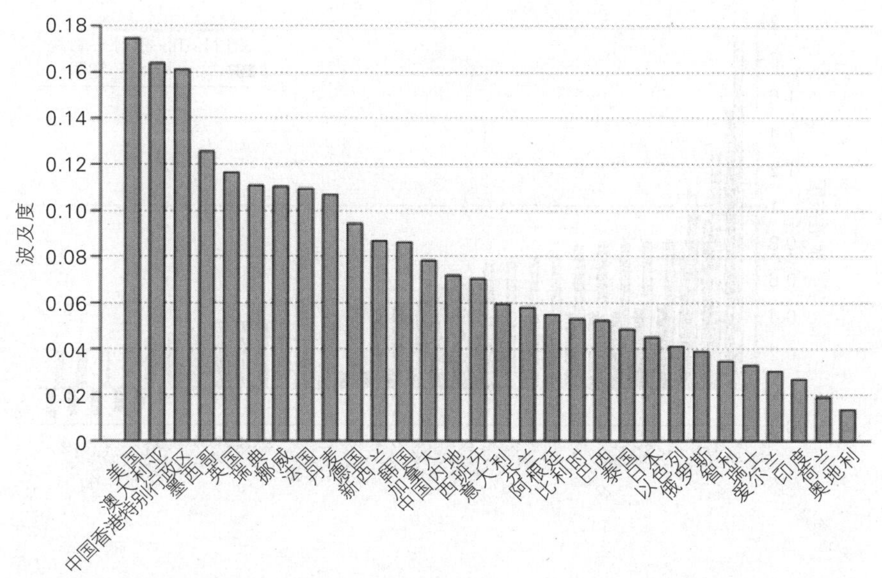

图10-6　2008—2014年各原产国（地区）的电影通过Netflix渠道发行的人口波及度

注：所选取的国家或地区都必须至少有15部电影在Netflix上播放。

资料来源：Aguiar and Waldfogel.

最令人关心的是，究竟有哪些国家或地区相对而言是因为Netflix而获得优势的呢？图10-7展示了各地电影通过Netflix渠道发行的波及度与通过影院渠道发行的波及度的比值，并将美国的这一比值标准化为零。在至少有15部电影在Netflix上播放的国家或地区中，有超过一半的国家或地区的电影都通过Netflix的发行获取了优势，且这种优势比美国从中获取的优势还要大。其中，相对影院渠道而言，从Netflix获取了最大优势的国家和地区包括：挪威、智利、哥伦比亚、巴西、泰国、瑞士、荷兰、瑞典、中国、韩国、丹麦、墨西哥和澳大利亚。在这些优势国家和地区中，斯堪的纳维亚半岛的主要国家再一次表现突出。

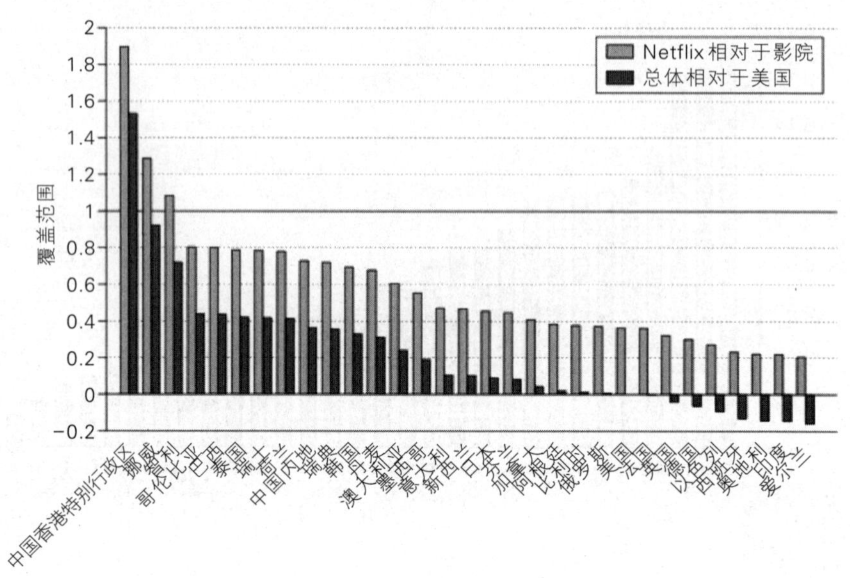

图10-7　各国（地区）电影相对于影院而言的Netflix覆盖范围（总体相对于美国）

注：所选取的国家或地区都必须至少有15部电影在Netflix上播放。

资料来源：Aguiar and Waldfogel.

与Netflix对美国电影的影响相比，电影的影响力被Netflix相对削弱了的国家却是英国、法国、德国和西班牙这样的大市场。因此，至少是相对而言，Netflix对较小国家的电影确实是提供了一份助力。从这个意义上说，Netflix的影响类似于Spotify流媒体平台的影响，因为Spotify平台同样也使来自小国的音乐可以在更大的市场上播放。

所以的确有事实证明，在电影市场上，Netflix所力挺的是大卫，而非歌利亚。但是，Netflix作为一家管理规划程度很高的订购服务提供商的本质，却天然地限制了它作为无摩擦贸易推动者这一角色的作用。因为，与Amazon即时视频这样照单点菜式的服务相比，Netflix根本没有足够数量的播放内容。

事实上，如果我们找到1980—2015年间制作的全部电影，然后计算在2016年年初时，它们有多大的比例（按经济价值衡量）在Netflix或Amazon即时视频上进行流媒体播放，结果如下。如图10-8所示，在Netflix上可供观看的美国电影要比在Amazon即时视频上可供观看的少得多。大约3/4的西班牙和德国电影可供美国消费者在Amazon即时视频上观看，而Netflix的这一比例还不到10%。很可能相比Netflix而言，像Amazon这样提供照单点菜式服务的公司更有望促进电影的全球贸易（并开拓维京人的出口市场）。

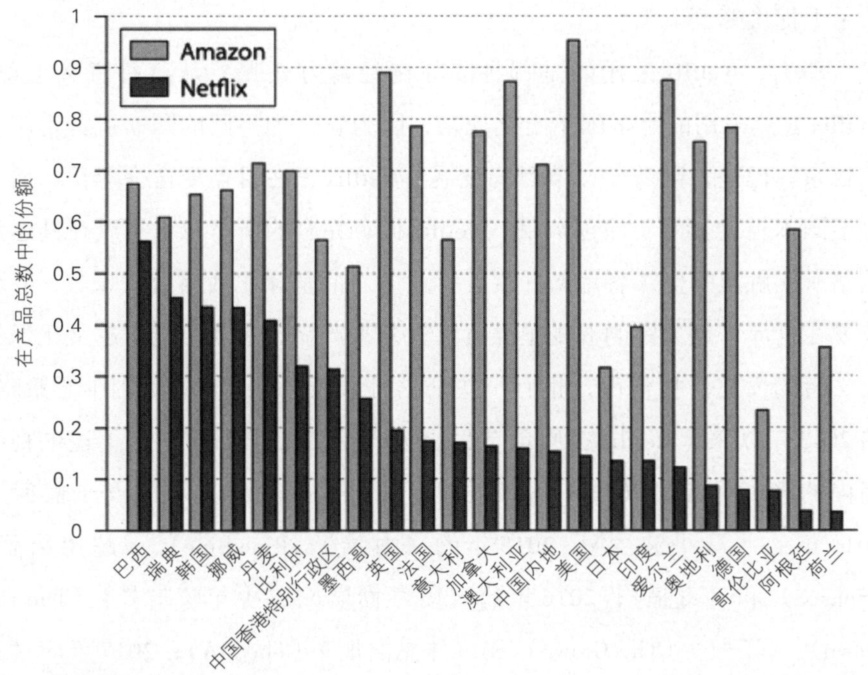

图10-8　1980—2015年各国（地区）电影在美国Amazon和Netflix上的可播性的对比

资料来源：作者使用Netflix和互联网电影数据库的数据，并基于Aguiar和Waldfogel即将出版的专著进行计算。

10.11　Netflix将采取哪种全球战略？

从广义上讲，公司的国际化经营可以采用以下两种方法中的一种。第一种方法是全球化，就像可口可乐或宜家那样，在世界各地提供相同的产品。第二种方法是多国本土化，就像麦当劳那样，去适应当地市场的偏好而推出新产品。麦当劳在美国以销售全牛肉汉堡而闻名，但它也在印度经营，而对于印度的大多数消费者来说，吃牛肉是一种诅咒。于是，麦当劳就在印度提供“无牛肉馅的汉堡包”，它们是由鸡肉、鱼肉或素食成分做成的。[18]此外，深受儿童喜爱的麦当劳还在法国、德国、葡萄牙和韩国的菜单上提供啤酒。[19]

那么，Netflix采用的是哪种国际化经营方式呢？从某种意义上说，Netflix显然采用的是多国本土化战略，因为它会为不同的国家量身定制产品目录。但是，随着原创节目的发展，Netflix正在日益变得全球化，而不是多国本土化。对于原创节目，Netflix拥有完全的所有权，可以在其运营网络所能触及的全球各地都开展发行业务。而全球化战略就意味着，有可能要在世界各地人民的喉咙里强行塞进外来产品，这就可能激起文化保护主义者的愤怒。更何况，也有一些证据可以表明Netflix的美国中心策略。自2013年以来，Netflix在原创节目上投入巨资，出品了包括下述电视剧在内的多部作品：2013年的《纸牌屋》、《铁杉树丛》和《女子监狱》；2014年的《马可波罗》；2015年的《血族》（Bloodline）、《超感猎杀》（Sense8）和《毒枭》；2016年的《怪奇物语》、《少年嘻哈梦》（The Get Down）、《王冠》（The Crown）和《先见之明》（The OA）；2017年的《波特莱尔大遇险》（A Series of Unfortunate Events）、《十三个原因》（13 Reasons Why）、《越界》（Gypsy）及《黑钱胜地》（Ozark）。

尽管Netflix原创节目中的大部分内容都是美国影片，以美国文化为导向，但也并非全都如此。Netflix已经制作了11部外语片和6部不以英语为主要语言的合拍片。除了以西班牙语为主要语言的哥伦比亚题材电视剧《毒枭》，Netflix还制作了2部墨西哥西班牙语剧：2015年的喜剧剧情片《乌鸦俱乐部》（Club de Cuervos）和2017年的政治剧情片《束缚与放纵》（Ingobernable）。除了日语合拍片之外，Netflix还制作了4部日语电视剧：

2016年的《火花》(Hibana: Spark)和《深夜食堂4:东京故事》(Midnight Diner: Tokyo Stories),2017年的《野武士的美食》(Samurai Gourmet)和《偷懒上班族甘太朗》(Kantaro: The Sweet Tooth Salaryman)。Netflix的其他原创作品还包括:2016年的法语政治剧情片《马赛城》;2017年的巴西葡萄牙语科幻片《3%》、西班牙语历史剧《接线女孩》(Las Chicas del Cable)、韩语喜剧《我唯一的情歌》(My Only Love Song)。

Netflix全球化战略最终的成败取决于各国观众品味的相似性。比方说,如果所有国家的消费者都喜欢吃牛肉,并认为菜单里不宜有酒,那么,麦当劳就可以在世界各地都提供它的美国菜单了。类似地,如果世界各地的观众都觉得相同的影视节目有吸引力,那么Netflix就可以“一刀切”式地在世界各地都分销同样的剧目了。

通过研究各国对Netflix电视剧剧名的谷歌搜索查询情况,我们可以多多少少对各地观众品味的相似性有所了解。[20]以《纸牌屋》为例。根据2017年7月之前12个月的搜索量,对该电视剧的搜索量最高的国家是波兰,其次是爱尔兰、加拿大、澳大利亚、美国、新西兰、荷兰、德国、瑞士和挪威。相比之下,对《毒枭》的搜索量最高的国家是西班牙,其次是以色列、罗马尼亚、塞浦路斯、土耳其、意大利、波兰、科威特、爱尔兰和法国。请注意,这两个名单之间并无重叠,这就初步表明,在一个国家很受欢迎的剧目可能并不会吸引其他国家的观众。

各国不同的消费品味对消费者的贸易欲望构成了一种限制。但是,数字化无疑使贸易变得更容易了。因此,很有可能发生的是,数字化将为那些在影院时代无法有效传播的剧目带来更多的机会,而不是威胁。

10.12 总结:旧担忧与新机遇

在传统意义上,文化保护主义者担心的是技术变革会给他们国内的创意产品带来更多的竞争。监管机构的杞人忧天者总是固执地认定，小国的产品将在全球竞争中走向消亡。尽管现在做出任何定论还为时过早，但数字化似乎并没有形成文化保护主义者最为担忧的那种威胁。虽然数字化确实使贸易变得更为容易，因而对艺术家们的国内市场地位有所侵蚀，但是，较小国家的艺术家在海外所能获得的额外销量往往比其在国内市场所损失的销量还要大。

如果这种格局能在更普遍的意义上站住脚，那么数字化将给文化政策提出许多新问题。正如我们所看到的那样，新技术大大降低了将新的文化产品推向市场的成本。因此，低成本的全球分销有望为较小国家的产品带来额外的收入。因此，各国完全可能既不需要用补贴来促进本国的生产，也不需要对本国产品实施保护。还有一种可能是，幸亏有了数字化，法国的文化保护主义者才对美国的害怕少一些，而对北欧维京人的害怕更多一些。

第11章　守桥巨魔：来自技术“看门人”的可能威胁

我们一直都很享受数字时代的原因在于，数字化降低了创造、发行及推广新作品的成本。这种便利转而又减弱了文化产业传统瓶颈的“看门人”的权力，这些瓶颈势力就是出版商、唱片公司、电影公司及电视网络的决策者们。在数字时代之前，任一项目或作品的决策大权正是掌握在他们手中。创意产业已经被民主化了，许多新的艺术家们创造出了新的作品，并且其中一些作品已经取得了成功。

尽管一部分新技术已使创造者得以规避传统的“看门人”，但具有些许讽刺意味的是，另一部分新技术却可能催生出一个新的“看门人”阶层。如果向消费者发布音乐、电影或图书的唯一途径是通过某家特定的公司，那么这家公司就可能像一个守桥巨魔一样，对全部通行者施加控制——要么向消费者漫天要价，却对创意作品的提供者几乎不支付任何报酬，要么就随意限定哪些作品可以被消费者看到。

而且，许多技术市场都是由一家公司或者最多少数几家公司主导的。这就使我们非常容易理解那种对新的“看门人”即新的守桥巨魔的恐惧。一些例子能生动地说明这种恐惧。在线搜索巨头Google占据了80%以上的市场份额。Facebook主宰着几乎所有国家的社交媒体。Amazon大约占据了美国在线零售市场的一半份额。[1]

11.1 网络效应与集中度

为什么很多技术市场都仅由一个或几个参与者主导呢？答案很简单，那就是网络效应。这个说法听上去很高端，但实际上，它指的就是某些服务的使用者越多，其吸引力就越大。在这一规律的作用下，市场向一个占主导地位的供应商“倾斜”就不足为奇了。

Facebook提供的社交媒体服务可能是网络效应最显著的例证。加入一个社交网络的主要原因就是为了与你的朋友们进行交流，而Facebook很有吸引力的原因之一就在于，你的朋友们已经都是它的用户了。如果有两种服务可供选择，你的多数朋友都在使用其中的一种服务，而几乎没有朋友使用另一种服务，你肯定会偏向于选择前者。倘若有另一家公司也要创办社交网站，那一场硬仗就在所难免，因为除非自己的朋友们都已经在使用新服务，否则人们不会真的想开始使用一项新服务。Facebook将人与人之间的网络直接联结起来，所以Facebook的网络效应是实实在在的。

使用者越多，服务就越有吸引力，这种网络效应对于其他的服务而言也是存在的，只不过表现得不那么直接而已。一项服务的用户越多，其经验就越多，就越能在服务质量上投入更多。从这个意义上说，网络效应可以存在于许多情境之中。谷歌最初看起来一点也不具威胁性，直至2000年，公司的座右铭“不作恶”都一直在强化其良好的道德形象。[2]但在搜索领域，谷歌的确实力非凡，其2016年的收入为900亿美元，2017年第三季度的净收入约为200亿美元。[3]谷歌的主要业务是搜索时的广告。谷歌的成功基本上不是坏消息，它之所以成功，诚然是因为其提供了人们认为有用的服务，但“网络效应”也是它成功的原因之一。也就是说，它的产品之所以有用，从某种程度上来说正是因为有许多其他人也在使用它。例如，正是由于有如此多的谷歌用户进行搜索查询、获得搜索结果和点击查看其中的一些结果，谷歌才能够做到在消费者刚开始输入一项搜索查询时，就清楚他们到底要查什么，甚至当用户有拼写错误时，谷歌也能识别出来。假如你明天就创立一家在线搜索公司，即便你财力雄厚，也很难能提供与谷歌同样好的服务。于是，这类市场便倾向于垄断。根据对搜索引擎市场份额的统计，谷歌占据着3/4的在线搜索市场。[4]

11.2 日益增长的分销集中度

不管是什么原因——无论是网络效应还是其他原因，只要创意产品的销售渠道数量有所减少，创作者和消费者就可能看到一些新成果遭受威胁。文化产品分销中的某些趋势值得我们关注。

在数字时代来临之前，音乐产品的销售是通过许多零售商进行的，包括许多独立的商店，因而分销并不是集中在少数人手中。自然而然地，就没有任何一家特定的零售商能对艺术家或唱片公司行使什么权利。到了世纪之交，少数零售商的规模大到了足以引发某种担忧的程度。《公告牌》杂志2002年报道称，大型零售商（沃尔玛、塔吉特和百思买）占据了美国唱片销售额的30%以上，这使得各大唱片公司“对其长期影响保持警惕”。[5]独立唱片店被取代引发了人们关于“新一代艺术家会更难崭露头角”的担忧。[6]随着独立唱片店纷纷倒闭，销售更加集中于大型零售商。截至2013年，沃尔玛在美国CD销售中所占的份额达到了在当时看来已相当惊人的22%。[7]

音乐零售业目前的集中度如何呢？令创作者和消费者隐隐担忧的可怕问题是，权力是否会集中在一家或几家公司手中。其实在很大程度上，这正是已经发生了的事情。在iTunes进入市场大约10年后，iTunes音乐在2012年的数字下载市场中，已经占据了64%的份额。[8]流媒体的出现使大量业务从iTunes转移到了Spotify。随着流媒体的发展，其分销集中度已与数字下载相差无几。截至2017年年中，Spotify占据了全球订购音乐市场40%的份额，iTunes音乐占19%，Amazon音乐占12%，余下的29%则被几家规模较小的音乐提供商瓜分（包括Deezer、Tidal等）。[9]虽然流媒体市场并未向单一霸主倾斜，但Spotify的市场份额使人们对沃尔玛当年22%市场份额的担忧显得有些少见多怪。

尽管市场高度集中，但流媒体服务也未见得就对艺术家进行了压榨。Spotify、苹果和Amazon（以及其他公司）之间为了争夺流媒体市场份额而展开的竞争，反而提高了支付给艺术家的费用。2016年，苹果支付的费用远远超过Spotify。对一首歌曲苹果“每1 000次播放支付12至15美元”，而Spotify“每1 000次播放支付约7美元”。[10]

目前尚不清楚流媒体市场是否倾向于由单一公司主导。虽然流媒体音乐的网络效应不如社交网络那么强大，但Spotify确实享受到一些网络效应。因此，Spotify可能会成为音乐流媒体领域的主导平台。但就算流媒体市场并非由一家公司主导，大公司所占的份额也超过了沃尔玛曾经的战果。因此，艺术家和唱片公司对与新的“看门人”作斗争的可能性感到不安，也是情有可原的。

我们可以想象出电影及图书行业的相关状况。根据JustWatch提供的资料，除了电影院，能发行电影的数字平台相当多，仅在美国，除了Netflix、Amazon、家庭影院、Hulu之外，就还有大约30多家平台。其中一些平台的市场份额比其他平台要大得多。截至2017年9月，Netflix在美国拥有5 300万用户，远超Hulu 2016年拥有的1 200万用户，但远远低于Amazon 2017年9月坐拥的9 000万付费会员。[11]

近来，Amazon、Netflix、Hulu等视频平台之间针对内容展开了激烈的竞争。事实上，正如我们之前所看到的那样，内容买家们就像“喝醉的水手”一样花钱如流水，这看上去与其会威胁内容生产商的担忧相去甚远。目前，这些平台对客户也同样构不成威胁，因为作为服务提供商，它们正忙着以低价争取客户。但这种情况可能不会持久。如果市场向一个或少数几个提供商倾斜，那么这一家或几家平台就将控制产品抵达消费者的唯一有效通道。那时，内容生产商就可能发现自己处于很不利的谈判地位。

这种担忧在一定程度上已经出现。好莱坞的主要工作室过去常常通过Netflix来分销它们制作的一些内容。但随着Netflix在全球的发展，随着消费者日渐使用Netflix而非有线电视来观看好莱坞电影，这些工作室已不再对Netflix提供内容。索尼于2011年从Netflix撤下了它们的电影，迪士尼也于2017年撤下了它们的电影。[12]

11.3 互联网服务提供商的集中度

在提供高速互联网或宽带方面，美国市场并不存在太多的竞争。大约有一半的家庭只有一家高速网络提供商可供选择，而且“只有略多于1/3的人口可以选择一家以上能提供2 500万比特每秒（25mbps）的网速或更快网速的互联网提供商，这一网速也是美国联邦通信委员会对宽带速度的最低界定”。[13]在民意调查中，美国最大的互联网服务提供商Comcast和Charter Communications位居美国人最讨厌的十几家公司之列。[14]

如果可供消费者选择的宽带提供商很少或者压根无可选择，那么内容提供商（或内容分销商）就也同样无法选择传输渠道。这些宽带提供商摇身一变，像极了管控视频传输的守桥巨魔。John Oliver曾发表过史上最有趣的经济评论之一，他展示了Comcast提供给Netflix的网速是如何在它们两家公司谈判期间放缓的，直到Netflix同意支付更高的价格之后，网速才得以恢复。[15]网络中立是一个复杂的问题，虽然Oliver把Comcast说成一个勒索艺术家的黑手党——这种描述很有趣，但支撑Netflix所需的流量确实需要投资。2017年，Netflix流媒体播放量占到了美国互联网流量的36%。[16]

数字时代显然依赖于向人们的家庭及设备输送数字内容的方式。对于数字文本、数字音频，尤其是数字视频的持续消费而言，缺乏竞争的互联网服务提供商市场着实是一个潜在的威胁。

11.4 对这些担忧持一定保留态度

Yogi Berra曾经说过，做预测是很难的，尤其是对未来的预测。我们很难有把握地做出预言：那些潜伏着的可怕状况，有一天一定会变成真正的困难。但是，值得记住的是，不可预见的技术变革往往会消除前一代人的问题。不久之前，美国人还在对有线电视运营商的实力忧虑不已，因为它们当时控制着向消费者提供多频道内容的唯一途径。现在，互联网的发展提供了一种全新的视频传播方式。由于消费者现在可以从Hulu、Amazon或Netflix上观看视频，有线电视的权力被大大削弱了。2016年，有1 670万美国成年人取消了有线电视服务，在2017年取消服务的美国成年人则有2 200万。

聚友网（MySpace）的经历为市场预测者增添了他们应当保有的谦逊。具有直接网络效应的服务向来被认为是特别难以击败的。而在Facebook出现之前的社交网站聚友网正是这样一项服务。聚友网创立于2003年，在2005—2008年期间，随着社交网络市场的消费者向其汇聚，它成了全球最大的社交网站。[17]人们的朋友都已经在聚友网上了。所以按道理说，后起之秀的网站应该很难让人们放弃聚友网，转而尝试一项新的服务。但是，真实发生的情形却是，成立于2004年的Facebook于2008年超过了聚友网。[18]这就意味着拥有聚友网账户的孩子们不得不放弃聚友网的在线社区，转而加入Facebook的在线社区，而按照商业教科书上的说法，这种事情几乎是不可能发生的。

我们当前所经历的数字时代之所以兴起，是因为许多创作者能够创造、发行并推广他们的新产品。对于“趋于集中的市场会产生比旧‘看门人’更糟的新‘看门人’，从而抑制创新”这样的可能性，我们应当保持警惕。对此问题，虽然存在着技术解决的可能性，但我们也不宜掉以轻心。

第12章　危机还是复兴?

在本书结束之前，我们需要回答两个问题：我们学到了什么？下一步要怎么做?

12.1　我们学到了什么?

在本书的开始，唱片公司、电影制片厂、电视制片人、图书出版商、摄影师和旅行社都在哀叹技术变革将给他们的行业带来的破坏性影响。请注意，受到影响的不仅是他们的生计，还有消费者享受各自行业传统成果的能力。数字化之后，会有新东西可读吗？有新的影视剧可以看吗？有新的音乐可以听吗？你几乎可以听到《辛普森一家》中牧师的妻子Helen Lovejoy在大声疾呼："想想孩子们吧！"[1]

虽然传统唱片、报纸、摄影和旅行社的收入远低于10年前的水平，但天也没塌下来。尽管对收入和艺术培养能力存在严重担忧，收入下降给许多创意工作者和中介带来了实实在在的痛苦，但以历史标准衡量，无论是新内容的数量，还是消费者及评论家对新内容的满足感都很高。因此，第一个结论是，我们生活在一个数字文艺复兴时代。

第一个结论的直接推论是，不存在危机。是的，和前数字化时代相比，一些创意工作者可能挣得少了，一些消费者在偷窃而不是在购买，但考虑到创作者可获得的收入和创作成本的变化，由此产生的创作新作品的隐性动机显然足以推动新文化产品的持续创作。即便是从审美角度去衡量，新作品的质量也在上升。因此，数字化不仅没有创造危机，还让我们生活在一个数字文艺复兴时代

这引出了第二个结论：我们应该根据其所创造的作品本身及其对用户的价值来判断创新制度是否健全，而不是根据现有生产者的收入。在本书的开头几章，我们从各种图表中看到唱片收入大幅下降，我们还看到旅行社和摄影师的就业率下降。这些故事真实反映了人们所经历的经济困境。但是我们收集的数据也表明，产品数量和质量，以及消费者从中获得的享受或效用都有了大幅增长。

我们可以把第二个结论分成两个不同的部分，每个部分都需要解释。第一部分是我们要正确提出问题。当实体产业的代表在国会为自己申辩时，他们先讲的是失去收入和工作的故事。他们其实在回答这个问题：传统内容提供商的收入发生了什么变化？如果我们对创造新产品的成本一无所知，如果我们没有办法评估新产品的数量和质量，那么现有供应商的收入将有助于我们进行预测，就像宝莱坞的情况一样（见第9章）。如果其他因素不变，收入下降就意味着内容创造的终结。但是如果我们可以直接看到新产品的数量和质量，那么就没有必要间接提问。相反，我们可以提出正确的问题：新产品的数量和质量发生了什么变化？

第二部分是，要用实证的方法来解决这个正确的问题。也就是说，我们的政策制定应该基于证据。这听起来像是为了强调显而易见的东西而编造了一个术语。然而遗憾的是，政策制定者往往会忽视经验证据，而且忽视数据的还不仅仅是他们。

在最近十多年，医生们开始兜售“循证医学”。循证医学到底是什么？ 循证医学是“认真、明确、明智和合理地使用现代最好的证据来决定对每个病人的护理”。[2]我还以为我的医生一直都在这样做事，因为他是医生，不是巫医。毕竟，医学除了要以证据为基础，还有什么其他选择呢？两名医生开玩笑说，他们推荐以名气为基础的医学（“越资深的同行

就越不会把证据当作日常需求来加以重视”）和以口才为基础的医学，还有一些其他的。[3]

循证医学正在不断发展。根据对英语书籍的搜索，这个词在1990年后不久开始出现在英语书籍中，然后在1995—2003年间对其的搜索数量急剧上升，1994年它的使用频率超过了“供给侧经济学”，1997年它的使用频率超过了“传声头乐队”，其热门程度可见一斑。[4]

基于证据的政策制定已经发展成熟有一段时间了。最后，在2016年，美国国会通过了基于证据的两党政策制定委员会法案。委员会认识到“更好地利用现有数据可能改善政府项目的运作方式”，[5]因此寻求增加“数据的可获得性及可用性，以便为政府项目提供证据”。这样，政策制定工作也加入了以证据为基础的潮流。

对于版权政策，已经有许多证据被准备好了，各种咨询小组都在有力地提出这一点。例如，2010年，英国首相David Cameron委托Ian Hargreaves对英国知识产权体系进行评估，“因为现有的知识产权框架可能不够完善，不足以促进英国创新和经济增长”。Hargreaves（2011）建议知识产权制度要“尽可能由客观证据驱动”。[6]我所在的美国国家研究委员会（National Research Council，2013）的一个小组也得出了类似的结论，他们建议开发“一个强大而全面的数据基础设施”，让我们“在与版权相关的各种政策问题上取得重大进展”。[7]

我希望这本书中的证据有助于基于证据的版权政策的讨论。

12.2 我们该怎么办？

既然知道我们生活在一个数字文艺复兴时代，我们该做些什么呢？我有几个建议。

首先，当内容生产行业的代表坐在国会面前，为新技术带来的有效版权保护危机而哀叹时，我们需要对他们的抱怨持保留态度。我们必须援引美国唱片业协会主席Cary Sherman制定的标准，通过观察数字时代对消费者的影响来评估唱片业面临的挑战。我们必须要求申诉人提出数字时代伤害美国消费者的证据。音乐少了吗？比以前更糟吗？电影数量减少了吗？消费者从新电影中获得的乐趣减少了吗？

但是盗版呢？当然，偷窃是个问题。它违反了法律。然而，作为犯罪受害者，内容产业需排在抢劫、盗窃、行骗和其他暴力犯罪的受害者的后面。对犯罪给社会造成的损失的估计相差很大，有些估计高达每年1万亿美元（以1999年的美元价值计算）。[8]Napster出现之前，音乐、图书、电影和报刊行业的总收入约为1 000亿美元。这并不是小事，但即使盗窃将这些行业一扫而光，与犯罪问题的其他方面相比，以美元计算的损失将是微不足道的。

盗版并不是唯一的威胁。应该对日益集中的分销市场和技术“看门人”的出现进行监测，以发现可能破坏数字文艺复兴的威胁。

虽然我希望这本书中介绍的内容可以成为基于证据的版权政策讨论的一部分，但还有很多工作要做，部分原因是数据可用性仍是一个很大的问题。本书中一个反复出现的问题就是我对获取适当数据——如关于音乐、图书及电影销售和使用的信息等——的抱怨。

一些相关数据目前由尼尔森等私人供应商收集并提供。但数据有时昂贵得令人望而却步，这使得研究具有挑战性（我们研究人员的经费预算也不是无上限的）。还有些数据根本不存在。在电子图书爆炸式增长之后的很长一段时间里，没有系统的电子书销售数据。其他重要的数据虽然存在，但只是在公司内部以专有形式存在。例如，Amazon在美国的电子书市场占有最大的份额。它在自助出版的电子书市场上占有更大的份额。但Amazon很少或者根本没有向公众提供销售数据。此外，随着电影消费从影院转向家庭视频及Netflix和Amazon等点播和流媒体服务平台，我们监控电影市场的能力已经被削弱。

我并不是建议戴着蓝色头盔的联合国士兵冲进Comcast、Apple、Amazon和Nielsen（尼尔森）的总部。但如果英国知识产权局（Intellectual Property Office）、美国版权局（U.S.Copyright Office）和世界知识产权组织等非营利性机构与相关私营公司合作，建立数据库，评估数字化和盗版对受版权保护产业的实际影响，这将是很有用的。

在理想的世界中，研究人员和政策建议者能够获得系统的数据，以支持建立一套证据体系，为政策制定提供信息。各党派的目标和利益仍有分歧，但获得共同数据可能会把摆在议员面前的一系列论点与那些基于事实、可重复和准确的论点捆绑在一起。在缺乏支持政策制定的大量证据的情况下，还有另一种选择——将信息披露作为政策请求的先决条件。换句话说，议员和其他人可以要求，在行业当事人在国会面前请求进行对消费者来说并不友好的行业改革（如需要强有力的知识产权执法）之前，要能提供与新产品销售和盈利能力相关的数据和信息。

还有什么？对了，数字末日论者应该放轻松了。虽然有些人对这么多人看《与卡戴珊姐妹同行》(Keeping Up with the Kardashians）感到很失望，但数字化也给我们带来了《爱丽丝梦游仙境》《火星救援》《守灵》《裸奇点》等广受好评的电影、25年来最好的音乐作品，以及电视节目的黄金时代。

最后，与其哀叹现状，我们应该为我们的观看、聆听和阅读做一些准备——做一桶爆米花、泡一些花草茶、用微波炉热一下晚餐，然后坐下来放松一下，享受这一次文艺复兴。

注释

第1章

1.See Statista （n.d）.

2.U.S.Bureau of Labor Statistics （2017）.

3.World Intellectual Property Organization （2015）.

4.World Intellectual Property Organization （2015）.

5.See International Federation of the Phonographic Industries （2016）.

6.See， for example， International Federation of the Phonographic Industries （2014， 2016）.

7.See the list of the highest-budget movies at http：//www.the-numbers.com /movie/budgets/.

8.Goldman （1983）.

9.See International Federation of the Phonographic Industries （2017）.

10.Temple （2012）.

11.Recording Industry Association of America （2017a）.

12.Zacharius （2013）.

13.These figures are derived from the Recording Industry Association of America's Gold and Platinum Certification Database， http：//www.riaa.com / goldandplatinumdata. php？ content_selector =gold-platinum-searchable-database.

14.See King （2002）.

15.See Gowan （2002）.

16.See Dredge （2013）.

17.See Lowery （2013）.

18.See Keen （2006，2007）.

19.Screen Digest （2011）.

20.See Bowker （2016）.

21.See Aguiar and Waldfogel （2016）.

22.See Internet Movie Database （n.d.）.

23.See Vogel （2007），p.244.

24.See Caves （2000），p.61.

25.这一比较基于2012年上映的145部电影，这些电影的制作预算和票房收入可在Box Office Mojo网站上查询。See http：//boxofficemojo.com.

26.See http：//www.imdb.com/title/tt0185937/? ref_=adv_li_tt.

27.http：//www.imdb.com/title/tt1179904/? ref_=adv_li_tt.

28.http：//www.imdb.com/title/tt0401729/.

29.See Hudon （1964）.

30.See Lee （2013）.

31.See Davidson （2013）.

32.See，for example，Jefferson（1813）.

33.See Harper （2012）.

34.Levine and Boldrin （2008）.

35.Basulto （2012）.

36.Dodd （2016）.

37.Dodd （2016）.

38.O'Leary （2011）.

39.Turow （2011）.

40.Authors Guild （2017）.

41.See Pallante （2011）.

42.在这里我要提一下个人的意见：美国唱片工业协会将我2006年在《法律与经济学杂志》（Journal of Law and Economics）上发表的一篇文章，作为证明偷窃会减少收入的典型研究，我仍坚持这一观点。

43.See Sherman （2012）.

44.See Federal Reserve Bank of St. Louis （2017）； U. S. Department of Commerce （1949）.

第2章

1.See Siwek （2015，p.11）.

2.See，for example，Nielsen （2013）.

3.Rolling Stone Editors （2001）.

4.Bosso （2012）.

5.Branigan （2001）.

6.Celizic （2008）.

7.See the following query of the RIAA database： https：//www.riaa.com/gold-platinum/? tab_active=default-award&se=Springsteen#search_section.

8.See Vogel （2007），p.243.

9.Vogel （2007），p.245.

10.See Johnston （2004）.

11.Vogel （2007）.

12.关于广播的影响，参见 Liebowitz （2004）。虽然针对电台广播是否真能促进销售，他提出了一些有趣的问题，但很明显，唱片公司相信电台广播很重要，因此愿意为此贿赂电台。

13.Nayman （2012）.

14.纽约总检察长Eliot Spitzer对唱片公司进行了调查，并于2005年从索尼和华纳音乐获得了1 000万美元和500万美元的和解金，以解决“向广播电台支付贿赂的指控”（Babington，2007）。2007年，Spitzer还将矛头指向了广播电台。2007年，他与拥有1 500家美国广播电台的四大广播集团——Entercom、Clear Channel、CBS和Citadel——达成了一项1 250万美元的和解协议。

15.See Boehlert （2001）； Dannen （1990）.

16.Caves （2000）.

17.See International Federation of the Phonographic Industries （2012），p.11.

18.See International Federation of the Phonographic Industries （2017）.

19.International Federation of the Phonographic Industries （2012），p.9.

20.International Federation of the Phonographic Industries （2012），p.9.

21.Rolling Stone Editors （2010）.

22.http：//stattrek com/online-calculator/binomial.aspx.

23.行业参与者还认为，许多学者是匿名的或者非匿名的版权左翼分子，他们认为知识产权是盗窃。事实上，一些学者确实持有这种观点。See Levine and Boldin （2008）.

24.See Oberholzer-Gee and Strumpf （2007）.

25.Fisher （2007）.

26.See Bond （2004）.

27.See Waldfogel （2012c）.

28.See Rob and Waldfogel（2006）；Waldfogel（2010）；Zentner （2006）.

29.See Liebowitz （2011）.

30.Pirate Party （2017）.

31.Piraten Partei （2012）.

32.Buccafusco and Heald （2013）.

33. See http：//en. wikipedia. org / wiki / Justin_Bieber. See also Adib

（2009）.

34.See Elliott （2011）.

35.See Kalmar （2002），p.73.

36.See Bell （2010）.

37.http：//www.tunecore.com/.At the site："What Does Worldwide Distribution Cost" $9.99 per single，$9.99 per ringtone，$49.99 per album."

38.See Apple Corporation （2013）.

39.See Peckham （2014）.

40. See Cohen （2009） and http：//en. wikipedia. org / wiki / Independent_music.

41.Leeds （2005）.

42.政府并没有统计每年发行的新单曲或专辑的数量。而且，由于消费者购买的产品并非都来自知名的大公司，一个人可能需要查阅的目录数量将是巨大的——如果这些目录存在并且可以找到的话。

43.https：//en.wikipedia.org/wiki/Discogs.

44. http：//www. discogs. com / search/? year =1999&decade =1990&country_exact=US.

45.https：//en.wikipedia.org/wiki/MusicBrainz.

46.Data for 2011 are reported at Nielsen （2011）.

47.See Peoples （2010）.

48.See Seward （2007）.

49.Edison Research （2014）.

50.https：//www.statista.com/statistics/252203/share-of-online-radio-listeners-in-the-us/.

51.See http：//www.billboard.com/charts/year-end/2006/hot-100-artists and http：//www.billboard.com/charts/year-end/2006/hot-100-songs.

52.See http：//www.alexa.com/siteinfo/pitchfork.com.

53.Du Lac （2006）.

54.See the list at Metacritic （2017）.

55.Lipshutz （2013）.

56.Bertoni （2013）.

57.Bertoni （2013）.

58.https：//www.riaa.com/gold-platinum/？ tab_active=default-award&se=lorde#search_section.

59.According to Amazon.com： http：//www.amazon.com/The-Suburbs-Arcade-Fire/dp/B003O85W3A/.

60.See https：//en.wikipedia.org/wiki/Arcade_Fire_discography.

61.Philips （1996）.

62.Billboard杂志长期以来一直公布每周最畅销的前200名专辑，恰如其分地命名其为“Billboard 200”。自2001年以来，Billboard还制作了每周最畅销的独立专辑排行榜。这两个图表一起提供了畅销专辑的产品信息，以及每个专辑是否独立发行。通过链接这些图表，我可以确定哪些最畅销的专辑是由独立唱片公司发行的。

Billboard排行榜是根据尼尔森公司的数据得出的。尼尔森在其年终音乐销售报告中报告了独立唱片的销量。在过去的10年里，这些报告可以在网上找到，它们表明独立唱片公司在音乐销售总额中所占的比例大致保持在15%不变。然而，尼尔森认定一张专辑是否独立的方式是有争议的。尼尔森根据发行唱片的实体而不是制作唱片的实体计算独立唱片份额。尼尔森报告称，2011年上半年独立音乐市场份额略低于13%，而美国独立音乐协会（A2IM）则主张采用一种不同的方法，并得出独立音乐市场份额接近1/3。正如A2IM所说，“应该用母版唱片的所有权，而不是发行情况来计算市场份额”。因为Billboard的市场份额是基于分销商的，它低估了独立唱片的重要性和商业成功（Bengloff，2011；Christman，2011）。

我从Billboard的数据中认识到，它可能低估了独立唱片公司畅销专辑的份额。但是，使用两个Billboard图表计算出的独立市场份额仍然能够提供关于独立市场份额趋势的信息。

63.See Waldfogel （2015） for details.

64.See Aguiar and Waldfogel （2016） for details.

65.See Levy （2005）.

66.我发现了很多地方的排名。广受好评的音乐网站列出了许多这样的榜单——包括我们自1999年以来使用的大多数榜单。你可以在http：//www.acclaimedmusic.net/网站上查看20世纪的最佳专辑和歌曲列表。

67.这些最佳榜单往往是在评估期的最后一年前后整理的，这让创作者有更少的时间来评估近期的作品。因此，对这些排名中近期作品的时间选择产生了偏见。例如，Pitchfork Media在1999年10月发布了一份20世纪90年代前100名专辑的榜单，然后在2003年11月又发布了一份涵盖同一时期的榜单。Pitchfork在介绍后一份榜单时，将其与1999年的排名进行了对比："回顾这份榜单，有很多变化——我们现在对这10年的看法不同了，我们的个人品味扩大了，我们对音乐的知识加深了"（Staff，2003）。而且，事实上，后面的排名更加强调了这10年的最后几年。2003年榜单上有10%的专辑是在过去10年的最后2年发行的，而在1999年榜单上这些歌曲只占7%。因此，我们可以使用回顾性排名，但不包括排名出现的年份以及前一年，以避免对近期作品的偏见。

68.例如，"60年代将永远是流行音乐最重要的10年"（Larkin，2007，p.24）。

69.我们通过100×［（4÷3）－1］得到了33.33。

70.在形式上，我对nit对数的指标虚拟变量和时间虚拟变量进行回归，其中nit是我最初在t年发布的索引上的专辑数量。

71.我们收集的音乐作品集数据来自网址：http：//www.discogs.com.

72.See Aguiar and Waldfogel（2016）.

73.我非常感谢劳工统计局的Rachel Soloveichik分享数据。

74.See ASCAP （2017）； BMI （2017）.

75.从技术上来说，如果我把$S_{t,v}$定义为在t年销售或播放的v年音乐的份额，我可以从下面的回归中得到v年音乐的吸引力指数：ln（st），并在回归中灵活地考虑贬值（t-v=年份）因素。这样回归中的统计误差项就可以显示考虑贬值因素之后的v年音乐吸引力指数的变化情况。

76.International Federation of the Phonographic Industries （2017）.

77.See Sherman （2012）.

78.See Connolly and Krueger （2006）； Mortimer，Nosko，and Sorensen （2012）.

第3章

1.Waldfogel （2016）.

2.Based on a U.S.origin feature film query at IMDb.

3.Gray （2015）.

4.National Association of Theater Owners （2017a）.

5.See Dunaway （2012）.

6.See Epstein （2012）.

7.Los Angeles Times Editorial Board （2014）.

8.See Epstein （2012）.

9.See Mortimer （2008）.

10.Covert （2013）.

11.Grauso （2016）.

12.National Association of Theater Owners （2017b）.

13.Waterman （2005）.

14.Hirschberg （2004）.

15.See Box Office Mojo （2017）.

16.Bai and Waldfogel （2012）.

17.Rob and Waldfogel （2007）.

18.See Gomes （2011）； Kenneally （2012）.

19.Lights Film School （2017）.

20.Mahoney （2009）.

21.Recording Reviews （2015）.

22.Tales from the Argo （2016）.

23.Kendricken （2012）.

24.《诚挚的电影》是一部混乱的电影，它讲述了一个有关偷来的钻石、不情愿的女友，以及Ernest前往非洲营救她的故事。美国电影《尾巴》讲述了在19世纪的纽约这个大熔炉中，一张神秘的藏宝图的故事，这张藏宝图将老鼠Fievel和它的朋友们带到了一个美洲原住民老鼠的秘密世界，在那里它发现了比黄金和珠宝更珍贵的东西。

25.See https：//www.justwatch.com/us/movies？ release_year_until=2016.

26.Zentner，Smith，and Kaya （2013）.

27.Dargis （2014）.

28.1999年，《纽约时报》发表了424篇评论，385部电影产生了票房收入。See http：//movies.nytimes.com/ref/movies/reviews/years/rev_year_1999/index.html？ srw =101 and http：//www.boxofficemojo.com/yearly/chart/？ yr = 1999&p=.htm.See http：//variety.com/v/film/reviews/.

29.Graham （2012）.

30.See Hornaday （2012）.

31.See http：//www.imdb.com/title/tt1024648/externalreviews？ ref_ = tt_ov_rt.

32.Burke （2011）.

33.我只列入了2000年以后发布的版本，那是IMDb用户最活跃的时期。

34.See Koblin （2017）.

35.Hamedy （2017）.

36.McClintock （2015）.

37.McClintock （2015）.

38.http：//www.youtube.com/yt/press/statistics.html.

39.IMDb数据库的查询工具允许按不同类别列出每年发行的电影数量（如按原产国、按电影是故事片还是纪录片来划分）。See www.imdb.com/search/.

40.根据谷歌的搜索数据，2004—2013年，人们对IMDb的兴趣增长了4倍。See https：//trends.google.com/trends/explore？ date=all&q=IMDb.

41.Sundance Institute （2017）.

42.See http：//www.imdb.com/search/title？ count =100&release_date = 2013，2013&sort=num_votes，desc&user_rating=2.0.

43.Independent Film & Television Alliance （2017）.

44.See Film Independent （2017）.

45.We Know Memes （2012）.

46.相关系数是介于 -1和1之间的统计量。0代表两个量度是不相关的，1代表它们以成比例的步调一起移动，-1代表两个量度向相反方向移动。

47.他们列出了早些年的最佳电影，但早些时候的名单中每年只有不到100部电影。

48.Jody Williams，e-mail message to author，February 17，2012.

49.See Internet Archive （2017）.

第4章

1.This chapter draws in Waldfogel （2017）.

2.Minow （1961）.

3.See McLellan （2005）； Tempo Staff （2007）.

4.See McLellan （2005）.

5.See Regalado （2017）.

6.See Regalado （2017）.

7.National Cable Television Association （2017）.

8.See Pew Research Center （2017a） as well as Greenstein （2015）.

9.McNeil （1996）.

10.See epguides.com （2017）.

11.See http：//www.imdb.com/title/tt0043208/？ ref_=nv_sr_1.

12.See McNeil （1996）.

13.互联网电影数据库的用户对那些未曾在知名电视网络播出的节目给予了好评。尽管这显得有点奇怪，但是，值得注意的是，给予这些数量众多的节目好评的只是少数的用户。例如，截至2017年年底，看好美国于2016年后制作的671档节目的只不过是5～10位用户。See http：//www.imdb.com/search/title？ countries=us&num_votes=5，10&release_date=2016，2016&sort=num_votes，asc&title_type=tv_series%2Ctv_episode.

14.See Greenfield （2013）.

15.Littleton （2014）.

16.截至2014年12月13日的数据。注意：随着越来越多的用户分享他们的评分，此评分也在持续更新中。

17.See Television Academy （2017）.

18.See Television Academy （2017）.

19.在此我仅统计那些至少得到了100票的节目，但如果我们统计那些至少得到10票的节目，结果也是相似的。

20.Nielsen （2009）.

第5章

1.Simpsons Wiki （2017）.

2.See Peterson （2017）.

3.Miller （2016）.

4.Jones （2014）.

5.Wikipedia （2017）.

6.See，for example，Rinzler （2010）.

7.The Art Career Project （2017）.

8.Internet Movie Database （2017a）.

9.Crossfield （2008）.

10.Temple （2012）.

11.Bloom （1987）.

12.Pietsch （2009）.

13.Zacharius （2013）.

14.Greenfield （2012）.

15.Bosman （2011）.

16.See Modern Library （1998）.

17. 2017年7月，我在http：//gen.lib.rus.ec/网站中输入“Scroogenomics”，按下“搜索”，然后在4个提供我的书的授权PDF网站中选择了一个。

18.Nielsen/Digimarc （2017）.

19.U.S.Census Bureau （n.d.-a）.

20.Nielsen/Digimarc （2017）.

21.See Max （2000）.

22.Rainie et al.（2012）.

23.Pew Research Center （2017b）.

24.Zickhur and Rainie （2014）.

25.Bindrim （2017）报告称，54%的购书者至少在某些时候使用手机阅读。

26.See Smashwords （2017）.

27.Biggs （2014）.

28.关于如何将手稿上传到Amazon的Kindle直接出版，请参阅Amazon的Kindle直接出版程序。

29.Galley （2015）.

30.Cantwell （2013）.

31.Ward （2014）.

32.Bowker （2013）.

33.Bowker （n.d.）.

34.Bowker （2016）.

35.Babbage （2012）.

36.See SimilarWeb （2017）.

37.See Goodreads （2017）.

38.See Brown （2012）.

39.See Deane （2014）.

40.See Weise （2015）.

41.Weir （2014）.

42.Achenbach （2015）.

43.Internet Movie Database （2017c）.

44.这本书在亚马逊的促销材料。

45.Martinez-Conde （2013）.

46.English （2016）.

47.http：//www.imdb.com/title/tt3316960/awards.

48.Flood （2015a）.

49.See Waldfogel and Reimers （2015）.

50.See Sullivan （2011）.

51.Charman-Anderson （2012）.

52.Man Booker Prize （2017）.

53.PEN （2017）.

54.Pulitzer （2017）.

55.Shapiro （2015）.

56.See Thorpe （2014）.

57.See Shapiro （2015） and New York Times Staff （2016b）.

58.See de la Pava （2012）.

59.Thorpe （2014）.

60.PEN （2017）.

61.McFadden （2013）

62.McFadden （2013）.

63.See Chevalier and Goolsbee （2003）.

64.假设列表上有5本书，而排名第3和第5的书是值得注意的。那么本周最值得注意的销售份额将是（1/3+1/5）÷（1+1/2+1/3+1/4+1/5）。

第6章

1.See Morrell （2015）.

2.See New York Times Staff （1988）.

3.See Practical Photography Tips （2017）.

4.Digicam History （2017）.

5.See BH Photo （2017）.

6.See Practical Photography Tips （2017）.

7.Austen （2002）.

8.Fackler （2006）.

9.See Hensler （2015）.

10.See Bruner （2016）； Desreumaux （2014）.

11.See Lister （2017）.

12.See Rosenberg （2012）.

13.Smith （2000）.

14.http：//en.wikipedia.org/wiki/Joe_Rosenthal.

15.http：//en.wikipedia.org/wiki/Eddie_Adams_%28photographer%29.

16.Clifford （2010）.

17.Clifford （2010）.

18.Jolly （2009）.

19.Jolly （2009）.

20.Chesler （2013）.

21.Chesler （2013）.

22.Clifford （2010）.

23.Clifford （2010）.

24.Clifford （2010）.

25.https：//www.flickr.com/people/pinksherbet/.

26.Clifford （2010）.

27.Clifford （2010）.

28.Clifford （2010）.

29.Jolly （2009）.

30.See https：//www.bls.gov/oes/current/oes274021.htm.

31.就业数据参照NAICS code 54192。

32.See http：//www.gettyimages.com/license/861567250.

33. See http：//www. istockphoto. com / photo / two-lounge-chairs-under-tent-on-beach-gm489833698-74881435.

34.See Library of Congress （2017）.

35.See Bayley （2016）.

36.Waldfogel （2012b）.

37.See www.bts.gov/publications/national_transportation_statistics/html/table_01_37.html.

38.See www.bls.gov/oes/.

39.See en wikipedia.org/wiki/Travelocity； en.wikipedia.org/wiki/Expedia，Inc； en.wikipedia.org/wiki/Orbitz.

40.See Expedia （n.d.）.

41. See Wendell H. Ford Aviation Investment and Reform Act for the 21st Century （2000）.

42.See Atkinson （2002）.

43.Coulson （n.d.）.

44.See，for example，The Editors of Encyclopædia Britannica （2014）.

45.Gordon （2016）.

46.我们这里说的不只是偷窃。从长远来看，如果消费者的收入不足以支付制片商将新作品推向市场的成本，那么这种行为就会对制片商造成伤害。

47.See Brynjolfsson and McAfee （2011）.

第7章

1.Correal （2016）.

2.Brynjolfsson，Hu，and Smith （2003）.

3.Sinai and Waldfogel （2004）； Waldfogel （2007）.

4.Aguiar and Waldfogel （2018）.

第8章

1.https：//www.baseball-reference.com/register/affiliate.cgi？ id=MIN.

2.https：//www.baseball-reference.com/players/w/willite01.shtml.

3.https：//www.baseball-reference.com/players/b/bondsba01.shtml.

4.See Amazon （2017）.

5.See Bodensteiner （2015）.

6.iUniverse （n.d.-a）.

7.iUniverse （n.d.-b）.

8.See Mance （2015）.

9.Flood （2015a）.

10.See http：//www.harperimpulseromance.com/contact/write-for-us/.

11.Peukert and Reimers （2018）.

12.Benner and Waldfogel （2016）.

13.See Leeds （2005）.

14.https：//www.justwatch.com/us/provider/netflix？content_type=show.

15.Picchi （2016）.

16.See Billboard Staff （2015）； Rosen （2010）.

17.只要这些产品不是彼此的替代品，就是合理的。如果是午餐时间，你很饿，你可能愿意花5美元买汉堡，6美元买比萨，但由于边际效用递减，你可能不愿意花11美元同时买汉堡和比萨。

18.See Bakos and Brynjolfsson （1999）； Schmalensee （1984）.

19.Shiller and Waldfogel （2011）.

20.Lynskey （2013）.

21.Lynskey （2013）.

22.Stutz （2018）； TechCrunch （n.d.-a）.

23.TechCrunch （n.d.-b）.

24.See Mitroff （2015）； Peckham （2014）.

25.See McBride （n.d.）.

26.Gronow （1983），pp.53-75.

27.我感谢Steve Herscovici为我们树立了这个榜样。

28.如果用单曲销量来表示的话，就是用10乘以唱片销量，再加上纯单曲的销量。

29.See Nielson （2014）； Trichordist Editor （2014）.

30.See Johnson （2014）； Palermino （2015）.

31.Resnikoff （2013a）.

32.Resnikoff （2013b）.

33.Luckerson （2014）.

34.Time Staff （2015）.

35.Rhys and Levine （2017）.

第9章

1.Telang and Waldfogel （forthcoming）.

2.Mittal （1995）.

3.IBOS是一个新闻服务，旨在提供有关印度各市场的国际电影业务的新闻，以及与这些地区相关的媒体指标。

4.具体来说，我们用排名虚拟变量（电影在上映年份的收入排名）和一组年份虚拟变量来对真实电影收入的对数进行回归。

5.Vogel （2007）.

6.See http：//en.wikipedia.org/wiki/Film.

7.See http：//www.palzoo.net/celebrity-salaries/.

8.本段中所有的工资都是以2010年的美元价值计算的，使用的是消费价格指数。

9.See Creedy （2010）.

10.See Smith and Telang （2016）.

第10章

1.From McMahon （1995）.

2.Mason （2016）.

3.See Richardson and Wilkie （2015）.

4.Brzeski （2017）.

5.See Cambridge Econometrics （2008）.

6.https：//acharts.co/france_singles_top_100/2017/29.

7.为得出这个结论，需注意1÷（1+1/2+1/3+…+1/10）≈0.341。

8.Ferreira and Waldfogel （2013）.

9.From McMahon （1995）.

10.Dredge （2016b）.

11.Dredge （2016a）.

12.Dredge （2016a）.

13.流行歌曲排行榜数据来自acharts.co（德国的数据来自Top40.com），流媒体数据来自Spotify。流行歌曲排行榜每周更新，但各国入围音乐作品的数量存在差别，多则如加拿大、法国、美国，每周的入围作品有100首，少则如芬兰、挪威，每周仅有20首作品入围。Spotify的数据不仅包括按国别划分的每周前200首歌曲的榜单，还包括每首歌曲的播放数据。我把注意力限定在两大数据库均涵盖的17个国家：奥地利、澳大利亚、比利时、加拿大、德国、丹麦、西班牙、芬兰、法国、爱尔兰、意大利、荷兰、挪威、新西兰、瑞典、英国和美国。

14.向量（0.8，0.2）和向量（0.4，0.6）之间的欧氏距离约为0.566。

15.U.S.Department of State （2017）.

16.See Netflix （2016）.

17.See Orlowski （2017）.

18.McDonald's India （n.d.）.

19.See Breen （2016）.

20.https：//trends.google.com/trends/explore? q=%2Fm%2F0h3rv9x，las%20chicas%20del%20cable，%2Fm%2F010rlvdk，%2Fg%2F11b87k0m7b，%2Fg%2F11bwpv56sf.

第11章

1.See Wahba （2017）.

2.Wikipedia （n.d.）.

3.摘自谷歌季度财务报表。

4.Net Market Share （2018）.

5.See Christman （2002）.

6.See Christman （2002）.

7.See Wahba （2014）.

8.See Peoples （2012）.

9.See Mulligan （2017）.

10.See Miller （2017）.

11.See Dunn （2017）； Molla （2017）.

12.See Sakoui （2017）； Seifert （2013）.

13.See Finley （2017）.

14.See Sauter and Stebbins （2017）.

15.https：//www.youtube.com/watch？ v=fpbOEoRrHyU.

16.See Groden （2015）.

17.See Cashmore （2006）.

18.See Carlson （2010）.

第12章

1.http：//simpsons.wikia.com/wiki/Helen_Lovejoy.

2.Masic， Miokovic， and Muhamedagic （2008）.

3.Isaacs and Fitzgerald （1999）.

4. https：//books. google. com / ngrams / graph？ content =evidence-based + medicine% 2CThe + Beatles% 2CTalking + Heads&year_start =1950&year_end=

2008&corpus =15&smoothing =3&share = &direct_url =t1%3B% 2Cevidence%20-%20based%20medicine%3B%2Cc0%3B.t1%3B%2CThe%20Beatles%3B%2Cc0%3B.t1%3B%2CTalking%20Heads%3B%2Cc0.

5.Commission on Evidence-Based Policymaking （2017）.

6.Hargreaves （2011）.

7.National Research Council （2013）.

8.See Anderson （1999）.

参考文献

Abernathy, Penelope Muse. 2016. *The Rise of a New Media Baron and the Emerging Threat of News Deserts.* Chapel Hill: University of North Carolina Press. http://newspaperownership. com / additional-material / closed-merged-newspapers-map/.

Achenbach, Joel.2015."Andy Weir and His book 'The Martian' May Have Saved NASA and the Entire Space Program." *Washington Post*, May.5.https://www.washingtonpost.com/news/achenblog/wp/2015/05/05/andy-weir-and-his-book-the-martian-may-have-saved-nasa-and-the-entire-space-program.

Adib, Desiree.2009."Pop Star Justin Bieber Is on the Brink of Superstardom." *Good Morning America*, November.19.http://abcnews.go.com/GMA/Weekend/teen-pop-star-justin-bieber-discovered-youtube/story? id=9068403.

Aguiar, Luis, and Joel Waldfogel.2016."Even the Losers Get Lucky Sometimes: New Products and the Evolution of Music Quality since Napster." *Information Economics and Policy* 34: 1-15.

—.2018."Quality Predictability and the Welfare Benefits from New Products: Evidence from the Digitization of Recorded Music." *Journal of Political Economy* 126(2): 492-524.

—.forthcoming."Netflix: Global Hegemon or Facilitator of Frictionless Digital Trade?" *Journal of Cultural Economics*: 1-27.

Amazon.2017."Welcome to Amazon Publishing."https://www.amazon.com/

gp/feature.html? docId=1000664761.

Amazon Kindle Direct Publishing. 2017. "Supported eBook Formats." https://kdp.amazon.com/en_US/help/topic/A2GF0UFHIYG9VQ.

Anderson, Chris. 2006. *The Long Tail: Why the Future of Business Is Selling Less of More*. Rev.ed. New York: Hyperion.

Anderson, David. A. 1999. "The Aggregate Burden of Crime." *Journal of Law and Economics* 42(2): 611–42.

Apple Corporation. 2013. "iTunes Store Sets New Record with 25 Billion Songs Sold." Press release, February 6. https://www.apple.com/newsroom/2013/02/06iTunes-Store-Sets-New-Record-with-25-Billion-Songs-Sold/.

The Art Career Project. 2017. "How to Become a Novelist." http://www.theartcareerproject.com/become-novelist/.

ASCAP. 2017. "ASCAP Licensing." https://www.ascap.com/help/ascap-licensing.

Atkinson, Robert. 2002. "Comments Submitted to the National Commission to Ensure Consumer Information and Choice in the Airline Industry." July. 2. http://govinfo.library.unt.edu/ncecic/other_testimony/progressive_policy_institute.pdf.

Austen, David. 2002. "2 Digital Cameras That May Surpass Film." *New York Times*, October 3. http://www.nytimes.com/2002/10/03/technology/2-digital-cameras-that-may-surpass-film.html. Authors Guild. 2017. "Where We Stand: Copyright." https://www.authorsguild.org/where-we-stand/copyright/.

Babbage ("by G.F."). 2012. "The World's Biggest Book Club." *Economist*, September 4. https://www.economist.com/blogs/babbage/2012/09/books-and-internet.

Babington, Charles. 2007. "Big Radio Settles Payola Charges." *Washington Post*, March6. http://www.washingtonpost.com/wp-dyn/content/article/2007/03/

05/AR2007030501286.html.

Bai, Jie, and Joel Waldfogel. 2012. "Movie Piracy and Sales Displacement in Two Samples of Chinese Consumers." *Information Economics and Policy* 24: 187-96.

Bakos, Yannis, and Erik Brynjolfsson. 1999. "Bundling Information Goods: Pricing, Profits, and Efficiency." *Management Science* 45(12): 1613-30.

Basulto, Christopher. 2012. "Wikipedia Goes Dark, but Is the Site Still Relevant?" *Washington Post*, January 18. https://www.washingtonpost.com/blogs/innovations/post/wikipedia-goes-dark-but-is-the-site-still-relevant/2010/12/20/gIQArWym7P_blog.html.

Bayley, Stephen. 2016. "Is Instagram the Death or Saviour of Photography?" *Tele-graph*, August 27. http://www.telegraph.co.uk/art/what-to-see/is-instagram-the-death-or-saviour-of-photography/.

Bell, Donald. 2010. "Avid Introduces New Pro Tools Studio Bundles." *CNET*, October1. http://news.cnet.com/8301-17938_105-20018292-1.html.

Bengloff, Rich. 2011. "A2IM Disputes Billboard/SoundScan's Label Market-Share Methodology—What Do You Think?" *Billboard*, March.3.

Benner, Mary.J., and Joel Waldfogel. 2016. "The Song Remains the Same? Technological Change and Positioning in the Recorded Music Industry." *StrategyScience* 1(3): 129-47.

Bentham, Jeremy. 2003. "The Rationale of Reward." In *The Classical Utilitarians: Bentham and Mill*, edited by John Troyer, 94. Indianapolis: Hackett.

Bertoni, Steven. 2013. "How Spotify Made Lorde a Pop Superstar." *Forbes*, November 26. https://www.forbes.com/sites/stevenbertoni/2013/11/26/how-spotify-made-lorde-a-pop-superstar/.

Bertrand, Natasha. 2015. "'Fifty Shades of Grey' Started out as 'Twilight' Fan Fiction before Becoming an International Phenomenon." *Business Insider*,

February 17.http://www.businessinsider.com/fifty-shades-of-grey-started-out-as-twilight-fan-fiction-2015-2.

BH Photo.2017."Resolution Chart." https://www.bhphotovideo.com/FrameWork/charts/resolutionChartPopup.html.

Biggs, John. 2014. "There Is One New Book on Amazon Every Five Minutes." *TechCrunch*, August21.https://techcrunch.com/2014/08/21/there-is-one-new-book-on-amazon-every-five-minutes/.

Billboard Staff.2015."Joanna Newsom Calls It 'Villainous,' But Spotify Says LessArtists Are Complaining." *Billboard*, October. 19. http://www.billboard.com/articles/business/6731044/joanna-newsom-spotify-villainous-artists-happy.

Bindrim, Kira. 2017. "It's Time to Get over Yourself and Start Reading Books on Your iPhone." *Quartz*, January 10. https://qz.com/880425/reading-books-on-your-smartphone-is-bad-for-the-eyes-but-good-for-the-brain/.

Bloom, Harold 1987."Passionate Beholder of America in Trouble" (review of *Look Homeward: A Life of Thomas Wolfe* by David Herbert Donald). *New YorkTimes*, February.8.

BMI.2017."Music Licensing for Radio." https://www.bmi.com/licensing/entry/radio.

Bodensteiner, Carol. 2015. "My Experience Working with Amazon Publishing." *Jane Friedman* (blog), June 11.https://www.janefriedman.com/working-with-amazon-publishing/.

Boehlert, Eric.2001."Pay for Play." *Salon*, March.14.http://www.salon.com/2001/03/14/payola_2/.

Bond, Paul.2004."Record Industry Pooh-Poohs File-Swap Study." *ArizonaRepublic*, April 2.http://www.unc.edu/~cigar/FILESHARING_MEDIA/ArizonaRepublic(2April2004). htm.

Bosman, Julie. 2011. "Nurturer of Authors Is Closing the Book." *New York*

Times, May 8.http://www.nytimes.com/2011/05/09/books/robert-loomis-book-editor-retiring-from-random-house.html.

Bosso, Joe.2012."Interview: Phil Collen on Recording Def Leppard's *Hysteria* Track-by-Track." Musicradar, July 5.http://www.musicradar.com/news/guitars/interview-phil-collen-on-recording-def-leppards-hysteria-track-by-track-551822.

Bowker.2013."Print ISBN Counts, USA Pubdate 2002-2013." http://media.bowker.com/documents/bowker-isbn_output_2002_2013.pdf.

—.2016."Self-Publishing in the United States, 2010-2015." http://media.bowker.com/documents/bowker-selfpublishing-report2015.pdf.

—.n.d."Number of Self-Published Books in the United States from 2008 to 2015, by Format." Statista.Accessed August 13, 2017.https://www.statista.com/statistics/249036/number-of-self-published-books-in-the-us-by-format/.

Box Office Mojo.2017."Yearly Box Office." http://www.boxofficemojo.com/yearly/chart/?yr=2017&p=.htm.

Branigan, Tania.2001."Jackson Spends £20m to Be Invincible." Guardian, September 8.https://www.theguardian.com/uk/2001/sep/08/taniabranigan.

Breen, Marcia.2016."McDonald's Starts Selling Beer in World's Most 'Spirited' Nation." NBC News, February 17.http://www.nbcnews.com/business/business-news/mcdonald-s-starts-selling-beer-world-s-most-spirited-nation-n519681.

Brown, Patrick.2012."Anatomy of Book Discovery: A Case Study." *Goodreads Blog*, June 14.http://www.goodreads.com/blog/show/372-anatomy-of-book-discovery-a-case-study.

Bruner, Raisa.2016."A Brief History of Instagram's Fateful First Day." *Time*, July 16.http://time.com/4408374/instagram-anniversary/.

Brynjolfsson, Erik, Y.Hu, and M..D.Smith.2003."Consumer Surplus in the

Digital Economy: Estimating the Value of Increased Product Variety at Online Booksellers." *Management Science* 49(11): 1580-96.

Brynjolfsson, Erik, and Andrew McAfee. 2011. *Race against the Machine: How the Digital Revolution Is Accelerating Innovation, Driving Productivity, and Irreversibly Transforming Employment and the Economy*. Lexington, MA: Digital Frontier Press.

Brzeski, Patrick. 2017. "China's Quota on Hollywood Film Imports Set toExpand, State Media Says." *HollywoodReporter*, February 9. http://www.hollywoodreporter. com/news/chinas-state-media-says-quota-hollywood-film-imports-will-expand-974224.

Buccafusco, Christopher, and Paul. J. Heald. 2013. "Empirical Tests of Copyright Term Extension." *Berkeley Technology Law Journal* 28(1). https://scholarship.law.berkeley.edu/cgi/viewcontent.cgi? article=1972&context=btlj.

Burke, Monte. 2011. "Ed Burns and His Latest Film, 'Newlyweds.' " *Forbes*, May 2. https://www.forbes.com/sites/monteburke/2011/05/02/ed-burns-and-his-latest-film-newlyweds/.

Cambridge Econometrics. 2008. *Study on the Economic and Cultural Impact, Notably on Co-productions, of Territorialisation Clauses of State Aid Schemes for Films and Audiovisual Productions: A Final Report for the European Commission, DG Information Society and Media.* May 21. https://ec.europa.eu/digital-single-market/en/news/study-economic-and-cultural-impact-notably-co-productions-territorialisation-clauses-state-ai-1.

Cantwell, Lynne. 2013. "Do Authors Need Publishers?" Indies Unlimited, December 19. http://www.indiesunlimited.com/2013/12/19/do-authors-need-publishers/.

Carlson, Nicholas. 2010. "At Last—The Full Story of How Facebook Was Founded." BusinessInsider, March 5. http://www.businessinsider.com/how-facebook-was-founded-2010 - 3#we-can -talk-about-that-after-i-get-all-the-basic-functionality-up-tomorrow-night-1.

Cashmore, Pete.2006."MySpace, America's Number One." Mashable, July 11.http://mashable.com/2006/07/11/myspace-americas-number-one/.

Caves, Richard. E. 2000. *Creative Industries: Contracts between Art and Commerce.Cambridge*, MA: Harvard University Press.

Celizic, Mike.2008."Director: Funds for 'Thriller' Were Tough to Raise." *USA Today*, April 25.http://www.today.com/popculture/director-funds-thriller-were-tough-raise-wbna24314870.

Charman-Anderson, Suw.2012."New York Times Reviews Self-Published Book." Forbes, December 6.https://www.forbes.com/sites/suwcharmananderson/2012/12/06/new-york-times-reviews-self-published-book/.

Chesler, Caren. 2013. "For Photographers, Competition Gets Fierce." *New York Times*, March 22.

Chevalier, Judith, and Austan Goolsbee.2003."Measuring Prices and Price Competition Online: Amazon.com and BarnesandNoble.com." *QuantitativeMarketing and Economics* 1(2): 203-22.

Christman, Ed. 2002. "Labels Ponder Impact of Discounters." *Billboard, August* 31.

—.2011."What Exactly Is an Independent Label? Differing Definitions, Differing Market Shares."*Billboard*, July.18.

Clifford, Stephanie.2010."In an Era of Cheap Photography, the Professional EyeIs Faltering." *New York Times*, March 31.

Cohen, Ty.2009."Should You Sign with a Major Label or Stick to Indie?" *Agenda*, September. http://www. agendamag. com / backissues_2004_to_2009 / 2011/05/should-you-sign-with-a-major-label-or-stick-to-indie/.

Collins, Andrew.1999."Don't Do It, Andrew." *Guardian*, June 27.https://

www.theguardian.com/film/1999/jun/27/1.

Commission on Evidence-Based Policymaking.2017."About CEP." https://www.cep.gov/about.html.

Connolly, Marie, and Alan.B.Krueger.2006."Rockonomics: The Economics of Popular Music."*Handbook of the Economics of Art and Culture* 1: 667-719.

Correal, Annie. 2016. "Want to Work in 18 Miles of Books? First, the Quiz." *New York Times*, July 15.https://www.nytimes.com/2016/07/17/nyregion/want-to-work-in-18-miles-of-books-first-the-quiz.html.

Coulson, Ian. n. d. "Luddites." The National Archives: Education, Power, Politics & Protest. Accessed August 13, 2017. http://www. nationalarchives. gov. uk/education/politics/credits/.

Covert, James. 2013. "HBO Renews Deal with Universal Pictures until 2022." *New York Post*, January 7. http://nypost. com/2013/01/07/hbo-renews-deal-with-universal-pictures-until-2022/.

Creedy, Steve.2010."How John Travolta Got a Short 707." *Weekend Australian*, November 10. http://www.theaustralian.com.au/business/aviation/how-travolta - got-shorty-and-a-short-707 / news-story / 74d4e899526b7279d62924433c245786.

Crossfield, Jonathan. 2008. "How to Become a Writer—the Harsh Reality." http://www.jonathancrossfield.com/blog/2008/07/how-to-become-a-writer.html.

Dannen, Frederick. 1990. *Hit Men: Power Brokers and Fast Money inside the Music Business*. New York: Times Books.

Dargis, Manohla. 2014. "As Indies Explode, an Appeal for Sanity: Flooding Theaters Isn't Good for Filmmakers or Filmgoers." *New York Times*, January 9. https://www.nytimes.com/2014/01/12/movies/f looding-theaters-isnt-good-for-filmmakers-or-filmgoers.html.

Davidson, Adam. 2013. "Boom, Bust or What? Larry Summers and Glenn

Hubbard Square Off on Our Economic Future." *New York Times Sunday Magazine*, May 2.

Deane, Stacy. 2014. "How Self-Pubbers Can 'Trick' Their Way into Getting Book Reviews." https://web.archive.org/web/20100926050048/http://www.stepbystepselfpublishing.net:80/trick-your-way-into-getting-book-reviews.html.

Dela Pava, Sergio.2012.*A Naked Singularity*.Chicago: University of Chicago Press.Desreumaux, Geoff.2014."The Complete History of Instagram." WRSM (WeAre Social Media), January 3.http://wersm.com/the-complete-history-of-instagram/.

Digicam History.2017."1980-1983."http://www.digicamhistory.com/1980_1983.html.

Dodd, Christopher.2016."State of the Industry Remarks (by MPAA Chairman andCEO)."http://www.mpaa.org/wp-content/uploads/2016/04/2016-CinemaCon-Senator-Dodd-Remarks-1.pdf.

Doll, Jen. 2012. "The Alleged Sexiness of '50 Shades of Grey.'" Atlantic Wire, May 22.http://www.theatlanticwire.com/entertainment/2012/05/alleged-sexiness-50-shades-grey/52667/.

Dredge, Stuart. 2013. "Thom Yorke Calls Spotify 'The Last Desperate Fart of a Dying Corpse.'" *Guardian*, October 7.https://www.theguardian.com/technology/2013/oct/07/spotify-thom-yorke-dying-corpse.

—.2016a."7 Years: How Streaming Fueled the Rapid Rise of Lukas Graham."http://musically.com/2016/03/23/7-years-streaming-lukas-graham/.

—.2016b."Swedish Artists Benefitting from Global Streaming Service." Musically, November 25.http://musically.com/2016/11/25/swedish-artists-benefitting-from-global-streaming-reach/.

Du Lac, Josh Freedom. 2006. "Giving Indie Acts a Plug, or Pulling It."

Washington Post, April 30.http://www.washingtonpost.com/wp-dyn/content/article/2006/04/28/AR2006042800457.html.

Dunaway, Michael.2012."The 90 Best Movies of the 1990s." *Paste Magazine*, July 10.https://www.pastemagazine.com/blogs/lists/2012/07/the-90-best-movies-of-the-1990s.html? a=1.

Dunn, Jeff.2017."Amazon Has around 80 Million Reasons to Be Excited forPrime Day." Business Insider, July 10.http://www.businessinsider.com/amazon-prime-subscribers-total-prime-day-chart-2017-7.

Edison Research.2014."The Infinite Dial." http://www.edisonresearch.com/wp-content/uploads/2014/03/The-Infinite-Dial-2014-from-Edison-Research-and-Triton-Digital.pdf.

The Editors of Encyclop.dia Britannica.2014."Revolutions of 1848." *Encyclop. diaBritannica*, July 22.https://www.britannica.com/event/Revolutions-of-1848.

Elliott, Amy-Mae.2011."15 Aspiring Musicians Who Found Fame through You-Tube." Mashable.com, January 23.http://mashable.com/2011/01/23/found-fame-youtube/#Jk5L0-SIceg.

English, Bella.2016."Author Lisa Genova Turns Scientific Fact into Fiction." *Boston Globe*, May 9.https://www.bostonglobe.com/lifestyle/2016/05/08/author-lisa-genova-turns-scientific-fact-into-fiction/KiQfOrsYud9cj5O7Y3deAO/story.html.

Epguides.com.2017."Cataloguing the Opiate of the Masses on the Small Screen since 1995."http://epguides.com/.Epstein, Edward Jay.2012.The Hollywood Economist 2.0: The Hidden Realities behind the Movies.Brooklyn, NY: Melville House.

Expedia. n. d. *Gross Bookings of Expedia, Inc. Worldwide from 2005 and 2016 (in billionU.S.dollars)*. Statista.Accessed August 13, 2017.https://www.

statista.com/statistics/269386/gross-bookings-of-expedia/.

Fackler, Martin. 2006. "Nikon Plans to Stop Making Most Cameras That Use Film." *New York Times*, January 12. http://www.nytimes.com/2006/01/12/technology/12nikon.html.

Faultline. 2014. "There's NOTHING on TV in Europe—American Video DOMINATES." *Register*, July 21. https://www.theregister.co.uk/2014/07/21/us_video_even_more_dominant_as_european_initiatives_fail/.

Federal Research Bank of St..Louis. 2017. "Percent of Employment in Agriculture in the United States (DISCONTINUED) (USAPEMANA)." http://research.stlouisfed.org/fred2/series/USAPEMANA.

Ferreira, Fernando, Amil Petrin, and Joel Waldfogel. 2016. "The Growth of Chinaand Its Effect on World Movie Consumers and Producers." Unpublishedpaper, University of Minnesota.

Ferreira, Fernando, and Joel Waldfogel. 2013. "Pop Internationalism: Has Half a Century of World Music Trade Displaced Local Culture?" *Economic Journal* 123(569): 634–64.

Film Independent. 2017. "Spirit Awards FAQ." https://www.filmindependent.org/spirit-awards/faq/.

Finley, Kint. 2017. "Want Real Choice in Broadband? Make These Three Things Happen." *Wired*, April 17. https://www.wired.com/2017/04/want-real-choice-broadband-make-three-things-happen/.

Fisher, Ken. 2007. "Study: P2P Effect on Legal Music Sales 'Not Statistically Distinguishable from Zero.'" Ars Technica, February 12. https://arstechnica.com/uncategorized/2007/02/8813/.

Flood, Alison. 2015a. "Authonomy Writing Community Closed by HarperCollins." *Guardian*, August 20. https://www.theguardian.com/books/2015/aug/20/authonomy-writing-community-closed-by-harpercollins.

—.2015b."Fifty Shades of Grey Sequel Breaks Sales Records." *Guardian*, June 23.https://www.theguardian.com/books/2015/jun/23/fifty-shades-of-grey-sequel-breaks-sales-records.

—.2015c."Self-Published Star Jasinda Wilder Lands Seven-Figure Deal with Traditional Imprint." *Guardian*, April 7. https://www.theguardian.com/books/2015/apr/07/self-published-jasinder-wilder-traditional-imprint.

Galley, Ben.2015."Is the Self-Publishing Stigma Fading?" *Guardian*, May 14. https://www.theguardian.com/books/booksblog/2015/may/14/is-the-self-publishing-stigma-fading.

Goldman, William. 1983.*Adventures in the Screen Trade*.New York: Grand Central Publishing.

Gomes, Lee.2011."Red: The Camera That Changed Hollywood." *Technology Re-view*, December 19.https://www.technologyreview.com/s/426387/red-the-camera-that-changed-hollywood/.

Goodreads.2017."API."http://www.goodreads.com/api.

Gordon, Robert.J.2016.The Rise and Fall of American Growth: *The. U.S. Standard of Living since the Civil War*.Princeton, NJ: Princeton University Press.

Gowan, Michael.2002."Requiem for Napster." *PC World*, May 17.https://www.pcworld.idg.com.au/article/22380/requiem_napster/.

Graham, Jefferson. 2012."Edward Burns Delivers Small Films Straight to You." *USAToday*, December 18.https://www.usatoday.com/story/tech/columnist/talkingyourtech/2012/12/18/edward-burns/1769929/.

Grauso, Alisha.2016."Netflix to Begin Exclusive Streaming of Disney, Marvel, *Star Wars*, and Pixar in September." *Forbes*, May 24.https://www.forbes.com/sites/alishagrauso/2016/05/24/netflix-to-begin-exclusive-streaming-of-disney-marvel-star-wars-and-pixar-in-september/.

Gray, Tim.2015."'Jaws' 40th.Anniversary: How Steven Spielberg's Movie

Created the Summer Blockbuster." *Variety*, June 18. http://variety.com/2015/film/news/jaws-40th-anniversary-at-40-box-office-summer-blockbuster-1201521198/.

Greenfield, Jeremy. 2012. "Seven Advantages Barnes & Noble Has in the Bookseller Wars." *Digital Book World*, January 3. http://www.digitalbookworld.com/2012/seven-advantages-barnes-noble-has-in-the-bookseller-wars/.

Greenfield, Rebecca. 2013. "The Economics of Netflix's $100 Million New Show." *Atlantic*, February 1. https://www.theatlantic.com/technology/archive/2013/02/economics-netflixs-100-million-new-show/318706/.

Greenstein, Shane. 2015. *How the Internet Became Commercial. Princeton*, NJ: Princeton University Press.

Groden, Claire. 2015. "See How Much Bandwidth Netflix Consumes in One Chart." *Fortune*, October 8. http://fortune.com/2015/10/08/netflix-bandwith/.

Gronow, Pekka. 1983. "The Record Industry: The Growth of a Mass Medium." *Popular Music*. 3: 53-75. http://www.jstor.org/stable/853094.

Hafner, Katie. 1999. "I Link, Therefore I Am: A Web Intellectual's Diary." *New York Times*, July 22. http://www.nytimes.com/1999/07/22/technology/i-link-therefore-i-am-a-web-intellectual-s-diary.html.

Halperin, Shirley. 2017. "Arcade Fire Sign with Columbia Records." *Variety*, May 31. http://variety.com/2017/music/news/arcade-fire-sign-columbia-records-1202449658/.

Hamedy, Sama. 2017. "Amazon and Netflix Are Spending Money like Drunken Sailors at Sundance." *Mashable*, January 28. https://mashable.com/2017/01/28/netflix-amazon-studios-sundance-film-festival/.

Hargreaves, Ian. 2011. *Digital Opportunity: A Review of Intellectual Property and Growth: An Independent Report*. May. https://immagic.com/eLibrary/ARCHIVES/GENERAL/UK_DBIS/I110517H.pdf.

Harper, Matthew. 2012. "The Truly Staggering Cost of Inventing New Drugs." *Forbes Online*, February 10.http://www.forbes.com/sites/matthewherper/2012/02/10/the-truly-staggering-cost-of-inventing-new-drugs/.

Hensler, Yoni.2015."Evolution of the iPhone Camera, from the Original to the iPhone 6." BGR, September 9.http://bgr.com/2015/09/09/iphone-camera-quality-evolution/.

Hirschberg, Lynn. 2004. "What Is an American Movie Now?" *New York Times*, November 14.http://www.nytimes.com/2004/11/14/movies/what-is-an-american-movie-now.html.

Hogan, Marc. 2017. "Why Indie Bands Go Major Label in the Streaming Era." *Pitchfork*, August 22.https://pitchfork.com/thepitch/why-indie-bands-go-major-label-in-the-streaming-era/.

Hornaday, Ann.2012."The On-Demand Indie Film Revolution." *Washington Post*, August 17.https://www.washingtonpost.com/lifestyle/style/the-on-demand-indie-film-revolution/2012/08/16/6bf426d6-e57a-11e1-8f62-58260e3940a0_story.html.

Hudon, Edward.G.1964."Literary Piracy, Charles Dickens and the American Copyright Law." *American Bar Association Journal* 50: 1157-60.

Independent Film & Television Alliance.2017."What Is an Independent?" http://www.ifta-online.org/what-independent.

International Federation of the Phonographic Industries (IFPI). 2012."Investing in Music." http://www.musikindustrie.de/fileadmin/bvmi/upload/06_Publikationen/Investing_in_Music/investing-in-music-2012.pdf.

—. 2014. "InvestinginMusic." http://www.ifpi.org/content/library/investing_in_music.pdf.

—.2016."Investing in Music." http://investinginmusic.ifpi.org/report/ifpi-iim-report-2016.pdf.

—.2017."The Recording Industry's Ability to Develop the Digital Market place Is Undermined by Piracy." http://www.ifpi.org/music-piracy.php.

Internet Archive. 2017. "About the Internet Archive." http://archive.org/about/.

Internet Movie Database (IMDb). 2017a."Box Office/Business for Fifty Shades of Grey." http://www.imdb.com/title/tt2322441/business? ref_=tt_dt_bus.

—.2017b."Box Office/Business for Still Alice." http://www.imdb.com/title/tt3316960/business? ref_=tt_dt_bus.

—.2017c."Box Office/Business for The Martian." http://www.imdb.com/title/tt3659388/business? ref_=tt_dt_bus.

—.2017d."Scared Straight!" http://www.imdb.com/title/tt0078205/.

—.n.d."Most Voted Feature Films Released 2012-01-01 to 2012-12-31 with 50000-5000000 Votes and Country of Origin United States." AccessedMay 28, 2018. https://www.imdb.com/search/title? at=0&countries=us&num_votes=50000,5000000&release_date=2012,2012&sort=num_votes&title_type=feature.

Isaacs, David, and Dominic Fitzgerald. 1999. "Seven Alternatives to Evidence-Based Medicine." *British Journal of Medicine* 319. doi: https://doi.org/10.1136/bmj.319.7225.1618.

iUniverse.n.d.-a."iUniverse Title Acquisitions." Accessed May 28, 2018. http://www.iuniverse.com/AboutUs/iUniverse-Newsroom/Acquisitions.aspx.

—.n.d.-b."Overview about iUniverse." Accessed May 28, 2018.http://www.iuniverse.com/AboutUs/AboutUs.aspx.

James, E. L.2012.*Fifty Shades of Grey*.New York: Vintage Books.

Jefferson, Thomas.1813."Letter to Isaac McPherson." In *Thomas Jefferson: Writngs*, edited by Merrill. D. Peterson, 1286. New York: Library of America,

1984.

Johnson, David. 2014. "See How Much Every Top Artist Makes on Spotify." *Time*, November 18. http://time.com/3590670/spotify-calculator/.

Johnston, Lauren. 2004. "Tower Records Files for Bankruptcy." CBS News, February 9. http://www.cbsnews.com/news/tower-records-files-for-bankruptcy/.

Jolly, David. 2009. "Lament for a Dying Field: Photojournalism." *New York Times*, August 9. https://www.nytimes.com/2009/08/10/business/media/10photo.html.

Jones, Paul Anthony. 2014. "The Bizarre Day Jobs of 20 Famous Authors." *Huffington Post*, November 1. http://www.huffingtonpost.com/paul-anthony-jones/famous-author-day-jobs_b_5724482.html.

Kalmar, Veronika. 2002. *Label Launch*. New York: St.. Martin's Griffin.

Keen, Andrew. 2006. "Web 2.0: The Second Generation of the Internet Has Ar rived. It's Worse than You Think." *The Weekly Standard*, February 14. http://www.weeklystandard.com/web-2.0/article/7898.

—. 2007. *The Cult of the Amateur: How the Democratization of the Digital World Is Assaulting Our Economy, Our Culture, and Our Values.* New York: Doubleday Currency.

Kendricken, Dave. 2012. "After Revolutionary Run, Is This Finally Farewell to the Canon 5D Mark II?" No Film School, December 23. http://nofilmschool.com/2012/12/5d-mk-ii-good-run-canon-discontinue.

Kenneally, Christopher, dir. 2012. *Side by Side*. Los Angeles: Company Films; Tribeca Films, distr.

King, Brad. 2002. "The Day the Napster Died." *Wired*, May 15. http://www.wired.com/gadgets/portablemusic/news/2002/05/52540? currentPage=all.

Koblin, John. 2017. "Netflix Says It Will Spend up to $8 Billion on Content Next Year." *New York Times*, October 16. https://www.nytimes.com/2017/10/16/

business/media/netflix-earnings.html.

Larkin, Colin.2007."A Brief History of Pop Music." In *The Encyclopedia of Popular Music*, 5th.ed., edited by Colin Larkin, 17-27.London: Omnibus Press/MUZE.

Lee, Timothy.B.2013."15.Years Ago, Congress Kept Mickey Mouse out of the Public Domain. Will They Do It Again?" *Washington Post*, October 25. https://www.washingtonpost.com/news/the-switch/wp/2013/10/25/15-years-ago -congress-kept-mickey-mouse-out-of-the-public-domain-will-they-do-it-again/.

Leeds, Jeff.2005."The Net Is a Boon for Indie Labels." *New York Times*, December 27. https://www.nytimes.com/2005/12/27/arts/music/the-net-is-a-boon-for-indie-labels.html.

Levine, David, and Michele Boldrin. 2008.*Against Intellectual Monopoly.* Cambridge: Cambridge University Press.

Levy, Joe, and Editors of *Rolling Stone*. 2005.*500 Greatest Albums of All Time*.New York: Wenner Books.

Library of Congress.2017."Artist, Politician, Photographer." http://www.loc.gov/collection/samuel-morse-papers/articles-and-essays/artist-politician-photographer/.

Liebowitz, Stanley.J.2004."The Elusive Symbiosis: The Impact of Radio on the Record Industry."*Review of Economic Research on Copyright Issues* 1(1):93-118.

—.2011."The Metric Is the Message: How Much of the Decline in Sound Recording Sales Is Due to File-Sharing?" http://ssrn.com/abstract=1932518.

Lights Film School.2017."Canon 5D Mark II for Filmmaking." https://www.lightsfilmschool.com/blog/canon-5d-mark-ii-for-filmmaking.

Lipshutz, Jason.2013."Lorde: The Billboard Cover Story."*Billboard*, September 6.http://www.billboard.com/articles/news/5687161/lorde-the-billboard-cover-story.

Lister, Mary.2017."33 Mind-Boggling Instagram Stats & Facts for 2017." *The WordStream Blog*, December 18.https://www.wordstream.com/blog/ws/2017/04/20/instagram-statistics.

Littleton, Cynthia.2014."How Many Scripted Series Can the TV Biz—and-Viewers—Handle?" *Variety*, September 14.http://variety.com/2014/tv/news/new-television-fall-season-glut-of-content-1201306075/.

Los Angeles Times Editorial Board.2014."What the 1984 Betamax Ruling Did for Us All." *Los Angeles Times*, January 17.http://articles.latimes.com/2014/jan/17/opinion/la-ed-betamax-ruling-anniversary-20140117.

Lowery, David.2013."My Song Got Played on Pandora 1 Million Times and All I Got Was $16.89, Less Than What I Make from a Single T-Shirt Sale!" *The Trichordist*(blog), June 24.https://thetrichordist.com/2013/06/24/my-song-got-played-on-pandora-1-million-times-and-all-i-got-was-16-89-less-than-what-i-make-from-a-single-t-shirt-sale/.

Luckerson, Victor.2014."This Is Why Taylor Swift's Album Isn't on Spotify."*Time*, October 28.http://time.com/3544039/taylor-swift-1989-spotify/.

Lynskey, Dorian.2013."Is Daniel Ek, Spotify Founder, Going to Save the-Music Industry...or Destroy It?" *Guardian*, November 10.https://www.theguardian.com/technology/2013/nov/10/daniel-ek-spotify-streaming-music.

Madden, Michael, Dan Bogosian, Danielle Janota, and Philip Cosores.2015. "Top20 Major Label Debuts by Indie Bands That Made the Leap." *Consequence of Sound*, June 9.https://consequenceofsound.net/2015/06/top-20-major-label-debuts-by-indie-bands-that-made-the-leap/.

Mahoney, John.2009."Shooting a Feature Film with the Canon 5D Mark II: Challenges and Ingenious Workarounds." Gizmodo, March.30.https://gizmodo.

com/5190883/shooting-a-feature-film-with-the-canon-5d-mark-ii-challenges-and-ingenious-workarounds.

Man Booker Prize.2017."The 2017 Man Booker Prize for Fiction Rules & Entry Form." http://themanbookerprize.com/sites/manbosamjo/files/uploaded-files/files/161208%20MB2017%20Rules%20And%20Entry%20Form%20 FINAL.pdf.

Mance, Henry.2015."Books Industry Divided over New Era of Self-Publishing." *Financial Times*, March 17. https://www.ft.com/content/da1b382e-c8ea-11e4-bc64-00144feab7de.

Martinez-Conde, Susana.2013."Neuroscience in Fiction: Still Alice, by Lisa Genova." *Scientific American Blog*, April 21. https://blogs.scientificamerican.com/illusion-chasers/still-alice/.

Masic, Izet, Milan Miokovic, and Belma Muhamedagic. 2008. "Evidence Based Medicine—New Approaches and Challenges." *Acta Inform Medicine* 16 (4):219-25.doi:10.5455/aim.2008.16.219-225.

Mason, Emma.2016."A Brief History of the Vikings." *BBC History Magazine*, May 25.http://www.historyextra.com/article/feature/brief-history-vikings

-facts. Max, D..T.2000."No More Rejections." *New York Times*, July 16. http://www.nytimes.com/books/00/07/16/bookend/bookend.html.

McBride, Stephan.n.d."Written Direct Testimony of Stephan McBride." Before the United States Copyright Royalty Judges of the Library of Congress, Washington, DC. In the Matter of Determination of Rates and Terms for Digital Performance in Sound Recordings and Ephemeral Recordings (Web IV), Docket No..14-CRB-0001-WR.Accessed August 13, 2017.https://www.crb.gov/rate/14-CRB - 0001-WR / statements / Pandora / 13_Written_Direct_Testimony_of_Stephan_McBride_with_Figures_and_Tables_and_Appendices_PUBLIC_pdf.pdf.

McClintock, Pamela. 2015. "Netflix Movies: Producers Weigh Hidden

Downsides." *Hollywood Reporter*, March 19. http://www.hollywoodreporter.com/news/netflix-movies-producers-weigh-hidden-782403.

McDonald's India.n.d."Products." Accessed August.13, 2017.https://www.mcdonaldsindia.com/products.html.

McFadden, Robert.2013."AndréSchiffrin, Publishing Force and a Founder of New Press, Is Dead at 78." *New York Times*, December 1.http://www.nytimes.com/2013/12/02/books/andre-schiffrin-publishing-force-and-a-founder-of-new-press-is-dead-at-78.html.

McMahon, Darrin.M.1995."Echoes of a Recent Past: Contemporary FrenchAnti-Americanism in Cultural and Historical Perspective." Historical Roots of Contemporary International and Regional Issues Occasional Paper Series, No.6.International Security Studies, Yale University.

McLellan, Dennis.2005."Paul Henning, 93; Created 'Beverly Hillbillies,' Other Comedies for TV." *Los Angeles Times*, March 26. http://articles.latimes.com/2005/mar/26/local/me-henning26.

McNeil, Alex.1996.*Total Television: Revised Edition.*New York: Penguin.

Metacritic.2017."Frequently Asked Questions." http://www.metacritic.com/faq#item20.

Miller, C.E.2016."7 Novels That Took Their Authors Years to Write." Bustle, October 23. https://www.bustle.com/articles/117911-7-novels-that-took-their-authors-years-to-write-to-make-you-feel-better-about-not.

Miller, Chance.2017."RIAA: Highest Artist Rates Come from Apple Music as Music Industry Slowly Rebounds." 9to5mac, March 30.https://9to5mac.com/2017/03/30/music-streaming-artist-payout-rates/.

Minow, Newton.1961."Television and the Public Interest." American Rhetoric: Top 100 Speeches. http://www.americanrhetoric.com/speeches/newtonminow.htm.

Mitroff, Sarah. 2015. "Apple Music vs Spotify: What's the Difference?" C/Net, July 2. https://www.cnet.com/news/apple-music-vs-spotify-whats-the-difference/.

Mittal, Ashok. 1995. *Cinema Industry in India: Pricing and Taxation*. New Delhi: Indus Publishing Company.

Modern Library. 1998. "Top 100." July 20. http://www.modernlibrary.com/top-100/.

Molla, Rani. 2017. "Most Netflix Customers Don't Pay for Other Streaming Services. But Hulu and HBO Now Subscribers Do." Recode, October 23. https://www.recode.net/2017/10/23/16488506/netflix-streaming-services-hbo-hulu-subscribe.

Morrell, Alan. 2015. "Whatever Happened to... Fotomat?" *Democrat & Chronicle*, April 17. http://www.democratandchronicle.com/story/news/local/rocroots/2015/04/17/whatever-happened-fotomat/25758969/.

Mortimer, Julie. H., 2008. "Vertical Contracts in the Video Rental Industry." *Review of Economic Studies* 75(1): 165–99.

Mortimer, Julie. H., Christopher Nosko, and Alan Sorensen. 2012. "Supply Responses to Digital Distribution: Recorded Music and Live Performances." *Information Economics and Policy* 24(1): 3–14.

Mulligan, Mark. 2017. "Amazon Is Now the 3rd. Biggest Music Subscription Service." *Music Industry Blog*, July 14. https://musicindustryblog.wordpress.com/2017/07/14/amazon-is-now-the-3rd-biggest-music-subscription-service/.

Music Law Updates. 2007. "US Radio Stations Settle with FCC in Payola Scandal." April. http://www.musiclawupdates.com/? p=2564.

National Association of Theater Owners. 2017a. "Annual Average. U.S. Ticket Price." http://www.natoonline.org/data/ticket-price/.

—. 2017b. "Number of U.S. Movie Screens." http://www.natoonline.org/data/

us-movie-screens/.

National Cable Television Association. 2017. "Cable's Story." https://www.ncta.com/who-we-are/our-story.

National Research Council. 2013. *Copyright in the Digital Era: Building Evidence for Policy.* Washington, DC: National Academies Press. doi: 10.17226/14686.

Nayman, Louis. 2012. "Rock 'n' Roll Payola: Dick Clark and Alan Freed." *In TheseTimes*, April 24. http://inthesetimes.com/article/13100/rock_n_roll_payola_dick_clark_and_alan_freed.

Netflix. 2016. "Netflix Is Now Available around the World." https://media.netflix.com/en/press-releases/netflix-is-now-available-around-the-world.

Net Market Share. 2018. "Search Engine Market Share." https://www.netmarketshare.com/search-engine-market-share.aspx.

New York Times Staff. 1988. "Rapid Rise of Fast Photo Processing." *New York Times*, February 6. http://www.nytimes.com/1988/02/06/business/rapid-rise-of-fast-photo-processing.html.

—. 2016a. "100 Notable Books of 2016." *New York Times*, November 23. https://www.nytimes.com/2016/11/23/books/review/100-notable-books-of-2016.html.

—. 2016b. "Reader's Guide to This Fall's Big Book Awards." *New York Times*, October 3. https://www.nytimes.com/2016/10/03/books/readers-guide-to-this-falls-big-book-awards.html.

Nielsen. 2009. "Historical Daily Viewing Activity among Households & Persons 2+." November. http://www.nielsen.com/content/dam/corporate/us/en/newswire/uploads/2009/11/historicalviewing.pdf.

—. 2011. "The Nielsen Company & Billboard's 2011 Music Industry Report." https://www.businesswire.com/news/home/20120105005547/en/Nielsen-

Company-Billboard%E2%80%99s-2011-Music-Industry-Report.

—.2013."Nielsen Entertainment & Billboard's 2013 Mid-Year Music Industry Report." http://www.nielsen.com/content/dam/corporate/us/en/reports-downloads/2013%20Reports/Nielsen-Music-2013-Mid-Year-US-Release.pdf.

—.Various years."Music Year-End Report." http://www.nielsen.com/us/en/insights/reports/2018/2017-music-us-year-end-report.html; http://www.nielsen.com/us/en/insights/reports/2017/2016-music-us-year-end-report.html; http://www.nielsen.com/us/en/insights/reports/2016/2015-music-us-year-end-report.html; http://www.nielsen.com/content/dam/nielsenglobal/kr/docs/global-report/2014/2014%20Nielsen%20Music%20US%20Report.pdf.

Nielsen/Digimarc.2017."Inside the Mind of a Book Pirate." Winter/Spring. https://www.digimarc.com/docs/default-source/default-document-library/inside-the-mind-of-a-book-pirate.pdf.

Nielson, Samantha.2014."Pandora's Rising Content Acquisition Costs May Impact Its Profits." Market Realist, April 11.http://marketrealist.com/2014/04/pandoras-rising-content-acquisition-costs-impact-profit/.

Oberholzer-Gee, F., and Koleman Strumpf.2007."The Effect of File Sharing on Record Sales: An Empirical Analysis.*Journal of Political Economy* 115 (1):1-42.

Office of the United States Trade Representative.2017.*2017 Special 301 Report*.Washington, DC.https://ustr.gov/sites/default/files/301/2017%20Special%20301%20Report%20FINAL.PDF.

O'Leary, Michael.P. 2011."Statement of Michael.P.O'Leary, Senior Executive Vice President, Global Policy and External Affairs, on Behalf of the Motion Picture Association of America, Inc.before the House Judiciary Committee."November 16.https://judiciary.house.gov/wp-content/uploads/2011/11/OLeary-11162011.pdf.

Orlowski, Andrew.2017."EU Pegs Quota for 'Homegrown' Content on Netflix at 30 Per Cent."*The Register*, May 25.https://www.theregister.co.uk/2017/05/25/eu_pegs_homegrown_netflix_quota_at_30pc/.

Palermino, Chris Leo. 2015."Copyright Royalty Board: Pandora Required to Pay 21 Percent More in Royalties." *Digital Trends*, December 16.https://www.digitaltrends.com/music/copyright-royalty-board-pandora/.

Pallante, Maria.2011."Statement of Maria.A.Pallante Register of Copyrights before the Committee on the Judiciary United States House of Representatives 112th.Congress, 1st.Session." https://judiciary.house.gov/wp-content/uploads/2011/11/Pallante-11162011.pdf.

Pandora. Various years. "Historical Financials." http://investor.pandora.com/historical-financials.

Pareles, Jon.2008."How Axl Rose Spent All That Time." New York Times, November 23.http://www.nytimes.com/2008/11/23/arts/music/23pare.html?pagewanted=all.

Peckham, Matt. 2014."13 Streaming Music Services Compared by Price, Quality, Catalog Size and More." *Time*, March 19.http://time.com/30081/13-streaming-music-services-compared-by-price-quality-catalog-size - and-more/.

PEN.2017."PEN/Robert.W.Bingham Prize ($25,000)." https://pen.org/literary-award/penrobert-w-bingham-prize-25000/.

Peoples, Glenn. 2010. "Analysis: Important Sales Trends You Need to Know."Billboard.Biz, June 2.https://www.billboard.com/biz/articles/news/retail/1205701/analysis-important-sales-trends-you-need-to-know.

—. 2012. "Business Matters: What Is iTunes' U.S. Market Share? Is Google Play Disappointing?" *Billboard*, September 19. https://www.billboard.com/biz/articles/news/1083714/business-matters-what-is-itunes-us-market-share-is-google-play.

Peterson, Valerie. 2017. "The Big 5 Trade Book Publishers." The Balance, May 15. https://www.thebalance.com/the-big-five-trade-book-publishers-2800047.

Peukert, Christian, and Imke Reimers. 2018. "Digital Disintermediation and Efficiency in the Market for Ideas." http://dx.doi.org/10.2139/ssrn.3110105.

Pew Research Center. 2012. "In Changing News Landscape, Even Television Is Vulnerable." September 27. http://www.people-press.org/2012/09/27/in-changing-news-landscape-even-television-is-vulnerable/.

—. 2017a. "Internet/Broadband Fact Sheet." January 12. http://www.pewinternet.org/fact-sheet/internet-broadband/.

—. 2017b. "Mobile Fact Sheet." January 12. http://www.pewinternet.org/fact-sheet/mobile/.

Philips, Chuck. 1996. "R. E. M., Warner Records Sign $80-Million Deal." *Los Angeles Times*, August 25. http://articles.latimes.com/1996-08-25/news/mn-37596_1_warner-bros.

Picchi, Aimee. 2016. "Should You Consider an E-Book Subscription?" *Consumer Reports*, May 16. https://www.consumerreports.org/money/consider-an-ebook-subscription/. Pietsch, Michael. 2009. "Editing Infinite Jest." Infinite Summer, July 3. http://infinitesummer.org/archives/569.

Piraten Partei. 2012. "Manifesto of the Pirate Party of Germany (EnglishVersion)." https://wiki.piratenpartei.de/wiki/images/0/03/Parteiprogramm-englisch.pdf.

Pirate Party. 2017. "Our Name and Values." https://blog.pirate-party.us/values-and-name/.

Pitchfork Staff. 2003. "Top 100 Albums of the 1990s." *Pitchfork*, November 17. http://pitchfork.com/features/lists-and-guides/5923-top-100-albums-of-the-1990s/.

Practical Photography Tips. 2017. "History of Digital Photography." http://www.practicalphotographytips.com/history-of-digital-photography.html.

The Pulitzer Prize. 2017. "Frequently Asked Questions." http://www.pulitzer.org/page/frequently-asked-questions.

Rainie, Lee et. al. 2012. "The Rise of e-Reading." Pew Research Center, April 5. http://libraries.pewinternet.org/files/legacy-pdf/The%20rise%20of%20e-reading%204.5.12.pdf.

Recording Industry Association of America (RIAA). 2017a. "Gold & Platinum." https://www.riaa.com/gold-platinum/.

—. 2017b. "2016 Year-End Industry Shipment and Revenue Statistics." http://www.riaa.com/wp-content/uploads/2017/03/RIAA-2016-Year-End-News-Notes.pdf.

—. Various years. "Year-End Shipment Statistics." https://www.riaa.com/reports/2017-riaa-shipment-revenue-statistics-riaa/; http://www.riaa.com/wp-content/uploads/2017/03/RIAA-2016-Year-End-News-Notes.pdf; http://www.riaa.com/wp-content/uploads/2016/03/RIAA-2015-Year-End-shipments-memo.pdf; https://www.riaa.com/wp-content/uploads/2015/09/2013-2014_RIAA_YearEndShipmentData.pdf.

Recording Reviews (Dan). 2015. "13 Big Hollywood Films Shot with the Cannon 5D Mark II." https://web.archive.org/web/20171003215218/http://www.recordingreviews.com:80/shot-on-cannon-5d-mark-ii/.

Regalado, Michelle. 2017. "The 10 Worst TV Shows of the 1970s." TV Cheat Sheet, June 6. https://www.cheatsheet.com/entertainment/the-worst-tv-shows-of-the-1970s.html/.

Resnikoff, Paul. 2013a. Beck on Spotify: "The Model Doesn't Work. And the Quality Sucks." *Digital Music News*, November 14. https://www.digitalmusicnews.com/2013/11/14/beckspotifywork/.

—.2013b."16 Artists That Are Now Speaking Out against Streaming Music." *Digital Music News*, December 2.https://www.digitalmusicnews.com/2013/12/02/artistspiracy/.

Rhys, Dan, and Robert Levine.2017."Streaming, Vinyl, Royalties & More: Five Takeaways from the RIAA's Year-End Report." *Billboard*, March 31. http://www.billboard.com/articles/business/7744413/five-takeaways-riaa-2016-revenue-growth.

Richardson, Martin, and Simon Wilkie.2015."Faddists, Enthusiasts and Canadian Divas: Broadcasting Quotas and the Supply Response." *Review of International Economics*.23(2): 404-24.

Rinzler, Alan.2010."Top 5 Secrets to Landing a Book Deal." *Forbes*, May 13.https://www.forbes.com/sites/booked/2010/05/13/top-5-secrets-to-landing-a-book-deal/2/#fae4aab1159b.

Rob, Rafael, and Joel Waldfogel. 2006."Piracy on the High C's: Music Downloading, Sales Displacement, and Social Welfare in a Sample of College Students."*Journal of Law and Economics* 49: 29-62.

—.2007."Piracy on the Silver Screen." *Journal of Industrial Economics* 55: 379-395.doi: 10.1111/j.1467-6451.2007.00316.x.

Rolling Stone Editors.2001."The Beatles Bio." http://www.rollingstone.com/music/artists/the-beatles/biography.

—.2010."100 Greatest Artists." *Rolling Stone*, December 2.http://www.rollingstone.com/music/lists/100-greatest-artists-of-all-time-19691231.

—.2012."500 Greatest Albums of All Time." *Rolling Stone*, May 31.https://www.rollingstone.com/music/lists/500-greatest-albums-of-all-time-20120531.

Rosen, Jody. 2010."Joanna Newsom, the Changeling," *New York Times*, March 3.http://www.nytimes.com/2010/03/07/magazine/07Newsom-t.html.

Rosenberg, Karen. 2012. "Everyone's Lives, in Pictures." New York Times, April 21. http://www.nytimes.com/2012/04/22/sunday-review/everyones-lives-in-pictures-from-instagram.html.

Rotten Tomatoes. 2017. "Top Movies of [various years, 1998-2016]." https://www.rottentomatoes.com/top/bestofrt/? year=2015.

Sakoui, Anousha. 2017. "Netflix Gets a Wake-Up Call after Disney Says It Will Pull Content." Bloomberg, August 8. https://www.bloomberg.com/news/articles/2017-08-08/netflix-gets-wake-up-call-as-disney-plots-exit-from-online-rival.

Sauter, Michael. B., and Samuel Stebbins. 2017. "America's Most Hated Companies." 24/7 Wall Street, January 10. http://247wallst.com/special-report/2017/01/10/americas-most-hated-companies-4/5/.

Schmalensee, Richard. 1984. "Gaussian Demand and Commodity Bundling." *Journal of Business* 57(1): S211-S230. http://www.jstor.org/stable/2352937.

Schmitt, Bertel. 2016. "Nice Try VW: Toyota Again World's Largest Automaker." *Forbes*, January 27. http://www.forbes.com/sites/bertelschmitt/2016/01/27/nice-try-vw-toyota-again-worlds-largest-automaker/.

Screen Digest. 2011. "World Film Production Report: Stable Global Film Production Hides Decline in Key Territories." *Screen Digest*, November.

Seifert, Dan. 2013. "Sony's Studio Extends Deal with Starz, Keeps Its Moviesoutof Your Netflix Streaming Queue." *The Verge*, February 11. https://www.theverge.com/2013/2/11/3975984/sony-pictures-entertainment-starz-deal-2021-no-netflix.

Seward, Vern. 2007. "Internet Radio and the CRB: A View from Indie Labels." *Mac Observer*, June 13. http://www.macobserver.com/tmo/article/Internet_Radio_And_The_CRB_A_View_From_Indie_Labels/.

Shapiro, Ari. 2015. "'The Wake' Is an Unlikely Hit in an Imaginary Language." *All Things Considered*, August 17. http://www.npr.org/2015/08/27/434970724/the-wake-is-an-unlikely-hit-in-an-imaginary-language.

Sherman, Cary. 2012. "Statement of Cary Sherman Chairman and CEO Recording Industry Association of America before the Subcommittee on Communications and Technology Committee on Energy and Commerce. U.S. Houseof Representatives on 'The Future of Audio.'" http://archives.republicans.energycommerce.house.gov/Media/file/Hearings/Telecom/20120606/HHRG-112-IF16-WState-ShermanC-20120606.pdf.

Shiller, Benjamin, and Joel Waldfogel, 2011. "Music for a Song: An Empirical Look at Uniform Pricing and Its Alternatives," *Journal of Industrial Economics* 59(4): 630-60.

SimilarWeb. 2017. "December. 2017 Overview, Goodread. com." https://www.similarweb.com/website/goodreads.com.

Simpsons Wiki. 2017. "Two Bad Neighbors/Quotes." http://simpsons.wikia.com/wiki/Two_Bad_Neighbors/Quotes.

Sinai, Todd, and Joel Waldfogel. 2004. "Geography and the Internet: Is the Internet a Substitute or a Complement for Cities?" *Journal of Urban Economics* 56(1): 1-24.

Siwek, Stephen. E. 2015. *Copyright Industries in the U. S. Economy: The 2014 Report* (prepared for the International Intellectual Property Alliance). https://www.riaa.com/wp-content/uploads/2015/09/2014_CopyrightIndustries_USReport.pdf.

Smashwords. 2017. "How to Publish and Distribute Ebooks with Smashwords." https://www.smashwords.com/about/how_to_publish_on_smashwords.

Smith, C. Zoe. 2000. "Brady, Mathew. B." *American National Biography Online*, February. http://www.anb.org/articles/17/17-00096.html.

Smith, Michael. D., and Rahul Telang. 2016. *Streaming, Sharing, Steal-*

ing: *Big Dataand the Future of Entertainment.* Cambridge, MA: MIT Press.

Statista.n.d."Daily Time Spent with Traditional Media in Selected Countries Worldwide in 2nd.Quarter 2015 (in Hours)." Accessed May 28, 2018.https://www.statista.com/statistics/692997/traditional-media-time-spent-worldwide/.

Stutz, Colin. 2018. "Spotify Hits 70M Subscribers." *Billboard*, January 4. https://www.billboard.com/articles/business/8092645/spotify-hits-70-million-subscribers.

Sullivan, Robin. 2011. "Guest Post by Robin Sullivan." *J.A. Konrath Blog*, January 7.http://jakonrath.blogspot.com/2011/01/guest-post-by-robin-sullivan.html.

Sundance Institute. 2017. "33. Years of Sundance Film Festival." http://www.sundance.org/festivalhistory.

Tales from the Argo. 2016. "6 Famous Examples of the DSLR Canon 5D Mark II in Hollywood." November 23.http://talesfromtheargo.com/6-famous-examples-of-the-dslr-canon-5d-mark-ii-in-hollywood/.

TechCrunch.n.d.-a.*Number of Global Monthly Active Spotify Users from July. 2012 to June 2017 (in Millions)*. Statista. Accessed August 13, 2017. https://www.statista.com/statistics/367739/spotify-global-mau/.

—.n.d.-b.*Number of Paying Spotify Subscribers Worldwide from July. 2010 to March 2017 (in Millions)*. Statista.Accessed August 13, 2017.https://www.statista.com/statistics/244995/number-of-paying-spotify-subscribers/.

Telang, Rahul, and Joel Waldfogel. forthcoming. "Piracy and New Product Creation: A Bollywood Story." *Information Economics & Policy*.https://doi.org/10.1016/j.infoecopol.2018.03.002.

Television Academy. 2017. "Awards Search." https://www.emmys.com/awards/nominations/award-search.

Temple, Emily. 2012. "The Artist and the Critic: 8 Famous Author/Editor

Relationships."Flavorwire, November 4, 2012.http://flavorwire.com/343316/the-artist-and-the-critic-8-famous-authoreditor-relationships.

Tempo Staff. 2007. "Top 25 Worst TV Shows Ever." *Chicago Tribune*, October 26.http://www.chicagotribune.com/entertainment/chi-071024worst_tv-story.html.

"Think about Selection and Price." *Consumer Reports*, March 16.http://www.consumerreports.org/money/consider-an-ebook-subscription/.

Thompson, Kristen. 2009. *Same Old Song: An Analysis of Radio Playlists in a Post-FCC Consent Decree World*. Washington, DC: Future of Music Coalition. http://www.futureofmusic.org/sites/default/files/FMCplaylisttrackingstudy.pdf.

Thorpe, Adam. 2014. "The Wake by Paul Kingsnorth Review— 'A Literary Triumph.' " *Guardian*, April 4.https://www.theguardian.com/books/2014/apr/02/the-wake-paul-kingsnorth-review-literary-triumph.

Time Staff. 2015. "Adele Talks Decision to Reject Streaming Her New Album." *Time*, December 21. http://time.com/4155586/adele-time-cover-story-interview-streaming/.

Trachtenberg, Jeffrey. 2013. " 'Fifty Shades' of Green: Sales Figures Released for Blockbuster Books." *Wall Street Journal*, March 26. https://blogs.wsj.com/speakeasy/2013/03/26/fifty-shades-of-green-sales-figures-released-for-blockbuster-books/.

Trichordist Editor. 2014. "The Streaming Price Bible—Spotify, YouTube and What 1 Million Plays Means to You!" *The Trichordist* (blog), November 12. https://thetrichordist.com/2014/11/12/the-streaming-price-bible-spotify-youtube-and-what-1-million-plays-means-to-you/.

Turow, Scott. 2011. "Testimony of Authors Guild President Scott Turow before the Senate Judiciary Committee, Hearing on Targeting Websites Dedicated to Stealing American Intellectual Property." https://www.authorsguild.org/wp-content/uploads/2014/10/2011-feb-16-online-piracy-turow-testimony.pdf.

Tyrangiel, Josh. 2008. "Guns N' Roses' Chinese Democracy, at Last." *Time*, November 20. http://content.time.com/time/magazine/article/0,9171,1860911,00.html.

United States. President (2009-2016: Obama). 2017. *Economic Report of the President: Transmitted to the Congress; Together with the Annual Report of the Council of Economic Advisors.* Washington, DC: U.S. Government Printing Office.

USA Today. n.d. "USA Today Best-Selling Books." Accessed November 8, 2017. https://www.usatoday.com/life/books/best-selling/.

U.S. Bureau of Labor Statistics. 2017. "CPI Inflation Calculator." https://data.bls.gov/cgi-bin/cpicalc.pl.

U.S. Census Bureau. n.d.-a. *Book Store Sales in the United States from 1992 to 2015 (in billion U.S. dollars)*. Statista. Accessed August 13, 2017. https://www.statista.com/statistics/197710/annual-book-store-sales-in-the-us-since-1992/.

—. n.d.-b. *Estimated Aggregate Revenue of U.S. Newspaper Publishers from 2005 to 2015 (in billion U.S. dollars)*. Statista. Accessed November 9, 2017. https://www.statista.com/statistics/184046/estimated-revenue-of-us-newspaper-publishers-since-2005/.

U.S. Department of Commerce. 1949. *Historical Statistics of the United States.* Washington, DC: Bureau of the Census. https://www2.census.gov/prod2/statcomp/documents/HistoricalStatisticsoftheUnitedStates1789-1945.pdf.

U.S. Department of State. 2017. "Independent States in the World." Bureau of Intelligence and Research, January 20. https://www.state.gov/s/inr/rls/4250.htm.

Vogel, Harold. L. 2007. *Entertainment Industry Economics: A Guide for Financial Analysis.* Cambridge: Cambridge University Press.

Wahba, Phil. 2014. "Wal-Mart More Important Than Ever for Selling CDs." *Fortune*, June 6. http://fortune.com/2014/06/06/walmart-music-sales/.

—. 2017. "Amazon Will Make up 50% of All. U.S.E-Commerce by 2021." *Fortune*, April10. http://fortune.com/2017/04/10/amazon-retail/.

Waldfogel, Joel. 2007. *The Tyranny of the Market.* Cambridge, MA: Harvard University Press.

—. 2010. "Music File Sharing and Sales Displacement in the iTunes Era." *Information Economics and Policy*. 22(4): 306-14.

—. 2012a. "Copyright Protection, Technological Change, and the Quality of New Products: Evidence from Recorded Music since Napster." *Journal of Lawand Economics* 55(4): 715-40.

—. 2012b. "Copyright Research in the Digital Age: Moving from Piracy to the Supply of New Products." *American Economic Review* 102(3): 337-42.

—. 2012c. "Digital Piracy: Empirics." In *The Oxford Handbook of the Digital Economy*, edited by Martin Peitz and Joel Waldfogel, 531-46. Oxford: Oxford University Press.

—. 2015. "Digitization and the Quality of New Media Products: The Case of Music." In *Economic Analysis of the Digital Economy*, edited by Avi Goldfarb, Shane Greenstein, and Catherine Tucker, 407-42. Chicago: University of Chicago Press.

—. 2016. "Cinematic Explosion: New Products, Unpredictability and Realized Quality in the Digital Era." Journal of Industrial Economics 64(4): 755-772.

—. 2017. "The Random Long Tail and the Golden Age of Television." *Innovation Policy and the Economy* 17(1): 1-25.

Waldfogel, Joel, and Imke Reimers, 2015."Storming the Gatekeepers: Digital Disintermediation in the Market for Books." *Information Economics and Policy* 31:47–58.

Ward, H.. M. 2014. "The Roses Are Dead (Too Much Manure in Publishing)." *NewYork Times Bestselling AuthorH.M.Ward* (blog), March 10.http://blog.demonkissed.com/? p=1537.

Waterman, David. 2005.*Hollywood's Road to Riches. Cambridge*, MA: Harvard University Press.

Waxman, Amy. 2017. "Here's the Real Reason We Associate 420 with Weed."*Time*, April 19.http://time.com/4292844/420–april–20–marijuana–pot–holiday–history/.

Weir, Andy.2014.The Martian.New York: Broadway Books.

Weise, Elizabeth.2015."Amazon Cracks Down on Fake Reviews." *USA Today*, October 19.https://www.usatoday.com/story/tech/2015/10/19/amazon–cracks–down–fake–reviews/74213892/.

We Know Memes.2012."How Did the Hipster Burn His Tongue?" September 18. http://weknowmemes.com/2012/09/how–did–the–hipster–burn–his–tongue/.

Wendell.H.Ford Aviation Investment and Reform Act for the 21st.Century. 2000. Public Law106–181, Section 228. https://www.gpo.gov/fdsys/pkg/PLAW–106publ181/html/PLAW–106publ181.htm.

Wikipedia. 2017. "PhysicianWriter." https://en.wikipedia.org/wiki/Physician_writer.

—.n.d."Don't Be Evil." Accessed January 15, 2018.https://en.wikipedia.org/wiki/Don%27t_be_evil.

World Intellectual Property Organization.2015.*Guide on Surveying the Economic Contribution of 3 Copyright Industries.* Geneva.http://www.wipo.int/edocs/

pubdocs/en/copyright/893/wipo_pub_893.pdf.

Zacharius, Steven. 2013. "Self-Publishing: The Myth and the Reality." *Huffington Post*, December 16.http://www.huffingtonpost.com/steven-zacharius/selfpublishing-the-myth-a_b_4453815.html.

Zentner, Alejandro. 2006. "Measuring the Effect of File Sharing on Music Purchases." *Journal of Law and Economics* 49(1): 63-90.

Zentner, Alejandro, Michael Smith, and Cuneyd Kaya. 2013. "How Video Rental Patterns Change as Consumers Move Online." *Management Science* 59 (11):2622-34.

Zickhur, Kathryn, and Lee Rainie. 2014. "Tablet and E-reader Ownership." Pew Research Center, January 16.http://www.pewinternet.org/2014/01/16/tablet-and-e-reader-ownership/.

译者后记

接到翻译此书的邀请我感到很高兴，因为东北财经大学是我的母校，非常高兴可以以这种方式与母校有所联系；这套丛书的主编又是我非常敬佩的著名经济学家刘世锦老师，我感到十分荣幸；更主要的原因是这本书的主题和内容恰好是我近年来非常关注的领域，我也在做一些相关研究。文化产业和文化贸易是我多年来研究关注的一个重要甚至是主要领域，近年来该领域最大的变化之一就是数字化和网络化，这对于文化产业和贸易的影响是革命性的，各种感性的观察和认识显而易见地出现在我们的日常生活中，但是系统且具备洞察力的理论和实证研究则要难得多，我在翻译过程中越来越感到这本书就是这样难得的著作。作者主要运用经济学框架对很多数字化给文化产业带来的变化进行了深入的分析和实证研究，不仅得出了很多深入且有说服力的结论，很多研究方法也值得相关领域的研究者借鉴。

本书的翻译过程有多人参与，包括罗立彬、刘一姣、王牧馨、郭芮、汪浩、张箫箫。在第一轮翻译结束之后，由罗立彬对全部译稿进行审查并提出修改建议，各位译者对自己及其他译者的翻译进行了修改，之后再由汪浩对全部稿件进行整理和统一化，最后由罗立彬对译稿进行全稿校对。在此对参与本书翻译的全部工作人员提出感谢。也感谢东北财经大学出版社提供的机会及各位编辑付出的辛苦劳动。译者水平有限，错误在所难免，敬请读者批评指正。

译　者

2020年5月1日